经济所人文库

张卓元集

中国社会科学院经济研究所学术委员会 组编

中国社会科学出版社

图书在版编目（CIP）数据

张卓元集/中国社会科学院经济研究所学术委员会组编.
—北京：中国社会科学出版社，2019.1
（经济所人文库）
ISBN 978-7-5203-3492-1

Ⅰ.①张… Ⅱ.①中… Ⅲ.①经济学—文集
Ⅳ.①F0-53

中国版本图书馆 CIP 数据核字（2018）第 251461 号

出 版 人	赵剑英
责任编辑	刘晓红
责任校对	赵雪姣
责任印制	戴 宽
出 版	中国社会科学出版社
社 址	北京鼓楼西大街甲 158 号
邮 编	100720
网 址	http://www.csspw.cn
发 行 部	010-84083685
门 市 部	010-84029450
经 销	新华书店及其他书店
印刷装订	北京君升印刷有限公司
版 次	2019 年 1 月第 1 版
印 次	2019 年 1 月第 1 次印刷
开 本	710×1000 1/16
印 张	23.25
字 数	310 千字
定 价	99.00 元

凡购买中国社会科学出版社图书，如有质量问题请与本社营销中心联系调换
电话：010-84083683
版权所有 侵权必究

中国社会科学院经济研究所
学术委员会

主 任 高培勇

委 员 （按姓氏笔画排序）
　　　　龙登高　朱　玲　刘树成　刘霞辉
　　　　杨春学　张　平　张晓晶　陈彦斌
　　　　赵学军　胡乐明　胡家勇　徐建生
　　　　高培勇　常　欣　裴长洪　魏　众

总　序

作为中国近代以来最早成立的国家级经济研究机构，中国社会科学院经济研究所的历史，至少可上溯至1929年于北平组建的社会调查所。1934年，社会调查所与中央研究院社会科学研究所合并，称社会科学研究所，所址分居南京、北平两地。1937年，随着抗战全面爆发，社会科学研究所辗转于广西桂林、四川李庄等地，抗战胜利后返回南京。1950年，社会科学研究所由中国科学院接收，更名为中国科学院社会研究所。1952年，所址迁往北京。1953年，更名为中国科学院经济研究所，简称"经济所"。1977年，作为中国社会科学院成立之初的14家研究单位之一，更名为中国社会科学院经济研究所，仍沿用"经济所"简称。

从1929年算起，迄今经济所已经走过了90年的风雨历程，先后跨越了中央研究院、中国科学院、中国社会科学院三个发展时期。经过90年的探索和实践，今天的经济所，已经发展成为以重大经济理论和现实问题为主攻方向、以"两学—两史"（理论经济学、应用经济学和经济史、经济思想史）为主要研究领域的综合性经济学研究机构。

90年来，我们一直最为看重并引为自豪的一点是，几代经济所人孜孜以求、薪火相传，在为国家经济建设和经济理论发展作出了杰出贡献的同时，也涌现出一大批富有重要影响力的著名学者。他们始终坚持为人民做学问的坚定立场，始终坚持求真务实、脚踏实地的优良学风，始终坚持慎独自励、言必有据的学术品格。他们是经济所人的突出代表，他们的学术成就和治学经验是经济所最宝贵的财富。

抚今怀昔，述往思来，在经济所迎来建所90周年之际，我们编选出版《经济所人文库》（以下简称《文库》），既是对历代经济所人的纪念和致敬，也是对当代经济所人的鞭策和勉励。

《文库》的编选，由中国社会科学院经济研究所学术委员会负总责，在多方征求意见、反复讨论的基础上，最终确定入选作者和编选方案。

《文库》第一辑凡40种，所选作者包括历史上的中央研究院院士，中华人民共和国成立后的中国科学院学部委员、中国社会科学院学部委员、中国社会科学院荣誉学部委员、历任经济所所长以及其他学界公认的学术泰斗和资深学者。在坚持学术标准的前提下，同时考虑他们与经济所的关联。入选作者中的绝大部分，都在经济所度过了其学术生涯最重要的阶段。

《文库》所选文章，皆为入选作者最具代表性的论著。选文以论文为主，适当兼顾个人专著中的重要篇章。选文尽量侧重作者在经济所工作期间发表的学术成果，对于少数在中华人民共和国成立之前已成名的学者，以及调离经济所后又有大量论著发表的学者，选择范围适度放宽。为好中选优，每部文集控制在30万字以内。此外，考虑到编选体例的统一和阅读的便利，所选文章皆为中文著述，未收入以外文发表的作品。

《文库》每部文集的编选者，大部分为经济所各学科领域的中青年学者，其中很多都是作者的学生或再传弟子，也有部分系作者本人。这样的安排，有助于确保所选文章更准确地体现作者的理论贡献和学术观点。对编选者而言，这既是一次重温经济所所史、领略前辈学人风范的宝贵机会，也是激励自己踵武先贤、在学术研究道路上砥砺前行的强大动力。

《文库》选文涉及多个历史时期，时间跨度较大，因而立意、观点、视野等难免具有时代烙印和历史局限性。以现在的眼光来看，某些文章的理论观点或许已经过时，研究范式和研究方法或许已经陈旧，但为尊重作者、尊重历史起见，选入《文库》时仍保持原貌而未加改动。

《文库》的编选工作还将继续。随着时间的推移，我们还会将更多经济所人的优秀成果呈现给读者。

尽管我们为《文库》的编选付出了巨大努力，但由于时间紧迫，工作量浩繁，加之编选者个人的学术旨趣、偏好各不相同，《文库》在选文取舍上难免存在不妥之处，敬祈读者见谅。

入选《文库》的作者，有不少都曾出版过个人文集、选集甚至全集，这为我们此次编选提供了重要的选文来源和参考资料。《文库》能够顺利出版，离不开中国社会科学出版社领导和编辑人员的鼎力襄助。在此一并致谢！

一部经济所史，就是一部经济所人以自己的研究成果报效祖国和人民的历史，也是一部中国经济学人和中国经济学成长与发展历史的缩影。《文库》标示着经济所90年来曾经达到的学术高度。站在巨人的肩膀上，才能看得更远，走得更稳。借此机会，希望每一位经济所人在感受经济所90年荣光的同时，将《文库》作为继续前行的新起点和铺路石，为新时代的中国经济建设和中国经济学发展作出新的更大的贡献！

是为序。

于 2019 年元月

编者说明

《经济所人文库》所选文章时间跨度较大，其间，由于我国的语言文字发展变化较大，致使不同历史时期作者发表的文章，在语言文字规范方面存在较大差异。为了尽可能地保持作者个人的语言习惯、尊重历史，因此有必要声明以下几点编辑原则：

一、除对明显的错别字加以改正外，异形字、通假字等尽量保持原貌。

二、引文与原文不完全相符者，保持作者引文原貌。

三、原文引用的参考文献版本、年份等不详者，除能够明确考证的版本、年份予以补全外，其他文献保持原貌。

四、对外文译名与今译名不同者，保持原文用法。

五、对原文中数据可能有误的，除明显的错误且能够考证或重新计算者予以改正外，一律保持原貌。

六、对个别文字因原书刊印刷原因，无法辨认者，以方围号□表示。

作者小传

张卓元，男，1933年7月生于广东梅县，1954年进入经济所工作。

张卓元研究员是我国当代著名经济学家、中国社会科学院学部委员、"两条主线论"主要代表人物之一。从1954年进入经济所至今长达六十多年的学术生涯中，在价格改革、社会主义市场经济改革和企业改革等领域长期辛勤耕耘、笔耕不辍，研究成果丰硕；同时，他将马克思主义经济学理论与中国经济建设、改革实践相结合，多次参与中央重要文件起草工作和国家重大经济政策的咨询工作，提出了鲜明而又符合中国国情的政策主张，对中国经济市场化改革取向和当代中国经济理论创新作出了突出贡献。

张卓元研究员是我国较早从事价格理论研究的经济学家之一。从20世纪60年代开始，他就对社会主义经济条件下生产价格、企业利润等问题进行了深入思考，并与何建章等经济所前辈在《经济研究》等杂志发表多篇学术论文。改革开放春天的来临，张卓元研究员以极大的热情投入改革问题的相关研究中。无论是先行的农村改革和后来的城市改革，改革的主题始终离不开对微观上商品价格改革、中观上国有和非公有制经济改革和宏观上经济运行机制改革的讨论，只有理顺微观上价格改革，才能更好地促进非公有制经济发展和建立完善社会主义市场经济，同样只有坚持和完善社会主义市场经济改革方向才能使价格这一资源配置信号更加灵敏、更好发挥市场在资源配置中的基础性作用，他在这些领域都著述颇丰，形成的思想和观点对于当时的改革和发展都发挥了积极作用。

例如，1987年10月到1988年6月，当时的国家体改委就国家中期（1988—1995）改革规划纲要向著名大学和科研院所征询建议，以刘国光和张卓元为代表的中国社会科学院课题组主张企业改革和价格改革、所有制改革和经济运行机制改革两条主线共同推动，即所有制结构调整和改革及经济运行机制转轨和改革要双线推进，所谓两条主线论。从经济改革实践看，两条主线论不仅主导了1988—1995年的改革方向，更进一步而言，改革开放四十年的实践也是沿着两条主线论稳步推进的。本文集就主要围绕所有制结构调整和改革及经济运行机制转轨和改革两条主线论，按照时间先后顺序搜集和整理了张卓元研究员关于两条主线论的学术论文，系统了解两条主线论的思想脉络和发展历程，在纪念改革开放四十周年之际重读改革论大家的理论经典以更好指导未来。

张卓元研究员在我国经济改革领域笔耕六十余载，近些年虽年事已高，但仍以"老骥伏枥，志在千里"的情怀时刻关注我国经济改革进程，一些观点和思想在学界引起较大反响。例如，他认为新时代全面深化改革和20世纪80年代改革最大的不同来自既得利益涉及面广并且有点固化，如何取得改革的最大公约数是深化改革面对的主要难题；对于混合所有制改革，他认为混合所有制改革是基本经济制度的重要实现形式，可以让不同股份交叉持股、相互融合，发挥不同类型股份的优势，取长补短、共同发展，实现企业改革和效率提升相统一；在价格改革领域，随着中国97%以上销售产品的价格都已经放开，他更加关注自然垄断和公共服务领域的价格监管和定价机制研究，包括理顺价格制定的各个环节、加强政府定价成本监审以及改进反垄断立法等；此外，他还认为结构性改革是实现经济转型升级和促进发展方式转变的主动战略选择，逐步形成以服务业为主导的经济结构，实现新常态下稳增长、促改革、调结构有机统一。

张卓元研究员自1983年起先后担任中国社会科学院财贸经济研究所所长、工业经济研究所所长、经济研究所所长和《经济研究》主编、孙冶方经济科学基金会秘书长、理事长、荣誉理事长等职。他是第九届、第十届全国政协委员,第三届国务院学位委员会委员兼理论经济学科评议组召集人,获孙冶方经济科学论文奖、著作奖,中国社会科学院优秀成果奖,第二届吴玉章人文社会科学终身成就奖。主要著作:《社会主义经济中的价值、价格、成本和利润》《社会主义价格理论与价格改革》《论中国价格改革与物价问题》《论稳健的宏观经济政策与市场化改革》《张卓元改革论集》《张卓元经济文选》《新中国经济学史纲(1949—2011)》等。

张卓元研究员六十余载学术研究生涯及对中国经济改革的理论贡献,是同他准确把握改革开放时代精神大义和低调务实、勇于探索真理的科学态度紧密联系在一起的。他特别强调经济学研究必须与中国实践相结合,同时他的研究历程也表明只有深植中国经济土壤才能使理论研究更具中国特色、中国气派。2018年是改革开放四十周年,回顾和整理张卓元研究员关于改革的论著,能更好地把握改革的历史脉络,更准确理解和掌握现阶段中国经济改革方向和趋势,进一步将全面深化改革向深度和广度推进。

目 录

第一篇 所有制结构调整和改革

社会主义流通是独立的经济过程
　　——孙冶方关于社会主义流通概念研究 …………… 3
论社会主义商品经济 …………………………………… 15
建立和完善社会主义市场体系促进商品经济的发展 …… 27
公有制为主体、多种所有制经济共同发展是我国现阶段的
　　基本经济制度 ………………………………………… 33
国有企业的公司制改革和资产重组 …………………… 43
中国的国有企业改革与公共政策变迁 ………………… 52
新世纪国企改革面临的六大问题及深化改革设想 …… 64
完善基本经济制度，改革国有资产管理体制 ………… 78
国有资产管理体制改革的目标难点和途径 …………… 84
中国国有企业改革三十年：重大进展、基本经验和
　　攻坚展望 ……………………………………………… 93
垄断行业改革任重道远 ………………………………… 124
积极推进国有企业混合所有制改革 …………………… 129
从"以管企业为主"到"以管资本为主"：国企改革的
　　重大理论创新 ………………………………………… 137

第二篇 经济运行机制转轨和改革

调整我国产业结构要按生产力发展规律办事 ………… 147

社会主义价格理论研究面临的重大课题…………………………… 159
社会主义价格理论与价格管理体制改革…………………………… 169
论价格体制从直接管理向间接管理转变…………………………… 191
稳定经济和深化改革的双向协同构想……………………………… 207
中国价格改革的艰难历程与光明前景……………………………… 218
中国经济改革理论三部曲：商品经济论、市场取向论、
　　市场经济论……………………………………………………… 229
论培育和发展统一、开放、竞争、有序的市场体系 ……………… 241
社会主义市场经济与价格改革……………………………………… 250
改革开放以来我国经济理论研究的回顾与展望…………………… 257
中国经济体制改革的总体回顾与展望……………………………… 273
新世纪初期的中国经济体制改革…………………………………… 288
试探社会主义市场经济的特点与规律……………………………… 301
中国价格改革三十年：成效、历程与展望………………………… 312
中国经济四十年市场化改革的回顾………………………………… 328
编选者手记…………………………………………………………… 353

第一篇
所有制结构调整和改革

社会主义流通是独立的经济过程

——孙冶方关于社会主义流通概念研究

一 问题的提出

社会主义流通概念的含义是什么，即流通过程研究的对象是什么？这是在分析社会主义流通过程时必须弄清楚的问题。《资本论》第二卷分析的流通过程，是资本的流通过程，包括个别资本的循环和周转，包括社会总资本的再生产和流通（价值补偿与物质替换），这是没有疑义的。但是，对于社会主义流通概念的含义，却存在较大的分歧意见。

一种意见认为，社会主义流通指商品流通。马克思说过，流通是从总体上看的交换。这里说的交换，当然不是指直接生产过程中的活动交换，而是作为劳动结果的生产品即商品的交换。因此，流通是从总体上看的商品交换，即商品交换的总体，或商品流通。同时，马克思在《资本论》讲流通时，都是指的商品流通，以及由此派生的货币流通，没有论述过商品流通以外的流通。

另一种意见认为，社会主义流通的含义比上述宽广得多，它包括从生产到消费的全部中介环节，具体来说，包括交换和分配在内的全部经济运动过程。在实践中，我们历来是把财政（属于分配环节）和贸易（属于交换环节）捆在一起抓的，从建立解放区到1949年新中国成立后，我们设立了各级财贸办公室统管财贸工作。

其实这就是管的全部流通领域的工作。

孙冶方的观点和上述两种意见不同。他认为,作为全部经济理论基础的价值论在流通过程的展开,建立社会主义流通理论,应是"相当于马克思《资本论》第二卷的内容。这是去掉资本主义形态,联系到社会主义公有制的特殊性的流通。"① 因此,社会主义流通,是指整个资金循环,它是把社会上千千万万的企业组织好,以自觉的、有计划的"物质代谢过程去代替盲目的、自发的流通过程"②。

二 孙冶方关于社会主义流通概念的含义

我体会,孙冶方的社会主义流通概念,包括以下一些基本点。

第一,流通不应只限于商品流通,而应包括产品流通。

这是孙冶方的产品、商品观的逻辑必然结论。因为孙冶方认为,在社会主义经济中,只有两种公有制之间交换的产品和国家卖给职工的个人消费品,才是商品;全民所有制经济内部不同企业之间交换的产品,虽然也具有一定的商品性,但基本上是产品,不是商品。如果流通只限于商品流通,就会把生产资料流通排除在流通之外,这是说不通的。他说:"商品流通只是流通过程的一半,物资供应也应是流通过程的一部分,因为生产资料的流通是流通过程的重要部分,从马克思《资本论》第二卷的内容来讲,主要是研究生产资料的流通。但是,在教学中,在实际工作中,把物资供应放在生产过程中,把流通过程只讲成商品流通,这值得很好研究。"③

与此相适应,如果流通只限于商品流通,那么孙冶方的价值论在流通过程的展开,也就失去根基了。因为他的价值论,主要是产

---

① 孙冶方:《流通过程》,1963 年在中国人民大学经济系讲课稿。
② 同上。
③ 同上。

品价值论，产品价值及其规律只能在产品流通中起作用，而不能在商品流通中发挥其作用。当然，孙冶方并不否认，在社会主义流通中也包括商品流通。因此，商品价值及其规律在商品流通中起着调节作用，在流通过程中展开的，也包括商品价值论在内。这样，就使社会主义流通包含着复杂的内容，既有产品流通，又有商品流通，正如孙冶方说的，"社会主义的商品流通和产品流通……是社会主义流通的两种特殊形态"①；社会主义流通理论，既包括产品价值论在流通过程中的展开，又包括商品价值论在流通过程中的展开。

第二，社会主义个别资金的流通和社会资金的流通是以产品和商品交换为主体的。

孙冶方的流通概念既然不是指狭义的只限于商品流通的流通，而是广义的流通，即包括个别资金的循环和周转，和整个社会资金的再生产与流通在内的流通，那么，是不是就可以脱离产品交换不着边际地囊括各种经济活动，成为一个大杂烩呢？不是。既然是流通，就有它特定的规定和范围。我体会，这就是必须以产品（和商品）交换为主体的资金运动。

以个别资金的循环和周转来说。在社会主义全民所有制经济内部，企业资金的形态变化，从货币资金到生产资金，再到产品资金和实现为货币资金，都是以产品（和商品）交换为主体，离不开产品（和商品）交换的。货币流通②只是由产品或商品交换引起的。同资本的循环相比，这里有一个重要的区别，就是从货币资金到生产资金的形态变化中，劳动力不再作为商品出卖给企业主，企业付给职工的工资，并不是劳动力的价格，而是根据按劳分配的原则支付的劳动报酬，因此不体现资本剥削劳动的关系。这也是社

---

① 孙冶方：《社会主义经济的若干理论问题》（续集增订本），第185—186页。
② 在孙冶方看来，社会主义经济中，人民币的性质既有作为货币符号的一面，又有作为劳动券的一面。在商品流通中，人民币是作为货币符号发挥作用的；而在产品流通中，人民币是作为劳动券发挥作用的。这个问题较复杂，本文存而不论。

主义企业资金循环同资本家企业资本循环根本区别所在。

再从社会资金的循环和流通来说，社会资金的再生产，无论是价值补偿或实物替换，更是以产品或商品交换为主体的。没有产品或商品交换，也就不存在价值补偿问题。当然，这里说的是整个社会再生产的价值补偿，而不是一个个企业的价值补偿，因为那主要是属于直接生产过程范围的事，不属于流通篇研究的对象。至于实物替换，则正是产品或商品交换本身。社会主义社会资金的循环同资本主义社会总资本循环的根本区别在于：前者是有计划进行的，后者则是以无政府状态为特征的。孙冶方十分重视这个区别。他认为，社会主义计划经济的关键，就在于社会资金循环即流通过程的计划化。有计划地组织流通过程中两大部类之间、各部门之间以及各地区之间，归根到底是千千万万个企业之间的交换，是计划经济的要害所在。总之，社会主义计划经济同资本主义自发经济的区别点，主要不是指企业内部的直接生产过程（因为都是有计划的），而是指全社会而言，是指各个企业相互间物质代谢过程亦即流通过程而言，资本主义是无政府状态的，社会主义是人们自觉组织的。

第三，社会主义流通是同直接生产过程和分配过程不同的独立的经济过程。

与"宽派"认为社会主义流通包括从生产到消费的全部经济过程的观点不同，孙冶方认为，流通具有与生产和分配所不同的职能，是同直接生产过程和分配过程不同的独立的经济过程。

流通（孙冶方称为"交换的总和"）过程和直接生产过程是不同的。在孙冶方看来，在直接生产过程中，由于存在技术分工和工段或车间的分工，因此也存在"互相交换其活动"，即不同工段和工种的劳动者，共同完成某一种特定产品的生产。但这不是真正的交换或流通。正如马克思指出的，每个工厂内都有系统的分工，但是这种分工不是通过工人交换他们个人的产品来实现的。交换和流通指的是由社会分工决定的生产品的交换。如果说这里也有活动交换的话，那是通过生产品的交换来进行的。特别重要的是，交换，无论是商品交换还是产品交换，都要遵循等价交换的原则，而在直接生产过程中互相交换自己活动的时候，并不存在这个内在要求。

孙冶方认为，斯大林在《苏联社会主义经济问题》一书中，在论述作为政治经济学对象的生产关系的定义时，否认包括独立于直接生产过程之外的交换，用起因于企业内部的技术分工和工段、车间分工的"互相交换其活动"，来代替起因于社会分工的交换，是不对的，是从恩格斯在《反杜林论》中关于政治经济学对象的定义（在那里，作为政治经济学研究对象的生产关系包括生产、交换和分配三个方面），后退了一步。他指出：马克思和恩格斯都很重视交换和流通，他们在《共产党宣言》中，甚至把交换方式同生产方式相并列，作为决定每一个时代的社会结构的重要因素。与此不同，杜林则否认独立于生产过程之外的交换过程。恩格斯在《反杜林论》中批判杜林的时候说过，生产和交换是两种不同的职能。这两种社会职能的每一种都处于多半是特殊的外界作用的影响之下，所以都有多半是它自己的特殊的规律。恩格斯认为，杜林之所以否认独立于生产过程之外的交换过程或流通过程，只不过是证明，他不知道或不懂得正是流通在最近 50 年来所经历的巨大发展。孙冶方还指出，如果说，恩格斯写《反杜林论》以前的 50 年流通中所经历的变化是巨大的，那么在社会主义社会化大生产的发展中，流通过程的重要性和所经历的变化就更大了。因此更应重视对流通过程的研究。

流通过程与分配过程也是不同的。孙冶方认为，分配和流通，在政治经济学意义上是完全不同的。分配首先是指产品的分配。马克思说过，在分配产品之前，要分配劳动工具和劳动力，产品的分配只是劳动工具和劳动力分配的结果。这就是原来政治经济学意义上讲的分配。分配可以分为初次分配和再分配。初次分配就是把产品分为物质消耗（c）、必要产品（v）和剩余产品（m）。再分配主要是对于剩余产品的再一次分配。初次分配是和直接生产过程不可分的。所谓交换，就包括已经分配的产品在生产者之间（以及生产者和消费者之间）的交换。只有经过这种交换，产品才能作为现实的生产要素来发生作用。产品与一般的自然物不同，它只有在消费中才能成为现实的生产物，消费者若不去消费产品，产品就不能最终成为现实的产品。交换就是生产与消费之间的直接媒介，没有交换作为媒介，就没有社会再生产。可见，分配与消费是两个不同的范畴。

交换与分配的另一重要区别在于，在交换中，必须遵守等价交换原则。不遵守等价交换，就是无偿占有或无偿调拨，就不是真正的交换。既然实行等价交换，也就意味着是自愿让渡，而不能强加于人。而在分配中，则往往是无偿的，不要求等价交换的。在直接生产过程中互相交换活动时并不要求等价交换，这是好理解的，在再分配过程中一般都是无偿的，也不要求等价交换，这更是司空见惯的。可见，交换和流通是不能离开等价交换原则的。

总之，孙冶方认为，从产品两重性观点来看，流通作为社会再生产过程的一个必要阶段，作为一个重要的客观经济过程，它的主要内容包括两个方面：产品价值的补偿和产品使用价值的物质代谢。不论交换形式或社会形态有什么变化，只要社会化大生产在持续进行，那么流通过程中亿万次交换活动的这两个实质性的经济内容就会客观存在。对社会主义流通来说，也是这样。

流通作为一个独立的经济过程，对生产起重大的反作用。孙冶方指出，在流通与生产的关系中，在一般情况下，生产决定流通，但流通不仅仅是被动的、被决定的。流通组织的好坏，对生产可以起促进或促退作用，对公有制可以起巩固或瓦解的作用。所以，必须肯定：流通与生产之间存在着对立和统一的关系。孙冶方对于在"文化大革命"期间连篇累牍地批判"流通决定论"非常反感，认为我们历来是不重视流通，片面强调生产对流通的决定作用，而忽视流通过程对生产过程、对整个社会主义经济起着重大作用。他大声疾呼：要克服"轻商"思想。他还十分推崇刘少奇在这个问题上的远见卓识，在纪念刘少奇的一篇文章中写道："少奇同志十分重视社会主义经济中的流通问题。他在19世纪60年代初指出：流通是最敏感的，生产中的各种问题都会在流通中反映出来，因此经济学研究应当重视流通问题。"①

第四，社会主义流通中等价交换具有两种不同的含义，即体现核算和进行经济比较要求的等价交换和体现经济利害关系的等价交换。

等价交换，这是孙冶方研究社会主义流通首先和主要的注意点。他认为，社会主义经济运动，当然包括社会主义流通，离开了等价交换是不可想象的。过去，有人认为，等价交换就是等价格交换。孙冶方嘲笑这是违反常识的，因为政治经济学讲等价交换，历来就是指的等价值或其转化形态生产价格的交换，否则就不存在不等价交换或工农业产品价格剪刀差等问题了，也不存在价格作为国民收入再分配的杠杆的问题了。还有人认为，毛泽东所讲的价值规律是伟大的学校，强调坚持等价交换原则，这只适用于两种公有制之间，而不适用于全民所有制经济内部不同企业之间的产品交换。孙冶方很不以为然。他竭力证明：上述看法大大贬低了毛泽东关于价值规律是一个伟大的学校的理论和实践意义。等价交换不仅适用于不同所有制经济之间，而且完全适用于全民所有制经济内部不同企业，甚至不同部门和地区之间的产品交换中。否则就不利于经济核算，不利于国民经济的综合平衡，归根到底就是不利于劳动时间的节约以及社会劳动根据社会需要进行有计划按比例的分配。正如孙冶方说的："不按照等价原则组织交换和流通，结果是到处不计成本，不讲核算，不顾经济效果，企业以及整个社会流通迟滞，周转不灵，资金循环极慢，劳动效率低，经营管理差，社会财富浪费惊人，社会生产力发展缓慢，使社会主义公有制的优越性发挥得很差。……从而否定了社会主义社会化大生产对流通过程的基本要

---

① 孙冶方：《社会主义经济的若干理论问题》（续集增订本），第142页。

求——以最小的消耗取得最大的经济效果。"① 孙冶方从上述见地出发，响亮地指出：在政治经济学研究上，必须打破统治了几十年的"没有价格同价值的背离就没有价格政策"这个老教条。指出，在一般情况下，价格对生产和流通的调节作用，只是在价格符合价值或生产价格时，才能充分发挥出来，起正面的积极作用。当然，这并不排斥有时也要有意识地使某些产品的价格与价值相背离，以影响生产和需求。只不过这不应成为我们制订计划价格的基本出发点。

在孙冶方的流通理论中，等价交换有双重的含义：作为产品交换的调节者，它体现核算社会劳动和比较先进与落后的要求；作为商品交换的调节者，它体现协调经济利益的要求。这是由于社会主义流通既有产品流通又有商品流通，等价交换在它们之间发挥不同效能决定的。

在社会主义产品交换中，由于不存在或基本上不存在经济利害关系，等价交换已失去调节人们经济利益矛盾的作用，而突出了它作为正确核算社会劳动消耗和进行经济比较的作用。因为只有等价交换，才能正确反映和评价经济活动的效果，才能严格企业的经济核算和整个国民经济的核算，才能正确进行国民经济的综合平衡。过去，人们常常认为，当商品生产和交换消灭以后，特别是到共产主义高级阶段以后，就可以随便吃"大锅饭"了，不要进行劳动耗费同有用效果的比较和核算了。孙冶方认为这是一种糊涂观念。经济工作只能越做越细，而不能越做越粗。他引证恩格斯的话说，就是在将来消灭商品生产以后，社会也必须知道，每一种消费品的生产需要多少劳动。它必须按照生产资料，其中特别是劳动力来安排生产计划。各种消费品的效用（它们被相互衡量并和制造它们所必需的劳动量相比较）最后决定这一计划。孙冶方的这个看法，现在已为较多的人所理解甚至信服了。

---

① 孙冶方：《社会主义经济的若干理论问题》（续集增订本），第180页。

在社会主义商品交换中,由于参加交换的当事人之间,存在经济利害关系,等价交换仍然发挥着在一般商品生产和交换条件下调节人们经济利益矛盾的作用。这个问题,孙冶方过去曾经在一定程度上有所忽视,而到后来则比较重视起来了。他在《财贸经济》1981年第1期发表的《流通概论》一文中说得好:"社会主义条件下流通过程应是各方面经济利益得以具体实现的场所。否定流通过程,必然否定等价交换,从而也就否定了社会主义客观存在着社会、集体、个人经济利益。"①

在实践中,社会主义产品流通同商品流通是很难分开,而是结合在一起的。但是,按照孙冶方的理论,在不同的交换关系中,商品流通和产品流通的强弱程度是不同的。例如,在两种公有制经济之间的交换中,商品交换的性质是基本的或比较显露的;而在全民所有制经济内部不同企业之间的交换中,产品交换的性质则居于主导地位。上面之所以区分两种流通和等价交换在两种流通中的不同作用,只是为了更好地分析它们之间的不同社会性质,以便比较全面地掌握社会主义流通的经济内容。

三 评孙冶方关于社会主义流通概念的含义

应该如何评价孙冶方关于社会主义流通概念的论述呢?我的认识是:他的观点是言之成理、持之有故的;同时,也还存在某些不周全之处。

从上面的论述中,可以看出,孙冶方关于社会主义流通概念的含义,牵涉一系列最基本的理论问题,包括价值论、产品和商品论等问题。特别是关于他认为社会主义流通既包括商品流通,又包括产品流通,既存在商品价值规律的作用,又存在产品价值规律的作用等,同他的价值论和产品、商品论存在直接和密切的联系。因

---

① 孙冶方:《社会主义经济的若干理论问题》(续集增订本),第180页。

此，评价他的流通理论，离不开对他的价值论和产品、商品论的评价。

孙冶方关于两种公有制之间交换的产品是商品，国家与职工之间交换的产品是商品，在这两种商品交换或商品流通中，商品价值规律仍然起着调节作用，这在经济学界中间一般是没有争议的。争议之点在于：全民所有制经济内部不同企业之间交换的产品是不是像孙冶方所说的，不是商品，基本上是产品，从而这种交换和流通基本上是产品交换和产品流通，产品价值规律在这里起着主要的作用。

在孙冶方看来，在社会主义全民所有制经济中，人与人之间的经济利益根本上是一致的，因此不同企业之间交换的产品，基本方面是产品性，产品价值规律自然起主要作用。与此同时，由于又存在人与人之间的经济利害关系，存在经济利益的差别性，因此又有一定程度的商品性，通过市场的、起事后调节的价值规律也起作用。

孙冶方的这种产品、商品观，同马克思在《资本论》中的论述是联系起来的。马克思在《资本论》第一卷第105页中说，商品关系体现的是人与人之间"彼此当作外人看待的关系"，因而需要用等价交换的原则来调节他们之间的矛盾，即调节他们之间的利害关系。私有制度是这种彼此当作外人看待的关系的典型形态。不同所有制包括不同公有制之间的交换，也存在比较明显的彼此当作外人看待的关系。而在全民所有制经济内部，由于企业和职工的物质利益同企业的生产经营成果有一定的联系，因而企业之间也在一定程度上存在这种彼此当作外人看待的关系，这就决定了他们生产的产品仍然保留一定的商品性。但是，由于全民所有制经济内部，各个企业的根本利益是一致的，这就决定他们生产的产品，已经不是完整的商品，而在很大程度上还原为产品。这正是社会主义生产能够有计划进行的根源。

孙冶方的产品流通论，连同他的价值、产品、商品论，也有不周全或欠缺的地方。但我不同意说他的产品流通论是脱离马克思主义的杜撰，也不同意说他的产品流通论同他的产品、商品、价值论是矛盾的。我认为，他的流通理论的不周全处主要表现在对社会主义产品流通的地位和作用估计过高而对商品流通的地位和作用则估计过低，其根源则在于他对社会主义经济的商品性、商品价值规律的作用、利用市场机制（包括利用价格同价值的背离）等看得轻了一些，而对社会主义经济的产品性、产品价值规律的作用、自觉地利用价格和价值或生产价格的一致来调节社会经济活动，则看得重了一些。

随着技术进步的加快，社会主义社会化大生产的发展，企业和产品越来越多，产品的更新换代越来越快，人们的消费需要越来越复杂多样，这样，根据产品价值规律，光靠中央计划、统计部门通过计算对各种产品的生产和消费完全进行事先的安排，是无法做到的，现在也还看不见很快可能做到的前景，而必须在对宏观经济比例、对关系国计民生的重要产品实行直接的事前的计划调节的同时，利用市场机制，实行事后的调节，以确保数以十万、百万计的产品的产需很好地衔接起来。这就是说，在社会主义制度下，商品流通仍然具有重要的地位和作用，即使在全民所有制经济中，商品流通的性质仍然不容忽视，商品价值规律仍然起着重要作用。

看来，孙冶方的产品流通论，以及他的产品流通论的基础价值论之所以存在上述不周全的地方，根本原因是他过分看重了社会主义经济中人们利益的一致性，而有点看轻了人们利益的差别性。这个问题，他在粉碎"四人帮"后已有察觉，并对过去一般否定利润分成和奖金制度的观点作了修正。但是，他没有考虑原来不够全面的观点对他的价值论和整个社会主义经济理论体系的影响，包括对产品流通论的影响。

孙冶方是以治学严谨著称于世的。晚年，他对社会主义流通问题的研究，对一些问题的看法有新的进展。其中包括他肯定，对全民所有制企业来说，也存在着 W—G，即实现问题，呼吁以此为出发点改革现行计划体制。我们相信，如果能够给他更多的时间，他一定能从实际出发，对社会主义流通理论作出更加科学的表述。

（原载《财贸经济》1984 年第 4 期）

论社会主义商品经济

一 认识社会主义经济的重大理论突破

最近,《中共中央关于经济体制改革的决定》指出,社会主义经济是在公有制基础上的有计划的商品经济。这是在我们党的决定和文件中,第一次对社会主义经济的性质和特征作出的全面性概括和规定。这个概括是总结了国内外社会主义建设的经验,特别是我国五年多实行对内搞活、对外开放方针取得成功的经验后作出的,具有高度的科学准确性,不但对今后我国社会主义建设有根本性的指导意义,而且是马克思主义政治经济学的重大理论突破。

传统的经济理论总是把社会主义计划经济同商品经济对立起来,把价值规律看成异己的力量。根据这种理论,许多社会主义国家都建立起高度集中的、以行政管理为主的、排斥利用商品货币关系的经济管理体制。长时期以来,这甚至被认为是社会主义经济的唯一可行的模式。但是,在国内外几十年的实践中,人们越加深切地感到,这种管理体制不完全符合社会主义经济发展的客观规律,存在种种弊端,特别明显地表现在整个社会经济活动缺乏生机活力和经济效益不高两大问题上面。因为排斥商品货币关系,否认企业是相对独立的商品生产者,一切经济活动几乎都听命于上级领导机关特别是计划机关的指令,自然压抑了数以十万计的企业和数以千万计的劳动者的积极性,使社会经济不能生气勃勃地灵活运转;同时,不通过市场这个纽带,就很难了解社会和消费者千变万化的需要，信息不灵，也往往使计划脱离实际，货不对路，一方面大量产品积压，另一方面又有许多产品短缺，造成比例失调和社会劳动的浪费。所以，当社会主义经济发展到一定阶段，特别是要求生产的发展更好地符合社会多方面的需要、社会经济活动更加重视提高效益和保持灵活运转的时候，必然要求对原有的过分集中的经济体制进行改革。这种改革的内容，我认为就在于充分利用商品货币关系和市场机制，来改善我们的经济组织和管理工作。中共十一届三中全会以来，党中央关于改革经济体制的一系列方针政策，就在于充分认识到社会主义计划经济必须大力发展商品生产和商品交换，更好地利用市场机制和市场调节，坚决抛弃那种把计划经济和商品经济对立起来的自然经济或半自然经济的观点，这些政策已经取得了举世公认的成效。

传统的经济理论有其深刻的理论根据和历史根源。

马克思和恩格斯都曾经预言，在公有制的条件下，商品生产和商品拜物教将会消失。十月革命胜利后，列宁先是按照马、恩的设想，希望消灭商品货币关系。但是列宁很快就发现，这样做是行不通的。1920年起，列宁转而采取新经济政策，发展工农业之间的商品交换，给小农恢复贸易自由。国营企业也实行经济核算和自负盈亏。这些政策很快促进了整个国民经济的恢复和发展。

苏联进入19世纪30年代以后，随着农业集体化的完成，经济的实物化有所加强。虽然斯大林曾经指出，有两种公有制即全民所有制和集体所有制并存，就存在工人和农民两个阶级，就需要有交换。但是那时苏联实际上采取的是剥夺农民的政策，因此等于否定商品生产和等价交换。在国营企业实行的经济核算制中，价格、成本、利润等只看成是一种计算工具，而不是客观存在的经济范畴。直到1952年，斯大林才在《苏联社会主义经济问题》书中承认两种公有制之间存在着商品生产和商品交换。与此同时，他又认为全民所有制经济内部交换的生产资料不是商品。斯大林还一再强调要限制商品生产，认为价值规律对生产不起调节作用，发展商品关系同建设共产主义不相容。他就是根据这种半自然经济的观点,设计和实行高度集中的、以行政管理为主的经济体制。

新中国成立后,我国经济界和经济理论界开始是信奉斯大林的上述理论的。1956年起,对斯大林的框框有某些突破。例如,有人提出苏联的经济体制模式是自然经济论影响下的产物;全民所有制经济内部交换的生产资料也是商品;我国原来商品生产很落后,需要大力发展;价值规律是一个伟大的学校;等等。但是,毛泽东同志晚年却提出了社会主义社会商品生产和货币交换跟旧社会没有多少差别,只能在无产阶级专政下加以限制的错误说法。

只是到现在,通过研究和总结国内外社会主义建设的经验和教训,通过我们这几年实行对内搞活、对外开放方针取得成功的实践,我们对于社会主义经济的性质,对于发展社会主义商品货币关系的重要性和意义的认识,才比以前大为丰富和更加全面了。我们先是肯定建设社会主义必须大力发展商品生产和商品交换,继而确认社会主义经济是有计划的商品经济。可以预期,这种认识的飞跃必将带来社会主义建设实践的飞跃。

二 评社会主义商品生产存在原因的两种流行观点

过去,关于社会主义商品生产存在的原因有两种流行观点,值得商榷。

第一种是两种公有制并存决定论。这是斯大林在《苏联社会主义经济问题》中提出来的,在相当一个时期被认为是唯一权威的解释。但是,社会主义建设和经济体制改革的实践证明,这个论断是不完全的。

两种公有制并存决定论排斥全民所有制经济内部存在商品关系,否认全民所有制经济内部交换的生产资料是商品,否认社会主义国营企业是相对独立的商品生产者。实际上,在社会主义全民所有制经济中,由于仍然存在根本利益一致前提下的经济差别,包括人与人之间和企业与企业之间的经济差别,保留商品关系是不可避免的。

实践说明,社会主义条件下把整个社会作为"一个辛迪卡"的设想是行不通的。社会主义全民商品的生产和经营是要分散到各个企业进行的。社会或国家必须承认其相对独立性,必须让这些企业实行经济核算制,自主经营、自负盈亏,使企业和劳动者从物质利益上关心生产和经营的成果。正如列宁所说的,必须把国民经济的一切大部门建立在个人利益的关心上面。共同讨论,专人负责。由于不会实行这个原则,我们每一步都吃到苦头。社会主义经济关系要求从物质利益上调动劳动者的社会主义积极性,全民所有制企业对生产资料的占有、使用和经营管理权,就含有重要的经济意义,直接关联到企业职工的物质利益,使不同企业之间存在一定的你我界限。在某种意义上,企业的这种对生产资料的占有、使用和经营管理权,也可以说是一定程度的对生产资料的所有权,要求企业要细心盘算其经营成果,计算盈亏,力争多盈利。国营企业生产的产品,包括生产资料,在企业间进行交换时,不能说根本不发生所有权的转移,因为所有权终究要归结为经济利益,既然企业间买卖生产资料与各自的经济利益相连,那么,生产资料的买卖就实际上发生一定意义的所有权的转移。正因为这样,社会主义社会还要借助等价交换原则来调节生产和经营这些产品的企业的经济利益矛盾。这样,社会主义国营企业,实际上是作为相对独立的商品生产者存在的。否认这些,就是违背了社会主义经济的本质,必然破坏社会主义经济的健全发展,使我们每一步都吃到苦头。

我国三十多年社会主义建设实践说明,把生产资料排除在商品之外,对社会主义经济的发展,并没有什么好处,只能框住我们的手脚。对主要生产资料实行调拨分配的办法,造成一方面某些物资严重积压,另一方面又有一些物资严重不足,周转时间太长,资金占用量太高,经济活动的效果很低。

社会主义社会庞大的、复杂多变的生产和流通,根本不可能都包括到计划中去。即使在我们强调生产资料不是商品的年代,实际上也有一部分生产资料是通过商业渠道让用户自由选购的。这样，怎样去区分哪些是商品，哪些不是商品呢？随着科学技术和经济的发展，生产各种消费品的原材料将更多地由重工业部门提供，这样，消费品是商品，生产这些消费品的生产资料为什么就不是商品呢？况且，社会主义经济运动的统一性，硬要把某一部门的产品看成不是商品，也必然在理论上和具体工作中造成混乱。

第二种流行的观点是，由于我国经济还不发达，所以需要保留商品关系，如果我们的生产力提高了，进入了发达的社会主义阶段，包括实现了社会主义全面的全民所有制以后，马、恩关于商品关系消失的设想就将变为现实。

看来这个观点也很难站住脚。

这是因为，即使经济发展了，进入了发达的社会主义阶段，包括假设那时实现了全面的全民所有制，但是，由于劳动还存在重大差别还实行按劳分配，联合生产还要在一个个独立核算的企业范围内进行，从而人与人之间、劳动者集体即企业之间，仍然存在经济利益的差别，这种差别是社会主义生产关系的本质属性，必须由等量劳动交换或等价交换的原则来调节，而这个原则也就是商品经济的原则。这就说明，即使进入了发达的社会主义阶段，商品生产存在的经济条件仍然不能消失。所以，不能认为只有在经济不发展的阶段才需要保留社会主义商品生产。

三 社会主义经济是有计划的商品经济

我们不仅要肯定社会主义商品生产存在的客观必然性，而且要进一步肯定，社会主义经济也是一种商品经济。

这是因为，在社会主义社会，整个经济活动的绝大部分，仍然要通过商品货币关系来进行。例如，工农业产品，除少数自给部分（工业品不到10%，农产品约1/3）外，都要作为商品进入流通过程，而且随着生产技术的发展，专业化和社会化水平的提高，工农产品特别是农产品的商品率将进一步提高；作为社会主义经济细胞的企业，都是相对独立的商品生产者和经营者，实行独立核算，自主经营、自负盈亏；国民经济平衡不但要有实物平衡，而且有价值平衡，价值平衡是更为重要的；按劳分配要通过商品流通来实现；各项经济活动的效果要运用价值（通过价格）这个社会共同的尺度来衡量和评价；社会经济联系一般要遵循等价交换的原则来建立和发展；等等。因此，社会主义经济从总体上看，仍然是一种商品经济。

社会主义经济仍然是一种商品经济，但是，它既不同于小商品经济，也不同于资本主义商品经济，而是具有社会主义特征的商品经济。中共八届六中全会决议在谈到社会主义商品生产和交换时说："这种商品生产和商品交换不同于资本主义的商品生产和商品交换，因为它们是在社会主义公有制的基础上有计划地进行的，而不是在资本主义私有制的基础上无政府状态地进行的。"这是对社会主义商品经济特征的科学概括。因此，把社会主义商品经济从而把社会主义经济表述为有计划的商品经济，是合乎逻辑的、正确的。

过去有的同志说，提社会主义经济是有计划的商品经济，落脚点仍然是商品经济，计划经济被抽象掉了。其实，所谓计划经济，是指在国民经济中有计划地分配和调节社会劳动，或者说有计划地组织、管理和调节社会主义经济活动的一种社会经济制度。这里，有计划地分配和调节也好，组织和管理也好，都必须落脚到社会经济活动上。问题是这种经济活动是自然经济活动，还是商品经济活动，或是产品经济活动。落脚到自然经济活动上的计划经济，必然窒息生机和活力，忽视经济效益；落脚到产品经济活动上的计划经济，则是脱离实际，现阶段往往成为落脚到自然经济活动上的计划经济的变种。只有落脚到商品经济活动上的计划经济，才反映了社会主义经济发展的客观要求和必然趋势。

过去也有同志不同意把社会主义经济说成也是一种商品经济，

只同意社会主义社会存在商品生产和商品交换的提法。我认为，这种认识是不彻底、不全面的。因为主张商品关系只发生在两种公有制经济之间，而把全民所有制内部交换的生产资料排斥在商品之外，即把商品关系局限在狭小范围内（这种认识上面已经分析过是不全面的）的人，也能接受上述提法。而这种观点既否定了大力发展社会主义商品生产和商品交换的必要性，更否定了整个社会主义经济从总体上看也是一种商品经济，需要广泛运用商品货币关系和市场机制来改善我们经济组织和管理工作，因而同按社会主义经济发展规律办事，改革存在种种弊端的经济体制不相符合。至于过去有人说社会主义社会虽然存在广泛商品关系，生产资料也是商品，但因为劳动力已经不是商品，国有森林、矿藏等资源也不是商品，商品的范围比资本主义社会小，受到一定的限制，因此不能把社会主义经济说成是一种商品经济。我认为，这只是某种词义之争，没有实质性的分歧，可以存而不论。

过去还有同志认为，如果把社会主义经济说成是一种商品经济，就意味着让价值规律在社会经济活动中起主要的决定的作用，否定了社会主义经济规律特别是基本经济规律和有计划发展规律在国民经济中的主导作用，因而是不恰当的。我认为，这个问题要作具体分析。承认社会主义经济是一种商品经济，当然意味着价值规律对社会主义经济生活起调节作用，问题在于如何看待这种调节作用及其对发展社会主义经济的作用。我们知道，改革经济体制要求重视价值规律的作用，以便把社会主义经济搞活，引导社会各项经济活动竞相以提高效益为中心。所以，改革经济体制要求按客观经济规律办事，正是首先要按价值规律办事。同时，价值规律的作用，可以归结为节约劳动和按比例分配劳动两条上面。在私有制商品经济中，价值规律是在生产者背后盲目起作用的，是通过商品生产者和经营者的两极分化，或者劳动人民遭受苦难以及经济危机来实现的。而在公有制的商品经济中，价值规律可以被人们自觉依据和运用，通过有计划地调节来达到节约劳动和按比例分配劳动的目的。这样,价值规律的作用,同社会主义经济规律的作用,并不是相矛盾的,而是相一致的。事实上,所谓自觉依据和运用价值规律,有计划地调节经济活动,就包括了社会主义经济规律起作用的因素在内,因为社会主义经济过程总是各个经济规律综合起作用的结果。相反,如果我们不尊重价值规律,甚至跟它对着干,价值规律仍然要起作用,使我们碰得头破血流。但这不能因此就说价值规律的作用同社会主义经济规律的作用注定是互相对立的。当然,价值规律的作用是通过市场机制实现的,可能会有一定的自发性和盲目性。但是,在社会主义有计划的商品经济中,市场是可以由国家计划调节的(这也是社会主义经济规律起作用的表现),只要调节得好,我们就可以使上述盲目性限制到最低限度,从而使价值规律的作用同社会主义经济规律的作用达到基本上的一致。所以,重视价值规律的作用,或者强调按价值规律办事,不但不能作为否定社会主义经济是商品经济的根据,反而是经济体制改革本身的客观要求,是符合社会主义经济发展的客观实际的。

四 社会主义商品经济的特点

社会主义商品经济是新型的特种的商品经济。这主要表现在:

首先,社会主义商品经济是建立在社会主义公有制基础上的,没有资产阶级参加的商品经济。当然,在社会主义社会,由于存在多种经济成分,包括利用外资,因此在少量非社会主义商品经济中,还有外国资本家参加,但他们是在无产阶级专政的国家管理和监督下活动的。社会主义商品经济所体现的生产关系,是社会主义劳动者之间互相合作和平等互利的关系,而不再体现雇佣劳动制度下的剥削和被剥削的关系。社会主义商品经济是在劳动人民当家做主,为满足劳动人民不断增长的物质和文化生活的需要服务的。同时,在我国社会主义制度下,商品经济的范围已受到一定的限制,如劳动力不是商品,土地、矿山、银行、铁路等一切国有的企业和资源也都不是商品。所有这些，都决定了社会主义商品经济的发展，不可能引导到资本主义，而能够有效地为社会主义现代化建设服务。

其次，社会主义商品经济是在国家计划指导下有计划地发展的。前面说过，计划经济同商品经济不是对立的。计划经济的对立面是生产和流通的无政府状态，商品经济的对立面是自然经济。必须认识，商品经济的充分发展，是社会主义经济发展的不可逾越的阶段，是实现我国经济现代化的必要条件。只有商品经济充分发展，才能彻底打破自然经济的格局，大大提高劳动和生产的社会化水平，从而大大提高劳动生产率。在社会主义条件下，我们必须使商品经济的发展，纳入计划的轨道。可以说，社会主义计划工作的重要内容，不是别的，正是计划商品生产和交换，或者说，使社会主义商品经济的发展，置于国家计划的指导之下。为此，国家必须自觉地依据和运用价值规律，按照价值规律的要求，有计划地做到在社会主义总劳动时间中，把必要的比例量使用在不同类商品的生产和流通上，以实现国民经济按比例的协调的发展。

为了更好地认识社会主义商品经济是新型的商品经济，有必要把社会主义有计划的商品经济同那种完全由市场调节的市场经济，即资本主义商品经济区别开来。在资本主义市场经济中，市场是至高无上的，整个经济的运动都受市场的支配，自发势力统治着一切。资本主义国家虽然也能运用一些经济杠杆和行政手段，对某些经济活动进行引导和调节，但是不能对宏观经济进行有效的引导和调节，不能实现国民经济的协调发展。因此，生产和流通的无政府状态是资本主义经济永远摆脱不了的。社会主义经济与此不同。社会主义商品经济当然也离不开市场。社会主义经济活动要实行商品原则，在很大程度上也就是要实行市场原则。关键的问题在于：社会主义市场是可以由国家计划进行调节的。无论是商品（和劳务）市场，还是资金市场、技术市场、信息市场等，国家都要运用经济的、行政的、法律的力量，实行计划指导，给市场活动规定一定的限界，尽可能限制其自发性，不让其对计划经济产生巨大的冲击力，保证重大比例关系比较适当，社会主义经济大体按比例地协调发展，避免资本主义市场经济必然带来的周期性经济危机。

有人认为，由于社会主义生产目的是满足社会成员不断增长的物质文化生活的需要，使用价值被提到首要地位，因此在社会主义商品两重性中，使用价值居于主导地位，这正是社会主义商品的重要特点。我认为这种说法是不全面的。产品作为商品，包括社会主义商品，其本质属性始终是价值，而不是使用价值。因此，在商品两重性中，价值始终处于主导地位。正如马克思说的，商品形式的发展是同价值形式的发展一致的。随着劳动产品转化为商品，商品就在同一程度上转化为货币，即价值的独立的形式。如果价值不处于主导地位，那么，这个产品就不是商品，而是产品或主要是产品了。可见，说使用价值居于主导地位，如果用来论证社会主义制度下产品本质上不再是商品，也许还合乎逻辑，但这同现实生活脱节（至于在社会主义有计划的商品经济中，参加各种交换关系的商品，是不是具有不同程度的产品性，这是需要另当别论的问题，但是这个问题很复杂，没有足够的篇幅很难说清楚，这里只好存而不论）；而以此来说明社会主义商品的性质和特点，则是违背马克思主义商品学说的基本原理的。

社会主义商品的特点是由社会主义劳动的特点决定的。

社会主义经济是以生产资料公有制为基础的，劳动的私人性已不复存在，因而消除了私人劳动和社会劳动的矛盾。社会主义商品是由联合劳动者生产的。联合生产和劳动，是社会主义劳动的首要特点。所以，社会主义商品生产者作为联合劳动者之间的关系，基本上是互助合作的关系。

同时，社会主义联合劳动是不成熟的、不完全的。一是一般都保留集体所有制经济，在那里，从生产资料的所有到生产劳动的组织和产品的占有，都只局限在各该集体的范围内，是社会化程度较低的联合劳动。二是全民所有制经济也不是直接在全社会范围内组织联合劳动，如像把整个社会主义全民所有制经济当成一个大工厂一样，而是还要通过在一个个具有相对独立经济利益的实体即企业范围内组织联合劳动，并且要根据这些企业的生产经营成果给予不同的对待：好的奖励，差的惩罚，通过企业对物质利益的关心来调动企业及其职工的积极性。

社会主义联合劳动的不成熟性，决定了社会主义劳动一方面是社会劳动，是社会自觉的计划组织起来的，为生产满足社会需要的产品而进行的劳动；另一方面，它又是局部劳动，是在一个个具有相对独立性的企业直接组织下进行的劳动，具有某种程度的间接社会性。既是社会劳动，又是局部劳动，这就是社会主义劳动两重性、商品两重性的根源，局部劳动和社会劳动的矛盾，制约着社会主义商品和劳动的矛盾运动。

同马克思恩格斯设想社会主义社会不存在商品关系相联系，他们认为，在未来社会主义社会，劳动从一开始就是直接的社会劳动。社会主义建设的实践证明，这个论断是难以实现的。这是因为，在社会主义社会，还要保留商品生产和商品交换，还存在生产商品的劳动两重性，存在局部劳动和社会劳动的矛盾，从而还存在局部劳动转化为社会劳动的客观必然性。

过去不少学者在否认社会主义经济是商品经济的同时，认为在社会主义公有制条件下，劳动具有直接的社会性。这可能同他们对社会主义再生产中物质替换的困难估计不足有关。但更重要的是，在自然经济论影响下形成的经济体制，否认企业是相对独立的商品生产者，否认要使企业经营成果同企业职工的经济利益紧密联系起来。这样，就很自然地认为企业生产的产品都是由国家包下来，统购包销，统负盈亏，产品即使卖不出去，局部劳动即使少转化为甚至不能转化为社会劳动，对企业也无经济损失，不影响企业和职工的物质利益，因而劳动表面上的确从一开始就具有直接的社会性。但是，这种体制是不完全符合社会主义经济的发展规律的，因而根据这种体制运行所概括的理论是不全面的、有缺陷的。

当前，我们要把大力发展商品经济，作为推进社会主义现代化建设的重要基础和前提。这是因为：

大力发展商品经济，在组织和管理经济中实行商品原则，能够使经济工作转到以提高经济效益为中心的轨道上来，摧毁自然经济的根基，消除垄断，开展竞争，优胜劣汰。

大力发展商品的经济，能够完善社会主义经济体制，真正做到大的方面管住管好，小的方面放开放活，运用各种立法的、行政的特别是经济的手段，影响市场和调节企业的自主经济活动，把它们引导到有计划按比例发展的轨道，使整个国民经济充满生机和活力。

大力发展商品经济，有助于使我国最终摆脱民族的孤立性和闭塞性，坚持对外开放，加强国际间经济技术交流，走向世界，从发达国家引进先进技术和经营管理方法，利用外资，并且挤进世界市场，有意识地利用世界市场，从中得到国际分工和国际商品交换的好处。

（原载《经济科学》1985 年第 3 期）

建立和完善社会主义市场体系
促进商品经济的发展*

中共十二届三中全会通过的《中共中央关于经济体制改革的决定》，确认社会主义经济是在公有制基础上的有计划的商品经济，这就自然而然地把市场问题提到了突出的地位。从那时起，我国经济学界对于社会主义市场问题的研究，进入了一个崭新的阶段。人们不再把市场看成社会主义经济的异己力量，市场问题不再成为经济理论研究的禁区。对市场机制作用范围的认识也逐步摆脱了狭窄境界，走向广阔的领域，不是仅限于消费品市场和生产资料市场，而且扩展到资金市场、劳动力市场、技术市场、信息市场和房地产市场，并提出建立和完善社会主义市场体系的重大课题。与此同时，市场改革，同企业改革和管理改革一起，成为"七五"期间经济体制改革的主要内容。随着经济体制改革的深入，社会主义经济的运行将更多地依靠市场协调，市场对企业各项经济活动以至对社会生产和消费的导向作用将日益加强，而国家也将更多地通过有计划地调节市场，来引导千千万万企业经济活动，把商品经济纳入有计划发展的轨道。我们这次社会主义市场体系理论讨论会，就是在人们日益关注和重视市场功能的条件下举行的。

我认为，在当前，关于社会主义市场体系方面，以下一些问题是需要进一步研究和深入讨论的。

---

* 本文是作者 1986 年 10 月 10 日在成都召开的"全国社会主义市场体系理论讨论会"上的开幕词。

第一，社会主义市场体系的范围和规定性。社会主义市场的范围取决于商品的范围。因为参加流通过程进入市场的是商品，而用来满足自身需要的自给性产品并不是商品，它们是不进入市场的。经过近几年的讨论，一般都认为，凡是投入流通过程的消费品、生产资料是商品，技术和信息也是商品。这些商品的交换自然形成相应的市场，这是不成问题的。许多同志也认为，资金也应逐步商品化，具有自己的价格（利率）和进入市场。但是目前只是刚从理论上确立货币资金作为生产要素需要进入市场，由市场机制决定其投向，以实现资源配置优化，但是要真正做到这一点还需创造一系列条件，特别是目前资金价格——利率没有多少灵活性，难以开展竞争，有时实际利率还不能保证正数，大大妨碍资金商品化的进程和市场机制作用的发挥。现在争议较大的是劳动力和土地是不是商品和能否按商品经济原则进入市场的问题。有的同志认为，在社会主义经济中，生产资料的公有制排斥劳动力转化为商品，劳动者不能把自己的劳动力出卖给作为生产主人的自己，劳动者的工资也不是劳动力的价格。有的同志则认为，在社会主义阶段，劳动主要还是谋生手段，社会还要承认不同劳动者的能力是"天然特权"，从而存在经济利益的差别，这就意味着劳动力还具有一定的私有或个人所有的性质，从而具有商品的属性，需要通过市场，来实现劳动力的合理流动和配置。土地也是这样，现在人们对于土地需要有偿使用，以便提高这种宝贵和有限的资源的利用效率，制止滥用和浪费，意见是比较一致的，但是有的同志认为土地应该商品化，在市场竞争中形成土地价格；有的同志则认为土地不是劳动产品，因而不是商品。看来，上述对劳动力和土地是不是商品的不同意见，都有一定的道理，还需要通过进一步的研究和讨论，从理论上搞清楚，以便更自觉地进行经济体制改革。同时，在确定了进入市场的商品范围以后，还要进一步研究社会主义市场作为一个体系，其中各种市场的内在关系。很明显，如果各种物质产品是商品，进入市场流通，而生产这些产品的要素则不能进入市场流通，仍然采取直接计划控制、按照纵向信息流分配的办法，那么，就会产生经济运动和调节体系的混乱，不利于社会主义经济的正常发展。还有，市场体系的建立是不是有一个时序的问题。比如，是不是先建立商品市场（包括技术市场），然后建立劳动力和土地市场，最后才是资金和外汇市场；资金市场先发展间接金融，然后发展直接金融。这些，都是需要从理论上加以明确的问题。

第二，市场改革在整个经济体制改革中的地位和重要性。经过总结这几年改革的实践和理论上的深入探索，我们已逐渐明确，今后经济体制改革主要从企业改革、市场改革和管理改革三个方面展开。根据当前实际情况，这三个方面的改革应当如何配合，应否有重点，市场改革处于什么地位？对这个问题，有的同志认为，根据多年来扩大企业自主权的实践经验，为了进一步推进经济体制改革，把新体制的框架建立起来，逐步做到新的体制在各个领域起主导作用，明后年改革应着重围绕为企业实行真正的独立核算、自主经营、自负盈亏和能够在一个大体上平等的条件下展开竞争创造条件，其中最重要的是要充分发挥市场机制的作用，建立和完善社会主义市场体系。我国原来是商品经济很不发达的国家，市场发育不健全，加上多年来的条块分割和地区封锁，社会主义统一市场还没有很好地建立起来。而没有比较充分发展和完善的统一市场，企业不能在同一市场条件下开展竞争，企业之间由于条件不同而苦乐不均的现象就比较普遍，企业也就谈不上真正搞活和自负盈亏，宏观经济从直接控制为主转向间接控制为主也难以实现。这就是"抓中间，带两头"论。有的同志不同意突出某一项改革，而应三方面改革同步配套进行。还有的同志主张着重抓企业改革，有的则主张着重抓管理改革，即加强和完善宏观控制。所以，市场改革的重要性和在今后经济体制改革中所处的地位，值得我们认真研究和讨论。

第三，建立和完善社会主义市场体系同价格改革的关系。赵紫阳总理在《关于第七个五年计划的报告》中说："建立和完善社会主义市场体系，关键在于进一步改革价格体系和价格管理体制。"可见，市场改革离不开价格改革。价格是在市场协调机制中传递供求变化的最有效的信号。价格体制模式不转换，价格体系不理顺，就不能为企业创造平等的竞争条件，即良好的市场环境，市场对生产和消费的导向作用就不能积极发挥出来。所以，从完善社会主义经济运行机制的角度，价格改革可以说是经济体制改革的关键。目前，关于价格改革方面需要进一步研究的问题很多。首先是要处理好理顺价格和稳定价格的关系，在价格改革过程中要有效控制物价总水平的上涨幅度。我过去一再写文章认为，在价格改革过程中，物价总水平的上涨率不能超过平均利息率，否则利息率就会成为负数，带来种种不良后果。价格改革能迈多大的步子，还要看国家支持价格改革的财力有多大。财力越大，改革的步子就可以迈得越大。但是，目前国家财力有限，投资也难缩减，这就决定了价格改革难以迈大步。还有，目前价格体系不合理，既表现在能源、原材料等生产资料计划价格偏低上面，又表现在不少服务收费标准偏低、房租畸低和农产品特别是粮食购销价格偏低，粮油购销价格倒挂等上面。这就要权衡利弊得失，考虑先解决什么问题，后解决什么问题。现在不少同志都赞成先把生产资料价格理顺，因为生产资料价格属于基础价格，把它们理顺了，能为整个价格体系的合理化打下良好的基础。其他问题怎么办？农产品特别是粮食收购价格偏低问题怎么办？目前有两种意见，一种认为应尽快解决，以便更好地调动农民的生产积极性，尽快地稳住农业生产大局，另一种则认为，还是先理顺生产资料价格，其他则暂时放一放，否则一齐迈步，难以控制物价总水平。最后，价格改革要走有调有放，调放结合的道路。这就产生调什么，放什么，调放如何结合等问题。比如，生产资料价格可否多放一些，而消费品特别是基本生活必需品价格是否可以少放一些；对垄断性行业产品不能放，对竞争性产品可以放；对供求基本平衡产品可以多放，对供求不平衡而又生产周期长、资源短缺的重要产品不能随便放，等等。价格体制的这些改革要同物资管理体制改革结合起来。不取消物资统一分配制度，工业品价格就不能真正改革和放开，生产资料市场就很难建立。

第四，关于是否需要建立有限的买方市场的问题。这是改革市场环境碰到的有颇大争议的重要问题。有的同志认为，在我国，改善市场环境，首先就要建立一个供求大体平衡、供略大于求的买方市场，起码要逐步形成买方市场的势头。因为我们现在改革经济体制，在某种意义上，可以归结为改变原来国家对各项经济活动管得过多过死的毛病，充分利用市场机制来改善社会主义经济管理，增强经济活力。而建立买方市场，正是市场机制发挥作用的本质要求和基本条件，也是商品经济正常运行的前提条件，因而是为经济体制改革创造比较宽松环境的集中表现。有的同志认为，物质短缺和卖方市场是社会主义经济运行的一个本质特征，社会主义经济的基本矛盾是日益膨胀的社会需求和有限资源约束之间的矛盾，正是需求大于供给，成为生产发展的动力。按照这种意见，企求建立买方市场是同社会主义经济要在需求的不断驱动下发展的本质要求相悖的。有的同志还认为，我国发展社会主义商品经济的市场模式既不是卖方市场，也不是买方市场，而是供求总量和主要结构平衡协调的市场，因为买方市场和卖方市场都会由于供求不平衡带来社会劳动的浪费和损失。是否需要建立买方市场，属于经济体制改革环境治理的问题，也是社会主义商品经济能否健康顺利发展的重要条件，体现着人们对社会主义经济的性质的认识，很值得我们深入探索和讨论。

第五，社会主义市场体系的宏观管理和调节。社会主义市场不同于资本主义市场和私有制下的市场。社会主义市场既是开放的，又是有计划调节的。调节的主体是社会或国家。这点大致没有很大的分歧意见。但是，在国家如何对社会主义市场体系进行宏观管理和调节方面，有的同志较多地强调直接管理，认为经过经济体制改革，国家只能在对企业的管理上实现从直接控制为主向间接控制为主过渡，而在对整个宏观经济的管理上，不可能做到从直接控制为主向间接控制为主过渡，在对市场体系的宏观管理和调节上，也不可能片面强调以间接控制为主，而要更多地依靠国家物资和商业部门通过吞吐物资，直接参与市场调节，和通过价格管制，稳定市场和物价。有的同志则认为，随着经济体制改革的进行，国家对整个宏观经济的管理也要实现从直接控制为主向间接控制为主过渡，因而对市场体系的宏观管理和调节也需要从直接控制为主向间接控制为主过渡。例如，国家通过运用各种经济手段，控制社会总需求及其增长，实现社会总供给和社会总需求的平衡，也就是对市场的重要调节和控制。市场状况最集中地反映在价格及其变动上，而随着价格模式的转换，社会主义国家首先通过货币政策和财政政策等控制物价总水平，运用收入分配政策、税收政策等防止和克服工资与物价轮番上涨，运用产业政策、信贷政策、补贴政策等，同时直接规定限价或管理价格，影响各种产品的相对价格水平及其度量，这也体现着对市场体系的管理将更多地实行间接控制。显然，从理论上讨论清楚这个问题，具有重大的现实意义。

（原载《财贸经济》1987 年第 1 期）

公有制为主体、多种所有制经济共同发展是我国现阶段的基本经济制度

党的十五大报告指出:"公有制为主体、多种所有制经济共同发展,是我国社会主义初级阶段的一项基本经济制度。"坚持和完善这一基本经济制度,进一步调整和完善所有制结构,对于发展社会主义市场经济,推进现代化建设,具有重要意义。

一 邓小平理论的重要组成部分,改革开放以来实践经验的科学总结

公有制为主体、多种所有制经济共同发展,是邓小平建设有中国特色社会主义理论的重要组成部分。

1985年,邓小平同志就指出,我们采取的所有开放、搞活、改革等方面的政策,都是为了发展社会主义经济。我们允许个体经济发展,还允许中外合资经营和外资独资的企业发展,但是始终以社会主义公有制为主体。1992年,邓小平同志又说,从深圳的情况看,公有制是主体,外商投资只占四分之一,就是外资部分,我们还可以从税收、劳务等方面得到益处嘛!多搞点"三资"企业,不要怕。在邓小平建设有中国特色社会主义理论指引下,党和政府确定了以公有制为主体,允许和鼓励个体、私营、外资经济等非公有制经济发展的方针,并申明要长期坚持下去。我国现阶段整体生产力水平比较低,经济发展不平衡,生产社会化程度不高,个体、私营、外资经济等非公有制经济一定程度的发展,有利于促进生

产，活跃市场，扩大就业，更好地满足人民多方面的需要，是发展社会主义市场经济所必需的。在社会主义条件下，非公有制经济必然同占优势的公有制经济相联系，并受公有制经济的巨大影响，它的一定程度的发展，不仅不会影响公有制的主体地位，而且有利于社会主义社会生产力的发展，有利于增强国家的综合国力，有利于人民生活水平的提高。

中华人民共和国成立以来，我们在所有制关系上出现过超越阶段的冒进问题，对生产力造成了破坏，后来根据实际又作了政策调整。实践证明，这种调整是必要的，是发展生产力的需要。中共十一届三中全会以来，党认真总结了以往的经验教训，制定了以公有制为主体、多种经济成分共同发展的方针，逐步消除了所有制结构不合理造成的对生产力的羁绊。近 20 年的实践证明，这一方针是正确的，能够有力地推动社会生产力的发展。在这一方针指导下，我国公有制经济继续发展壮大，非公有制经济包括个体、私营、外资经济快速发展，经济活力大大增强，市场一片繁荣，人民收入和生活水平迅速提高，出现了"中国的奇迹"。为什么这一方针具有如此巨大的威力？最主要的，是因为这一方针符合我国社会主义的性质和初级阶段的国情。党的十五大科学地总结改革开放以来的成功经验，把公有制为主体、多种所有制经济共同发展，提升为我国现阶段的基本经济制度，要求我们以此为准绳，继续调整和完善所有制结构，进一步解放和发展生产力。这是我国深化经济体制改革的重大任务。

以公有制为主体多种所有制经济共同发展，包括三方面含义：（1）以公有制为主体；（2）国有经济控制国民经济命脉的重要行业和关键领域，对国民经济发挥主导作用；（3）多种所有制经济长期共同发展。以下分别进行论述。

二　以公有制为主体

我国是社会主义国家，必须以公有制为主体，不能走私有化道路，即全面恢复私有制，这是坚定不移的。

所谓以公有制为主体，最根本的，就是公有资产在社会总资产中占优势（或者说是公有资本在社会总资本中占优势），国有经济控制国民经济命脉，对经济发展起主导作用。

以公有制为主体，是社会主义市场经济的重要特征。为什么要以公有制为主体？这是因为，以公有制为主体有利于调动广大职工和劳动者的积极性，有利于广大群众的共同致富，从而有利于社会生产力的解放和发展。所以，坚持以公有制为主体，是符合生产力标准的。

在社会主义市场经济中，公有制不等于国有制，公有制经济不仅包括国有经济和集体经济，还包括混合所有制经济中的国有成分和集体成分。近20年来，不仅国有和集体经济有了明显的壮大和发展，混合所有制经济中的公有成分同样有了明显的壮大和发展。这是改革开放取得的成果。

我们在建设社会主义市场经济体制过程中，要使公有制同市场经济相结合，改革公有制的实现形式，寻找能够促进生产力发展的公有制的实现形式。

"股份制是现代企业的一种资本组织形式，有利于所有权和经营权的分离，有利于提高企业和资本的运作效率，资本主义可以用，社会主义也可以用。不能笼统地说股份制是公有还是私有，关键看控股权掌握在谁手中。国家和集体控股，具有明显的公有性，有利于扩大公有资本的支配范围，增强公有制的主体作用。"党的十五大报告的这一论述，具有重要的指导意义。

在社会主义市场经济中，公有制的实现形式和主体地位还可以从以下几个方面加以掌握。

深化国有企业改革，按照现代企业制度改革国有企业，要求对原来国有大中型企业进行公司制改组。在公司制改组过程中，国有独资公司只是极少数，绝大多数公司都应具有多元投资主体，国有独资的也尽可能由多个国有投资公司作为投资主体，以利于政企分开和转换企业经营机制，建立和健全公司治理结构。这就必然使原来的国有制的实现形式发生重大的变化。即使是国有独资公司，也要面向市场、适应市场，成为自主经营、自负盈亏、自我发展、自我约束的法人实体和竞争主体，使国有制同市场经济互相结合。

随着社会主义市场经济的发展，各种职工保险基金将相继建立和迅速扩大，如养老基金、医疗基金等，目前养老基金结存 500 亿元以上，今后还会不断增加（例如智利的养老基金 1996 年已占年 GDP 的 40% 多）。这些属于公有性的基金很有发展前途，将逐渐成为重要的投资基金来源和公有制形式。有的同志担心国有经济逐步从一些竞争性行业中退出会影响公有制的主体地位，其实这种担心是没有必要的。像各种保险基金等新的公有制形式的发展壮大，将有力地支撑公有制的主体地位。需要注意的是，要由独立的法人实体对这些基金进行管理和经营，使其保值增值，而不能像"唐僧肉"一样被切割、吞食。要鼓励多家基金管理公司在市场上相互竞争，优胜劣汰。只有这样，这些新的公有制形式才能很好地同市场经济相结合。

目前，在广大城乡出现的大量（估计有几百万个）股份合作制企业，是在改革进程中涌现出来的新事物，要予以支持和引导，不断总结经验，使之逐步完善。看来，这当中很大一部分是属于劳动者的劳动和资本的联合为主的比较规范的股份合作制，应视为是公有制经济的一种形式，至少是具有明显公有性的经济。所以，在政策上应对这种股份合作制予以更多的支持和鼓励。

改革开放以来，各种所有制经济单位联合和互相参股的混合经济得到广泛的发展。在股份制改革过程中，有许多新成立的公司，有的是国家控股，有的是国家参股，有的只有集体股权而没有国家股权,有的原来国有大企业也吸收本公司职工持有部分股权。看来,越来越往后单纯的国有或集体所有或个人所有的企业,将越来越少,各种所有制混合的经济单位将越来越多。这当中,无论是国家还是集体控股或参股的部分,都应看作公有经济的有机组成部分,特别是国家控股公司,还可以扩大国有经济的控制力。

总之,对以公有制为主体,需要从更为广泛的意义、切合社会主义市场经济发展的实际状况很好地加以理解。

三 国有经济控制国民经济命脉的重要行业和关键领域,对国民经济发挥主导作用

国有经济一直是我国国民经济的支柱。改革开放以来,许多国有企业逐步走向市场,在市场竞争中站稳了脚跟,涌现出一批有实力、有活力、效益好、竞争力强的企业和企业集团。与此同时,也有相当数量的国有企业由于机制不活、政企不分、历史包袱沉重、产品不适应市场需要而经营困难、出现亏损。重新认识国有经济的作用,对国有企业进行战略性改组,加快国有企业的改革,已突出地摆在我们面前。

在社会主义市场经济中,国有经济应如何定位,这是在经济学界中有争议的问题。看来,随着社会主义市场经济的发展,国有经济需要从过于广泛的竞争性行业逐步退出,集中力量控制国民经济命脉的重要行业和关键领域,以便更好地发挥国有经济的主导作用或引导作用。

关系国民经济命脉的重要行业和关键领域,主要是资源垄断性行业和提供最重要公共产品的行业,同时也包含一些竞争性行业,如钢铁行业、化工行业、粮食特别是商品粮流通、金融、外贸等领域,这些行业中的大型骨干企业,少数仍需保留国有,大部分需国家控股,这对于保持经济的稳定,推动经济的持续、快速、健康发展,都是至关重要的。有的经济学家认为,上述这些行业,大多属

基础产业和基础设施，投资大、效益低，如果国家主要对这些行业投资，等于把赚钱多的行业都拱手送给其他经济成分，使自己逐步萎缩。实际上，这不是铁的规律。资源垄断性行业、提供重要公共产品行业和其他命脉部门，投资的确很大，但效益并不注定都很低。除极少数提供重要公共服务者如地铁、城市公共交通、福利房建设等外，只要经营得好，价格结构合理，都是可以赢利的，有些赢利水平也可以是很高的。这几年邮电通信、金融、外贸、化工等行业赢利不小，就是证明。

我们有党的领导，有人民民主政权，有公有制的主体地位，国有经济控制国民经济命脉的重要行业和关键领域，在这种情况下，国有经济的范围和比重适当减少一些，国有经济从一些竞争性行业退出，不会影响我国社会主义经济发展的大局。应当看到，在1979年以前，由于政策上的超越阶段和急躁冒进，搞"一大二公"和所有制升级，国有经济的范围搞得过大、比重过高。我们现在调整所有制结构，适当收缩国有经济，对国有企业作战略性改组，主要是将大量的国有小企业放开放活，把资金、技术、人才集中到国民经济命脉部门，是完全必要的，可以有所不为有所为，更好地发挥国有经济的主导作用。

搞好国有经济，主要是从整体上搞好搞活国有经济，特别是搞好国有大中型企业。根据多年的探索，我们已确定把建立现代企业制度作为国有企业改革的方向。现代企业制度的特点是"产权清晰、权责明确、政企分开、管理科学"。根据建立现代企业制度的要求，国有大中型企业要进行公司制改组。在这里，出资人和作为法人实体的企业的权责关系是明确的。国家等出资人享有所有者的权益，即资本收益、重大决策和选择管理者的权利，并只以投入企业的资本额对企业的债务负有限责任。企业享有民事权利，承担民事责任，按市场需求组织生产和经营，以盈利为目的，照章纳税，对出资者承担资本保值增值责任，政府不再直接干预企业的生产经营活动。这样就能改变国有资本无人负责的状况，企业不再吃国家的大锅饭，也不搞"内部人控制"，损害所有者权益；同时能真正实现政企分开，国家不对企业的债务承担无限责任。我们相信，到 20 世纪末，我国大多数国有大中型骨干企业能够初步建立现代企业制度，从而可以使国有制同市场经济的结合取得实质性进展。

近年来在深化企业改革过程中，政府采取鼓励兼并，规范破产，下岗分流，减员增效以及再就业工程等措施，并已取得一定成效。应当认识，在社会主义市场经济条件下，随着技术的进步和经济结构的调整，不可避免地会出现人员流动、职工下岗和再就业等现象。这从根本上说，有利于经济的发展，也有利于工人阶级的长远利益。当然，在这过程中，会给下岗的职工带来暂时困难和经济损失。这要从两方面协调解决：一是党和政府要采取积极措施，建立和健全社会保障体系，依靠社会各方面力量，关心和安排好下岗职工的生活，搞好职业培训，拓宽就业门路，帮助下岗职工走上新的工作岗位；二是广大职工要转变就业观念，提高自身素质，努力适应改革和发展的新要求。

四 多种所有制经济共同发展

我国要长期实行多种所有制经济共同发展，主要是由我国仍然处于社会主义初级阶段这一基本国情决定的，即我国生产力的发展水平远未达到可以实现全面公有化的程度（也有经济学家预计个体经济是长时期都不会消失的），而必须多种所有制经济共同发展。

马克思主义经济学告诉我们，生产关系要适应生产力的发展。马克思在《政治经济学批判》序言中说过，无论哪一个社会形态，在它们所能容纳的全部生产力发挥出来以前，是决不会灭亡的；而新的更高的生产关系，在它存在的物质条件在旧社会的胎胞里成熟以前，是决不会出现的。所以人类始终只提出自己能够解决的任务。怎样在中国的条件下建设社会主义，这一直是新中国成立以来我们经常碰到的需要很好解决的根本问题。在 1978 年中共十一届三中全会以前，由于没有明确提出中国处于社会主义初级阶段的理论，这个问题一直没有解决好，搞了许多超越阶段的过急做法，走了不少弯路，违背了生产关系一定要适应生产力发展的规律。

一次又一次的碰壁，使大家重新冷静思考中国社会主义究竟处在什么发展阶段的问题。19 世纪 70 年代末 80 年代初，理论界就提出了中国社会主义处于初级阶段即不发达阶段的论点，并且产生重大社会影响。1981 年，在邓小平同志主持起草的《关于建国以来党的若干历史问题的决议》中明确提出："我们的社会主义制度还是处于初级的阶段。"党的十三大系统地论述了社会主义初级阶段的理论，并逐渐成为人们的共识。这就使我们找到了一条在中国的条件下建设社会主义现实可行的路子。

社会主义初级阶段理论的内涵是，中国从 1956 年社会主义改造基本完成到下个世纪中叶基本实现现代化，仍然处于社会主义的初级阶段，这期间要经历 100 年时间。中国原来是一个半殖民地半封建社会，人口多，底子薄，生产力水平低下，经济的商品化、市场化程度很低，人均国内生产总值居世界后列。根据世界银行经济考察团 1980 年对中国的考察报告，1952 年中国的人均国民生产总值约合 50 美元，比印度还低，只相当于苏联 1928 年人均 240 美元的 1/5 多一点（《中国社会主义经济的发展》，中国财经出版社 1983 年版，第 26 页）。即使经过 40 多年的建设，这种生产力不够发达的状况还没有发生根本变化。20 世纪 90 年代初，我国人均国内生产总值仍然只有 400 美元左右，仍处于全世界的后列。至今 12 亿人口，仍然有近 9 亿人在农村。农业仍然以手工劳动为主，没有改变靠天吃饭的局面，劳动生产率低。一部分现代化工业，同大量落后于现代化水平几十年的工业，同时存在。一部分市场关系比较发达的城市，同落后的农村在相当大程度上是自给自足的自然经济，同时存在。少量具有先进水平的科学技术，同普遍的科技水平不高、文盲半文盲还占人口近 1/4 的状况，同时存在。这些都说明我国明显处于二元经济结构状态。1996 年，农村还有 5800 万人口没有解决温饱问题，城市也有 1000 多万人处于贫困状态。一般预计，要到 20 世纪末，我国人民才能普遍达到小康生活水平。而要基本上实现现代化，则需 21 世纪上半叶即 50 年的努力。

社会主义初级阶段的主要矛盾，是人民群众日益增长的物质文化需要同落后的社会生产之间的矛盾。初级阶段的基本任务，就是要以邓小平理论为指导，坚持党的基本路线，以经济建设为中心，集中力量发展社会生产力，通过经济的社会化、商品化和市场化，逐步走向工业化和现代化。以江泽民同志为核心的党的第三代领导集体正带领着全国人民成功地进行这一伟大的实践。

为了实现现代化这一宏伟目标，就要充分调动各方面积极性，大力发展生产力。非公有制经济是社会主义市场经济的重要组成部分，一切符合"三个有利于"的非公有制经济都可以和应当利用来为实现现代化服务。因此，应当允许和鼓励非公有制包括个体、私营、外资经济在国家政策引导下发展，并依法监督、管理，以便动员更多的资金用于经济建设，安排更多的劳动力就业，生产更多的产品，提供更多的服务，满足社会多方面的需要，推进现代化进程。改革开放以来，我国 GDP 年增长率接近两位数的高度，其中非公有制经济的贡献不小，而且呈增大趋势。实践证明，多种所有制经济共同发展是正确的，今后仍然需要长期坚持这一方针。

有的经济学家担心非公有制经济的快速发展会动摇公有制的主体地位。现在看来，这种担心是多余的。目前，非公有制经济占的比重不是过大，而是较小，1996 年占 GDP 的比重为 24% 还有相当广阔的发展前途。非公有制经济市场导向明确，活力较强，竞争比较充分，能吸收更多的劳动力就业，改革开放以来非公有制经济发展比公有经济更快些是很自然的。但是，非公有制经济的这种发展很难动摇公有制的主体地位。因为社会主义国家的财政、税收、信贷、产业等政策的调节，使非公有制经济很难形成"大气候"，很难在国民经济重要部门形成规模经营。总之，对非公有制经济，要予以鼓励、引导和适当调节，使其健康发展，并与公有制经济一起，共同推动社会主义市场经济的持续快速发展。

（原载《经济学动态》1997年第10期）

国有企业的公司制改革和资产重组

党的十五大为中国国有企业改革进一步指明了方向。可以预计,国有企业的公司制改革和资产重组将加快推进。下面谈谈个人对有关深化国企改革的一些问题的看法。

一 坚持以建立现代企业制度作为国有企业改革的方向

建立现代企业制度是国有企业改革的方向。现代企业制度适应社会主义市场经济和社会化大生产的要求。只有建立现代企业制度,才能使国有制同市场经济很好结合,使国有企业焕发生机和活力。

现代企业制度的基本特征是"产权清晰、权责明确、政企分开、管理科学"。要按照上述要求对国有大中型企业实行规范的公司制改革,使企业成为适应市场的法人实体和竞争主体。国有企业改革最重要的是国有大中型企业的改革,是国有大中型企业建立现代企业制度,即实行现代公司制度。中外经验表明,现代公司能够做到"产权清晰、权责明确、政企分开、管理科学"。

在规范的公司制中,国家和企业各自的权利与责任是明确的。国家作为出资人按投入企业的资本额享有所有者的权益,即资本受益、重大决策和选择管理者等权利,同时,国家又只以投入企业的资本额对企业的债务承担有限责任。企业享有民事权利,承担民事责任,按照市场需求组织生产和经营,以营利为目的,照章纳税,对出资者承担资本保值增值责任。政府不再直接干预企业的生产经营活动。这样，就能改变国有资本无人负责的状况，企业不再吃国家的大锅饭，也不再搞"内部人控制"，损害所有者权益；同时能够真正实现政企分开，国家不对企业的债务承担无限责任。

二 国有经济的准确定位

在深化国有企业改革过程中，要着眼于从整体上搞好国有经济，对国有企业进行战略性改组。为此，首先要恰当认识国有经济在社会主义市场经济中的作用，对国有经济准确定位。

总的来看，随着社会主义市场经济的发展，国有经济需要从过于宽泛的竞争性行业适当退出，集中力量控制国民经济命脉的重要行业和关键领域，以便更好地发挥国有经济的主导作用。应当看到，在1979年以前，由于政策上的超越阶段和急躁冒进，搞"一大二公"和所有制升级，国有经济的范围搞得过火，比重过高，不利于生产力的顺利发展。我们调整和完善所有制结构的一个重要内容，就是要适当收缩国有经济，把资金、技术、人才等集中到控制国民经济命脉的大型骨干企业上面。1996年，国有经济在经济总量（国内生产总值）中的比重仍然达到40.8%，仍然有一定的收缩余地。党的十五大报告指出："只要坚持公有制为主体，国家控制国民经济命脉，国有经济的控制力和竞争力得到加强，在这个前提下，国有经济比重减少一些，不会影响我国的社会主义性质。"

关系国民经济命脉的重要行业和关键领域，主要是资源垄断性行业（如邮电、通信、石油开采等）和提供最重要公共产品的行业（如铁路、城市公共交通和电力、煤气、自来水供应等），同时也包含一些竞争性行业（如石化、钢铁、粮食主要是商品粮流通、金融、外贸、尖端技术等），这些行业中的大型骨干企业，少数仍需保留国有，大部分需国家控股。这样做，对于保持经济的稳定，推动经济的持续、快速、健康发展，都是至关重要的。有人认为，上述这些行业，大多属基础产业和基础设施，投资大、效益低，如果国家主要对这些行业投资，等于把赚钱多的行业都拱手送给其他经济成分，使自己逐步萎缩。实际上，这不是铁的规律。资源垄断性行业、提供重要公共产品行业和其他命脉部门，投资的确很大，但效益并不注定都很低。除极少数提供重要公共服务的地铁、城市公共交通、福利房建设等外，只要经营得好、价格结构合理，都是可以盈利的，有些盈利水平也可以是相当高的。这几年邮电通信、金融、外贸、石化等行业盈利不少，就是证明。

三　实行大公司战略

既然国有经济主要是控制国民经济命脉，对关系国民经济命脉的重要行业和关键领域，国有经济必须占支配地位，这就自然要抓大放小，实行大公司战略。发展大企业集团，跻身世界大企业行列。党的十五大报告指出"要以资本为纽带，通过市场形成具有较强竞争力的跨地区、跨行业、跨所有制和跨国经营的大企业集团"。这有重大意义。纵观当今世界，连有的人口只有几百万、千百万的小国，都有世界驰名的有很强竞争力的大企业集团，如荷兰的菲利浦公司、瑞士的雀巢公司等，更不用说美国的通用电气公司、波音公司，日本的丰田汽车公司、索尼公司等了。中国拥有12亿多人口，是世界上人口最多的国家，我们要发展经济，搞现代化，就一定要走向国际市场，在国际经济舞台上占有一席之地。这就要靠发展有强大实力和竞争力的世界级的大企业集团。1995年世界500家最大企业最后一名的年销售额为70多亿美元。我国至今没有一个制造业企业能达到这种规模，但我们要奋起直追，迎头赶上，使自己也拥有在国际市场竞争中的"航空母舰"。要做到这一点，不能用行政办法，而要像党的十五大报告说的那样，"以资本为纽带，通过市场形成"，这是市场经济中唯一可行的办法。政府的扶持、引导、帮助是必要的，但是不能搞强迫命令，搞拉郎配。在联合和兼并中要努力做到互利,实现双赢,符合市场经济的原则。

四 鼓励兼并,支持优势企业低成本扩张

我国国有企业数量很大,但资本金不多,很难有规模效益。据统计,截至 1995 年年底,我国 29 万户国有工商企业能够用于生产经营活动的国有资本金数量实际上不足 3 万亿元,平均每户企业仅有 1000 万元。国有资本这种过于分散的状况,严重损害了现有国有企业竞争能力,必须对国有企业实行战略性改组,以便为实施大企业战略创造条件。

在对国有企业实施战略性改组中,要鼓励兼并和资产重组,支持有优势的大企业强化资本经营,实现低成本的迅速扩张。这不但有利于有优势的大企业的发展壮大,也有利于盘活大量国有资产,帮助困难企业走出困境,安置大量职工重新就业。最近报刊登载的上海市中国华源集团、青岛市海信集团、无锡市小天鹅公司等兼并、并购一批企业取得良好效果的事例,是非常令人鼓舞的。做好这篇大文章,搞好国有经济就很有希望。

目前,企业兼并中的一个突出问题,是兼并企业方对被兼并方债务如何处理?如果都要负担被兼并企业的债务,会有一些阻力。华源集团的做法比较灵活,有的负担,有的不负担;海信集团是一般不负担(待被兼并企业重新获得发展后,用分到的部分利润逐步偿还旧债)。《人民日报》(海外版)1997 年 10 月 1 日刊载上海产权交易 1997 年前 8 个月交易总额超过 62 亿元,其中受让方承担债务收购的企业占多数,但不是全部。看来这个问题应当允许探索、试验。只要全国各地多几个像华源、海信、小天鹅这样的善于资本经营的企业,企业兼并、资产重组就能加快进行,一些有优势的大企业就能实现低成本的迅速扩张,从而有利于大企业战略的落实。

五 发展资本市场，扩宽企业融资渠道

中国资本市场仍需有一个大的发展。目前，中国资本市场容量小。1996年中国的证券化率（股票总市值与GDP之比）只有百分之十几，而美国这一比率为70%左右，法国为130%，韩国近150%，马来西亚近120%。可见，中国股市还有巨大的发展空间。如果中国的证券化率提高到30%，则一年可实现直接融资的股票总市值就达1万多亿元。这对那些长期融资需求得不到满足，迫切要求拓宽资本市场通道的企业来说，是多么重要。为了改变众多企业所需资金主要依赖银行贷款额，使负债比率近80%的不正常状况，必须想方设法补充企业资本金，降低资产负债率，使资本金和净资产占总资产的比率达到40%—50%。据估计，全社会各企业需补充资本金2.6万亿元，其中国有企业需补充资本金1.8万亿元。如此巨额资金，仅靠财政每年投资几百亿元转化为资本金是远远不够的，主要靠发展资本市场找出路。

中国资本市场在其发展过程中还存在许多亟待解决的问题。首先是市场不够规范，违规操作现象严重。如机构大户操纵市场，轮番炒作，过度投机；银行违规资金入市、证券机构违规透支等。其次是机构投资者发育不足。如美国1995年年底各项投资基金已达1.6万多家，资产总额近2.8万多亿美元，大大超过美国银行存款总额，美国家庭参加投资基金的比重已由1982年的6%增加到1996年的50%左右。而我国到1996年底，全国只有78个投资基金，47个基金类凭证，募集资金75亿元，上市交易63个，其中在沪、深两个交易所挂牌交易的25个，市值只近100亿元。还有如国有股、法人股遗留的问题等。所以，为了使中国资本市场健康发展，必须强调规范，防止过度投机，防范金融风险。同时大力发展投资基金，提倡理性投资。

六 把培育和发展多元化投资主体落到实处

党的十五大报告指出：培育和发展多元化主体，推动政企分开和企业转换经营机制。这对加快推进国有企业改革，有重要意义。我们知道，规范的现代公司都是投资主体多元化的。只有投资主体是多元化的，才能形成规范的公司治理结构。在推进国有企业改革过程中，培育和发展多元化主体，为国有大中型企业在规范的公司制改革当中增资减债开辟了广阔的前景。正如报告中所说"要采取多种方式，包括直接融资，充实企业资本金"。还可以出让部分股权、扩大投资主体。具体说，如果一个国有企业拿出30%的股份，甚至更多一点，用来吸收社会上其他投资者参股，大部分股权仍在国有企业手里，企业的公有制性质没有改变，又能筹集到不少资金。即使仍然保留国有，也可以实行由多家国有投资公司作为投资主体，共同持股。这样做，也有利于推动政企分开和企业转换经营机制。

为了落实投资主体多元化，需要完善现有国有资产（资本）管理制度，使国有企业的投资主体真正到位，对国有资产的保值增值负责。这就要求把分散在各部委和各地的国有资产所有权职能集中在一个国有资本管理机构，由国务院授权或全国人民代表大会授权，代表国家拥有国有资本所有权。然后由这一机构通过具有法律约束力的契约关系，把国有资本的经营权委托给众多竞争性的和以营利为目标专门从事国有资产经营活动的资本经营公司、投资公司或控股公司。这些公司作为独立的法人以竞价投标方式竞争国有资本的经营权，并独立承担代理风险。一旦这些公司获得代理权，他们就可以直接投资持股，取得利润，并以投入的资本额为限，对企业债务承担有限责任。国有资本的经营要反对垄断，鼓励竞争。不能普遍接受成立行业控股公司的主张。因为这样做，不但不利于国有资本的有效运营，还会使行业主管部门成为"婆婆加老板"，企业很难成为市场竞争主体和法人实体。

七 建立和健全公司治理结构

具有多元投资主体的现代公司，需要建立和健全公司治理结构，以便在所有者、经营者、公司职工之间建立相互协调、相互制衡的关系。在建立和健全公司治理结构过程中，首先要遵循市场经济的一般规律和现代公司的共同要求，同时要结合中国国情。譬如，我们要重视建立一个好的有开拓精神、善于经营的领导班子，要有素质高的职工队伍。许多搞得好的国有企业，都是以人为本，充分调动职工的主动性和积极性，齐心协力办好企业的。

但是我们当前要特别注意的，是要很好地按照现代公司的要求，建立公司治理结构。在投资主体多元化、产权关系明晰、所有者到位的条件下所有者与经营者、董事长与总经理分开，由所有者作出重大决策和选择管理者，对管理者的行为进行监督，改变一些公司董事长与总经理一身两任的不规范做法，改变许多国有企业国有资本无人负责、所有者缺位从而导致国有资本流失的不正常状况。同时，建立必要的激励、监管与约束机制。除了建立健全对职工的激励与约束机制外，需重视对长期业绩好的经营者要有丰厚的回报，以充分发挥他们的潜能搞好企业，在市场这个大舞台中大显身手。加强所有者和市场对企业的经营状况进行监管，建立充分的、客观公正的、透明的信息披露制度，要有会计师、证券分析师对企业的投资决策、经营状况、市场竞争力、发展前景等作出负责任的评价与判断，使所有者和公众及时了解企业全面情况。约束机制特别重要，一旦发现经营者经营无方、进行过度的在职个人享受、侵吞企业资财时，就要及时、无情地解雇，使其在经理市场中行情大跌，以形成对企业经营者的威慑力量与心理压力。这样，市场就能真正成为一条无情的鞭子，驱使人们特别是经营者努力再努力，不敢稍有怠惰。

八 加快放开搞活国有小企业进程

1995年,中央提出"抓大放小"方针后,许多地方采取多种形式如改组、联合、兼并、租赁、承包经营和股份合作制、出售等形式,迈出放开搞活国有小型企业的步伐。出现了如山东诸城、广东顺德、四川宜宾等不同做法,进行大胆实践。在这过程中,社会上议论纷纷,有些人指责他们的做法是搞私有化。党的十五大报告重申:"要着眼于搞好整个国有经济,抓好大的,放活小的""加快放开搞活国有小型企业的步伐";等等,总地肯定了各地前一段的工作。前两年,全国有许多地方把大量的国有小企业转为实行股份合作制,对此,党的十五大报告明确指出:"目前城乡大量出现的多种多样的股份合作制经济,是改革中的新事物,要支持和引导,不断总结经验,使之逐步完善,劳动者的劳动联合和劳动者的资本联合为主的集体经济,尤其要提倡和鼓励。"这就为我们加快放开搞活国有小企业进一步指明了方向。

根据党的十五大报告的精神,我认为今后在推进国有小企业改革中,要重视以下几点。

第一,要从实际出发,采取多种形式而不是一种形式,放开搞活国有小企业。从山东诸城、四川宜宾等地经验看,把比较大量的国有小企业转为股份合作制企业,不失为一种有效的选择,因为转为股份合作制,特别是转为比较规范的股份合作制,不仅能提高效率,使不少企业起死回生、绝路逢春,而且还是转为集体经济,即仍然是公有制的一种形式,可以更好地保护和发挥原有企业职工的积极性。即使这样,也不能认为放小只有转为股份合作制一种形式。

第二,不搞一阵风。要从实际出发,采取稳妥的步骤转制。转制一定要根据小平同志"三个有利于"原则进行,能真正做到"三个有利于"才干,否则不能干。经验证明,做什么事都怕刮风，都不能一哄而起。放开搞活国有小企业，推行股份合作制也是这样。

第三，勇于实践，大胆试验，不搞一刀切。中国那么大，人口那么多，各地千差万别，建立股份合作制应允许试验，搞多样化，不搞一刀切。比如，对股份合作制的股权结构，就可以是多种多样的。有些地方经验表明，比较小的企业，如百人以下的劳动密集型的，股权可以分散些，容易做到以劳动者的劳动和资本联合为主；而稍微大一点的企业，如百人以上的，有一定技术水平和要较多资金投入的，股权平均分摊有时不利于生产经营的统一指挥，而管理者和经营层持有较多的股份（有的达百分之一二十甚至更小），比较有利于企业的生产经营的发展。这后一种股份合作制，虽有公有性但不是规范的集体经济，但只要有利于生产经营的发展，也应予支持和引导，然后根据实践经验再考虑如何使之完善。总之要尊重群众的首创精神，鼓励大家实践、试验。

（原载《中国社会科学院研究生院学报》1998年第3期）

中国的国有企业改革与公共政策变迁

从1979年开始的中国经济体制改革已整整20年。在经济生活的许多领域，改革已取得实质性进展。社会主义市场经济的运行机制，已开始建立。今后深化改革的关键，在于很好地重新塑造市场经济运行的主体，在于把国有企业改革成为面向市场、适应市场的现代企业和市场主体。改革发展到今天，人们终于发现，要加快推进国企改革，不能局限于对现有的数以万计、十万计的国有企业一个个地进行改革，转换经营机制，而首先必须对整个国有经济进行战略性改组，抓大放小，对国有大型企业进行规范的公司制改革，用多种形式把大量的国有中小企业放开转制，即把国企改革同调整与完善所有制结构结合起来。而要对国有经济进行战略性改组，首先就要对国有经济在社会主义市场经济中的地位和作用有一个比较准确的把握。这就牵涉社会主义市场经济中政府职能的定位，政府公共政策的选择问题。本文拟从深化国企改革的角度，看政府职能的转换和公共政策的变迁。

一　社会主义市场经济条件下政府职能转换和公共政策选择

从传统的计划经济体制转向社会主义市场经济体制，政府职能将相应发生重大变化，公共政策也要作相应的调整。

传统的计划经济体制下，政企不分，政府用指令性计划控制企业的生产和销售，利润和基本折旧都上缴财政，投资向政府申请，企业吃国家大锅饭，职工捧铁饭碗由国家包下来。企业办社会，许多公共需要由企业满足。这种体制必然造成资源配置失当和效率低下。建设社会主义市场经济体制要求转换政府职能，实行政企职责分开，相应地调整政府的公共政策。在社会主义市场经济中，政府的职能应集中在提供纯公共产品和一些重要的准公共产品，调控宏观经济使其健康运行，防止两极分化和逐步实现共同富裕。

首先，政府要提供国防、法律与秩序包括市场秩序如保护竞争防止垄断，提供基本公共医疗卫生和其他基本社会保障，保护环境，提供基础教育，保护穷人救济灾民等。

其次，政府要提供稳定的宏观经济环境，促使宏观经济健康运行，防范与化解重大经济风险，如金融风险等，保障国家的经济安全。

最后，防止经济和收入差距过大，提高社会公平程度，实现共同富裕等。

以上政府职能，比起在传统计划经济时期已大大缩小。但是这些职能也不是很快就能很好履行的。政府要履行以上职能，也有一个逐步发展和逐步完善的过程。比如调控宏观经济使其健康运行，需要政府工作人员熟练掌握客观经济规律，提高驾驭宏观经济能力，这就不是一朝一夕能很好做到的。

政府履行经济职能同政府建立国有企业不是一回事。政府履行上述经济职能，实施公共政策，有些要通过建立国有企业来实现，如提供公共产品，经营影响全局的自然垄断行业，经营有关国防和国家安全的军工行业等。有些则不需要建立国有企业而可以通过采取其他手段来实现，比如，政府对穷人和灾民的救助，就不必建立国有企业来实现，而可通过发放救济金，建立社会保障体系，以工代赈等来实现。又如，政府为维护宏观经济稳定和总供需的平衡，主要是通过实施适当的财政政策、货币政策、外汇政策等来实现。还有，政府为提高社会公正程度，主要是通过财政税收政策和社会保障政策（社会公共政策的主干）来实现。即使是反对垄断，也不一定要求政府直接经营垄断行业中的所有企业，政府也可以尝试把某些垄断业务的经营权拍卖给非国有企业，自己则承担对这些企业的行为（主要是价格和利润）进行规制的责任。

二 国有经济在社会主义市场经济中的准确定位

这几年我们在推进国有企业改革，对国有经济实施战略性改组和"抓大放小"中，常常因对国有经济在我国社会主义市场经济中的地位和功能有不同认识而影响改革的进程。党的十五大依据邓小平理论，总结实践经验，给国有经济以比较准确的定位。我体会，其要点有四。（1）对关系国民经济命脉的重要行业和关键领域，国有经济必须占支配地位；（2）国有经济起主导作用，主要体现在控制力上；（3）要着眼于搞好整个国有经济，抓好大的，放活小的，对国有企业实施战略性改组；（4）只要坚持公有制为主体，国家控制国民经济命脉，国有经济的控制力和竞争力得到加强，在这个前提下，国有经济比重减少一些，不会影响我国的社会主义性质。这些论述，使国有企业改革的思路更加清晰，可操作性更强。

关系国民经济命脉的重要行业和关键领域，目前主要包括：（1）资源垄断性行业，如原油、天然气开采、邮电、通信等；（2）提供最重要公共产品的行业，如铁路、民航、大型水利设施、城市公共交通、电力、煤气、自来水供应等；（3）重要的支柱产业、高新技术产业和关键领域，如钢铁、石化、粮食主要指商品粮流通、金融、外贸、尖端技术等，特别是其中的大型骨干企业；（4）其他特殊行业与企业，如军工、造币、航天等。

国有经济只要能控制上述四个方面，有人估计大约为1000家特大型企业或企业集团（公司），就能控制关系国民经济命脉的重要行业和关键领域，就能在国民经济中发挥主导作用。

这四个方面，在经济学家之间有争论的是第（3）方面是否要由国有经济控制。有的经济学家认为，国有经济控制的范围只限于"市场失效"的领域，而上述第（3）方面主要属竞争性行业，不属于"市场失效"领域，因此，国有经济应当退出。我认为这不符合现阶段中国国情。我国现处于社会主义初级阶段，面临实现工业化和现代化的艰巨任务，因而仍需由政府动员和集中一部分资源发展重要的支柱产业和高新技术产业，特别是其中起骨干作用的大型企业，以推动工业化和现代化进程。这也许是国有经济在实现工业化和现代化过程中的重要功能。

从世界范围看，发展中国家国有经济在经济总量中的比重一般高于发达国家。如下表所示。

国有经济规模的国际比较 （单位:%）

	占GDP的比例		占国内投资比例		占国内就业比例	
	1979	1991	1979	1991	1979	1991
按经济发展程度分						
发展中国家	9.8	10.2	27.3	17.9	4.7	4.1
工业国	4.3	6.0 (1988)	8.9 (1988)	6.2 (1988)		
按收入水平分的发展中国家						
低收入国家	11.8	13.0	34.5	30.0	8.3	8.9
中等收入国家	9.1	9.3	24.8	14.3	3.1	2.4
按地区分						
拉丁美洲国家	8.7	8.4	25.1	12.1	4.3	3.7
非洲国家	18.3	17.3	30.5	24.2	15.4	18.3
亚洲国家	9.0	10.7	29.2	22.8	4.6	3.9

注：表中数据为选择国家的加权平均数。

资料来源：世界银行《官办企业问题研究》，中国财经出版社1997年版。

中国作为一个发展中国家，在社会主义现代化建设进程中，在体制转轨时期，保留多一些国有经济，是必要的，是可以理解的。国有经济控制上述四个方面，并不意味着要求都由国有独资。除极少数需保留国有独资以外，绝大部分只需国有控股就可以了。国有控股也不必都拥有 50% 以上的股权。在股权分散的条件下，国有经济拥有 20%、30% 的股权也能控制企业。

除了以上四个方面之外，国有经济要逐步退出，收缩战线，把资金、技术、人才等集中到控制国民经济命脉的上述四个方面，主要是其中大型骨干企业方面。

1979 年以前，由于政策上的超越阶段和急躁冒进，搞 "一大二公" 和所有制升级，国有经济的范围搞得过大，比重过高，国有工商企业至今仍有 20 多万个，其中 90% 以上是属于一般竞争性行业的中小企业，不利于生产力的顺利发展。现在要对国有经济进行战略性改组，首先就要把大量的国有小企业和一部分中型企业放开转制，同时对一些国有大中型企业进行规范的股份制和公司制改革，吸收非国有股份，调整所有制结构。[1]

1996 年，国有经济在经济总量（国内生产总值）中的比重为 40.8%，还是偏高，还有收缩的余地。看来，国有经济控制关系国民经济命脉的重要行业和关键领域，发挥主导作用，它在经济总量中占 30% 甚至更低一点的比重也是可以的。

三　采取多种形式加快放开国有小企业

在改革过程中，随着政府职能的转换，政府公共政策的调整，

---

[1] 国家统计局《工业结构调整研究》课题组的研究报告提出：国有工业在结构调整中应考虑撤出的有 200 多个小行业。这些行业均连续亏损 3 年以上，企业数量和从业人员在全部国有工业中的比重明显高于其资产比重，规模小和劳动密集型的特点较突出，主要为技术水平较低的一般加工业和部分采掘业。具体包括照相机及器材制造业、集装箱制造业、羽毛（绒）加工业、眼镜制造业、衡器制造业、丝织业、自行车制造业等［《人民日报》（海外版），1998 年 4 月 6 日］。

政府把市场能够更有效地利用资源的部分交给市场，政府的职责主要是弥补市场的缺陷，国有企业主要是为社会提供公共产品和服务。所以对一般城市来说，除涉及那些关系国民经济命脉的重要行业和关键领域的大型骨干企业以外，还要保留国有或国家控股的，只属那些提供电力、煤气、自来水和城市公共交通等企业，其余大量属竞争性的中小企业，都可放开转制。

党的十五大报告指出：采取改组、联合、兼并、租赁、承包经营和股份合作制、出售等形式，加快放开搞活国有小企业的步伐。党的十五大以后，各地在加快放开搞活国有小企业（包括大量中型企业）方面迈出了新的步伐。这种改革，一方面调整了所有制结构，另一方面也在一定范围内是对公有制新的实现形式的探索。

首先，放开转制形式多样化。中国那么大，各地情况千差万别，而要放开转制的国有小企业又那么多，涉及好几百个行业，这就决定放开转制形式必须多样化，不能用一个模式套在不同地区、不同行业、不同生产经营情况的企业，而必须根据邓小平"三个有利于"的原则，选择本企业的转制形式。山东诸城是实行股份合作制著称于世的，但诸城也是用多种形式，而不是只用股份合作制一种形式，放开搞活国有小企业的。河南漯河市在放开搞活国有小企业时，提出"一厂一策"的原则，也搞得比较成功，成为河南省放开搞活国有小企业的先行地区。当然，多种形式并不是每一种形式的适用性都一样。根据各地实践，目前相对比较多的转为股份合作制和出售这两种形式。而这两种形式在具体做法也有许多差别，并且积累了相当丰富的经验。[①]

其次，股份合作制的股权结构多样化。股份合作制经济是中国改革中出现的新事物。它既有股份制又有合作制的特点。比较规范的股份合作制经济是劳动者的劳动联合和劳动者的资本联合为主的

---

① 笔者1998年5月上旬到辽宁省沈阳、鞍山等地调查了解到，辽宁省1998年3、4月列出1000多家国有中小企业向外招商，到5月上旬为止，只有占16%的183户企业卖出。

公有经济。但在改革实践中，各地搞的股份合作制千差万别，特别是在股权结构方面，有许多不同的做法。有的股权比较平均，一人一股，管理者股权高出一般职工 5—10 倍；有的股权则不那么平均，管理者股权比一般职工高 20—30 倍。浙江省著名服装公司雅戈尔集团的股权结构为：职工基金会（集体股）35%，乡政府15%，普通职工（包括中层干部）占 25%，经营者（副总经理以上）占 25%，其中总经理一人占 12.5%。[①] 这样，企业的分配机制为：普通职工以按劳分配为主，按股分红为辅，分红只占年收入的25%左右；中层干部按劳分配与按股分红相结合，分红与工资收入大体持平；经营者以按股分红为主，按劳分配为辅，分红占总收入的70%以上。当然，也有名义上叫股份合作制企业的，董事长或总经理绝对控股，股权占 40%、50% 或 50% 以上，同时吸收一部分职工入股，这种企业很难说是股份合作制企业，实质上是私营企业或股份制企业。一些地方的经验表明，比较小的企业，如十几人、几十人的和劳动密集型的，股权可以分散些，容易做到以劳动者的劳动与资本的联合为主。而大一点的企业，如百人以上的、有一定技术水平和要较多资金投入的，股权平均分摊常出现不利于生产经营的统一指挥，而管理者和经营层拥有较多的股权（如前述雅戈尔集团），比较有利于企业的生产经营的发展。这后一种股份合作制，虽有公有性但不是规范的公有经济，但只要有利于企业的生产经营和发展，看来也应予以支持，然后根据实践经验再考虑如何使之完善。与此相适应，股权差别比较大的股份合作制企业，也不强求实行一人一票制，也可实行一股一票制，即更多地体现股份制原则。目前上海等地就作出了这样灵活的规定。

最后，要勇于探索，党的十五大报告一个重要精神，是鼓励大家在深化国有企业改革中勇于探索，大胆实践。我国现在还处于社会主义初级阶段，实现现代化的任务很繁重、紧迫，一切有利于生

[①] 见《中国经济导报》1998 年 2 月 13 日。

产力发展的经济形式都要大胆利用。在国有小企业放开转制中，一切符合"三个有利于"的做法都是允许的，应予支持的。前几年，全国各地在放开搞活国有小企业中，出现了广东顺德、山东诸城、四川宜宾等不同模式或做法，曾经有过一些争论，有人还指责他们在搞私有化。党的十五大报告全面总结了改革的丰富经验，对前一段各地采取多种形式放开搞活国有小企业的做法予以肯定，并进一步鼓励大家今后勇于探索，大胆实践，从而为改革开辟了更大的空间。可以预期，随着改革的推进，会有更多更丰富的新鲜经验涌现出来，会有更多更好的做法为群众创造出来，形成百花齐放的繁荣景象。

四 努力做好上千万下岗职工的分流安置工作

国有经济的战略性改组，国有企业走向市场，使上千万原来捧铁饭碗的国有企业职工下岗，加入失业者队伍中。在计划经济体制和市场经济体制下，政府的公共政策都是要帮助穷人和失业者。在计划经济体制下，政府实行的是"三个人的饭五个人吃"的高就业政策，国有企业普遍存在隐性失业，但由企业包下来，从而牺牲企业的效率。转向社会主义市场经济体制后，国有企业面对市场竞争的压力，自然要裁减冗员，提高效率，大量职工下岗就不可避免。这时，政府的公共政策不再要求企业继续对下岗职工包下来，而着重由政府采取多种措施，缓解下岗职工的生活困难，帮助他们再就业。因此，努力做好一大批下岗职工的分流安置工作，是当前政府公共政策的一个重要内容。1997年年底，全国国有企业分流下岗职工为1274万人，占国有企业职工总数的12%。其中已分流安置的640万人，占50.2%；未分流的634万人，占49.8%。预计到2000年，每年仍将新下岗300万—400万人。

在研究城镇职工下岗问题时，有一个情况不能忽视，就是中国既存在隐性失业，也存在隐性就业。有的经济学家1997年做过一个比较全面的调查，范围包括大中小城市，东、中、西部城市，老工业基地等，发现下岗职工有60%已实际上有工作有职业，可称为隐性就业。这种情况值得重视，不能一看到某人下岗就以为他没有任何经济来源和生活出路。政府的政策应着力帮助最困难的下岗职工。

有的沿海城市与大城市，下岗职工的困难并不大。如温州市，那里从国有企业下岗的职工，并不担心找不到工作，因为那里经济搞得比较活，工作机会较多。温州市国有企业职工下岗率曾达到42%，但温州市政府却没有设置"再就业办"。从产业结构看，70%的工业产值来自股份合作制企业，20%来自非公有制企业，仅有6%来自国有企业，国企下岗职工很容易分流到其他类型所有制企业中去，不需要政府组织就业。广东、福建一些城市情况差不多。① 与此不同，有的地方，如一些老工业基地，三线建设地区，那里下岗职工的困难就大得多，特别是一家人都在一个厂工作，一旦工厂停产，就很难办，那里工作机会也较少。所以，这种地区应是政府帮助的重点，也是中央财力要予以帮助的重点。

从着重帮助最困难的下岗职工出发，像昆明、北京、大连、宁波等地做法，即不挑不拣，两天三天或一周政府帮助安排工作，很值得称道。② 这种做法能真正帮助最困难的下岗职工。因为最困难的下岗职工，为了生存，也就不会再挑三拣四了，有了这一政策，可以保证最困难的下岗职工不挨饿。北京、昆明、大连、宁波能做到的，看来上海、广州、厦门等地不难做到。如果许多城市都出台了这个政策，至少可以大大减少对下岗的非议和怨言，有利于安定人心。

中国目前处在体制转轨和从二元经济结构向现代化转型时期，

---

① 见《经济日报》1998年4月24日。
② 从1998年1月4日至4月30日，大连市已有1349名下岗职工在该市的下岗职工再就业即时服务系统中找到了工作并重新上岗。这1349个工作岗位仅占即时服务系统提供给下岗职工的3928个岗位的1/3左右（见《中华工商时报》1998年4月30日）。

科技进步、产业结构变动、市场经济的优胜劣汰机制，都使人员流动和一部分职工下岗是不可避免的，中国农村上亿的剩余劳动力更表明今后相当长时间内劳动力供给总的是过剩的。所以，失业、下岗问题在中国将长期存在。政府要帮助下岗职工重新就业，但没有必要承诺下岗职工在两三年都保证安排工作。这样做，不太适合中国国情，也不符合市场经济的运行规律。世界上几乎所有市场经济国家，都存在失业问题。美国有的经济学家曾说过，他们那里的失业率如能维持在6%—7%就是正常的，属结构性失业，不会影响经济的正常运行。现在美国失业率已降到5%以下，所以他们的就业情况很好。日本失业率历来低，也有2%。所以，不能企求没有失业的状态，那是不符合市场经济常态的。

为了实现比较充分的就业，包括更好地分流和安置大量下岗职工，要大力发展中小企业，特别是非公有制的、属第三产业的中小企业，因为这些中小企业能吸纳更多的劳动力就业。为此，国家要考虑实施支持中小企业的政策，包括信贷、信息、市场容纳等支持政策。应当看到，中国的就业门路多得很，社区服务就是一个突出的例子。国家统计局公布的一份调查结果表明，我国大中城市居民家庭对社区服务的需求很大。在北京、上海、广州、成都、西安、沈阳和青岛这七个城市里，有70%以上的家庭需要各种服务项目，包括日常生活服务需求，居住环境服务需求，儿童照料服务需求，老人照料服务需求等，累计可为社会提供2000万个临时就业机会，而目前的空缺超过1100万个。① 又如，哈尔滨市21万下岗职工中，有48%的人在第三产业实现了再就业。②

发展非公有制可以增加大量的就业岗位。据统计，改革开放以来，到1997年，非公有制经济企业吸收社会人员就业达8500万人。现在平均每天有1.65万人进入个体、私营企业就业，其中

---

① 见周立文《社区服务就业的广阔天地》，《光明日报》1998年8月4日。
② 见吴邦国《切实做好国有企业下岗职工基本生活保障和再就业工作》，《求是》1998年第13期。

80%是下岗职工。另一份材料说，据统计，1996年我国非公有制单位从业人数为7149万人，比1991年增加4441万人，年均增长21.4%，大大快于全国从业人员年均增长1.2%的速度（1997年全社会从业人员数比上年增加1.1%，但职工人员减少了1.2%），非公有制经济实际上已成为我国就业的一个主要增长点。① 有的地区，个体、私营经济能吸纳一半国有企业下岗职工。据报道，近年来，广西通过鼓励、支持发展个体私营经济。共安置国有企业下岗职工7万人，超过全区国有企业下岗职工总数的一半。② 深圳香江集团董事长刘志强提出，他要通过自己之手，让10万下岗职工实现再就业，给10万人每人一次人生新机遇。近年来，香江集团先后在华东、华南、华北和中南等地营造了数十万平方米的专业大市场，招收员工13000多人，其中下岗职工占87%。③

在国有中小企业放开转制或被非国有企业兼并、收购中，出现了对企业职工"买断工龄"或"买断身份"的问题。河南省漯河市从1996年下半年起推行产权改革，到1997年11月，全市788家乡及乡以上公有企业，有660家进行了多种形式的产权制度改革，其中整体拍卖212家，兼并企业28家。在拍卖和兼并时，对在职职工要求全员聘用，对离退休职工则从国有资产转让的收入中按每人2万元左右安置。这笔资金不是交给个人，而是交给劳动保险部门，由该部门定期向退休职工发放退休费。④ 1998年5月上半旬，笔者在辽宁省调查，该省国有企业职工在被拍卖或兼并时，对职工实行"买断身份"的办法，从国有资产的转让收入中，按每年工龄补偿1200—1500元的标准，发给职工。多数职工对此做法表示理解和满意。一般认为，这是在产权改革过程中稳定民心，稳

---

① 见《经济日报》1998年1月12日。
② 见《经济日报》1998年8月2日。
③ 见《人民政协报》1998年8月4日。
④ 北京经合咨询中心编：《产权理论暨漯河产权改革方法研讨会资料》，1997年11月30日。

定社会的一个必要和有效的措施。

参考文献

《中共中央关于建立社会主义市场经济体制若干问题的决定》（1993年11月14日）。

江泽民：《高举邓小平理论伟大旗帜，把建设有中国特色社会主义事业全面推向二十一世纪》（1997年9月12日）。

吴邦国：《切实做好国有企业下岗职工基本生活保障和再就业工作》，《求是》1998年第13期。

宋涛、卫兴华主编：《40位经济学家关于推进国有企业改革的多角度思考》，经济科学出版社1996年版。

张卓元主编：《中国经济体制改革与经济发展战略研究》，陕西人民教育出版社1997年版。

（原载《财贸经济》1999年第2期）

新世纪国企改革面临的六大问题及深化改革设想

到 2000 年年底，党和政府原定的国有企业改革和脱困目标，即从 1998 年起，用三年左右的时间，使大多数国有大中型亏损企业摆脱困境，力争到 20 世纪末大多数国有大中型骨干企业初步建立现代企业制度，已经基本实现。这是一项来之不易的成绩，表明我国国有企业改革和发展出现了新的转机，增强了人们推进改革的信心和决心。

与此同时，也要清醒地看到，国企三年改革与脱困目标的基本实现，只是中间的、阶段性和范围有限的成果，离国企改革的整体目标还有相当距离。继续深化国企改革仍然是一项艰巨而复杂的任务。

进入 21 世纪，直到 2010 年，国企改革仍面临以下六大问题，有待逐步解决。

一 国有大中型工业企业以外的国有企业脱困问题突出，难度很大

三年改革和脱困目标的实现，指的主要是国有大中型工业企业，一般不包括国有非工业企业和国有小型工业企业。1997 年年底，国有及国有控股大中型工业企业为 16874 户，其中亏损的为 6599 户，占 39.1%。当时说的要摆脱困境的就是这 6599 户。而国有大中型工业企业只占全部国有企业的一小部分。据财政部相关资

料，1998年年底，全国国有企业（不含国有金融企业）共23.8万户。可见，国有大中型工业企业占国有企业的比重不到十分之一，所以，脱困的范围有限，绝大部分国有企业脱困问题没有解决。

还要看到，在我国国有企业中，国有大中型工业企业的经营状况相对说是比较好的（即使这样，原有6000多户亏损企业仍有1800户未实现扭亏，三年中还新增加了2000多户亏损企业）。1997年，尽管经济状况不太好，仍实现利润800亿元。同时，这几年国有大中型工业企业改革的力度比较大，国家推动国有企业改革和发展的一些重大的鼓励政策如兼并破产核销银行呆坏账准备金、债转股、技改贴息等，主要就是用于国有大中型工业企业，一般不适用于国有小型工业企业和其他国有非工业企业，如国有商贸企业（包括粮食企业、其他内外贸企业）、交通运输企业等。目前，正是这一批国有企业积累了大量问题，脱困任务很重，亟待解决。

据有关部门2000年年初统计，我国国有小型工业企业超过5万户，职工人数约1400万人，盈亏相抵至1999年已连续6年亏损，亏损额300亿元左右。2000年情况有所好转，实现利润48亿元，但亏损面仍然很大。在流通领域，国有物资企业连续7年亏损，商业企业连续5年亏损，粮食企业更是挂账几千亿元，外贸企业亏损面也很大。逐步解决好上述问题，主要是抓紧改革，加大改革力度。特别是要形成平稳退出的渠道。国家要支付的成本也很大。三年国有大中型工业企业脱困，用去银行呆坏账准备金1500亿元以上，技改贴息也在200亿元左右，还实施债权转股权，共580户，债转股总额4050亿元并于2000年4月1日开始停息，当年即可减少企业利息支出195亿元。一般认为，中国债转股部分，能收回一半就很不错，可见债转股成本之高。按照国有大中型工业企业脱困成本推算，其他国有企业要脱困，要支付的成本肯定大得多，超过万亿元不足为怪。这样看来，没有十年八年的努力，恐怕难以成功。

国有企业脱困和改革是密不可分的。企业经营陷于困境，亏损严重，生产经营不能正常运转，工资发不出去，人心涣散，企业改革肯定很难深入下去，现代企业制度建设很难顺利进行，甚至会影响社会的稳定。当然，企业可以围绕脱困搞一些改革，但是，大量陷于困境的国有企业，企业负债率高（不少企业已超过10%）、冗员多、社会负担重、技术落后又缺乏技改资金等，都是企业很难自己解决的。这需要政府的援助、政策的支持。有些脱困，比如该破产关闭的企业按正常程序退出市场，职工得到妥善安置，本身就是改革的内容。可见，脱困和改革是相互支持、相互促进的。

二 从战略上调整国有经济布局和改组国有企业的任务还很重

党的十五大和党的十五届四中全会提出了从战略上调整国有经济布局和改组国有企业的任务，确定了有进有退、有所为有所不为和抓大放中小的方针。国有经济控制关系国民经济命脉的四大重要行业和关键领域，即涉及国家安全的行业，自然垄断的行业，提供重要公共产品和服务的行业，以及支柱产业和高新技术产业中的重要骨干企业。这是国有经济有所为和要进的行业和领域，其他行业和领域，由于国有经济不具备优势，要逐步退出或收缩。通过对国有经济布局的战略性调整，国有资产在绝对量上有可能增加，但其相对量，即在经济总量中的比重将逐步降低，比如从目前占40%左右降到"十五"后期占30%左右。这就为民营经济和非国有经济的发展腾出空间，有助于进一步改善所有制结构。推进国有企业战略性改组，就要实行抓大放中小的方针。国有经济主要在关系国民经济命脉的重要行业和关键领域，掌握几百个顶多千把个大型企业和企业集团，就能左右国民经济大局，主导国民经济的发展。而数以万计十万计的国有中小型企业，则可按照"三个有利于"的原则，通过多种形式放开搞活转制，而且越快越好，不要久拖不决，变成沉重负担。据有关部门统计，2000年，全国国有中小型企业仍有18.1万户，占全部国有企业总户数的94.8%。其中亏损企业9.4万户，超过50%。可见，国企中小企业改革任务仍很紧迫。

按照上述要求，我国国企改革的进展情况并不令人十分满意。据财政部公布，到2000年年末，全国国有及国有控股企业（不含金融）总户数仍有19.1万户（1998年末为23.8万户），仍然太多，而且减少的速度太慢。这两年减少4.7万户，平均每年2.35万户，照这速度，要使国有和国有控股企业减至1万户以下（保留的主要是大型企业和企业集团，一部分中型企业），那么还需要七年多。还要看到，对大量中小企业，放开搞活转制越早越主动，越迟越被动。一些地方的实际情况告诉我们。国有中小企业用多种形式放开搞活转制早的，国有资产流失少，出售的还能卖到不少钱，如像广东顺德市那样。相反，现在有一些地方，错过了时间，拖到现在，国有中小企业已陷入困境，想转制都难，卖也卖不出去，赔又赔不起，只好继续在困境中挣扎，职工生活也颇受影响。2000年，国有亏损企业达9.7万户，占全部国有企业总户数的50.8%，形成的亏损额为1846亿元。在全部国有企业中，资不抵债和空壳企业（即损失挂账大于所有者权益）合计为8.5万户，占全部国企户数的44.5%。

国有经济布局的战略性调整进展慢，有很多原因，其中一个重要原因是认识不统一，思想障碍大。有些人经常挥舞"私有化"、国有资产流失大帽子吓唬人，使一些地方不敢积极推进国企改革，有些地方只敢偷偷摸摸地搞放开搞活转制。事实上，国有经济布局战略性调整越慢，国有资产流失越厉害，财政的包袱就背得越重。因为在转向市场经济过程中，市场开放后除了少数关系国计民生的重要行业和关键领域（特别是其中大型企业）外，一般国有企业由于其经营机制一下子难以适应，竞争不过民营企业，容易陷入困境，甚至出现亏损，不少国有企业在放权让利中出现"内部人控制"，蚕食国有资产，以致出现国有企业承包一轮、国有资产流失一轮的可怕局面。

不能全面理解和掌握党的政策也不利于顺利推进改革，比如，国有小型企业"一卖了之"是不对的。但是，有的批评文章竟提出只有扭亏无望的企业可以卖，这不是自欺欺人吗？党的政策一直明确，用多种形式放开搞活国有中小企业，出售也是其中一种形式，主要是要按中央政策，卖得公平，市场定价，安排好职工。又如不能把国企改革笼统地说成"国退民进"。因为在国企改革过程中，国有经济是有进有退，国有资本要在能发挥自己优势的前述四大行业和领域集中和发展，而不是只退不进。与此同时，我们也要明确，尽管在前述四大行业和领域国有经济要发展，要前进，但是，国有经济在经济总量中的比重是还会降低的，在市场化程度高的一般竞争性行业和领域（而不是所有竞争性行业和领域），国有经济逐步减少或退出后，是要让民营经济替补和发展的。如果在这个意义上，说国退民进也是符合实际的。要加快对国有经济布局进行战略性调整，这后一点是必须明确的。

三 对国有大中型企业进行规范的公司制改革仍然是真正的攻坚战

中共十五届四中、五中全会决定指出：对国有大中型企业实行规范的公司制改革。鼓励国有大中型企业通过规范上市、中外合资和相互参股等形式，实行股份制。现在，不少材料都说国有大中型企业80%已初步建立起现代企业制度。但是要清醒地看到，这个初步的标准是比较低的，顶多只是刚刚搭起了现代公司制的框架，离规范的要求还相当远。还要看到，有的文章所说国有大中型企业只限于工业企业，这是以偏概全，国企改革中的大中型企业，除包括工业企业外，还应包括工业以外的其他行业。目前，其他行业的国有大中型企业的公司制改革相对要差一些。

中共十五届四中全会指出，股权多元化有利于形成规范的公司法人治理结构，除极少数必须由国家垄断经营的企业外，要积极发展多元投资主体的公司。这几年，国有企业资本结构开始向多元化发展，但离上述要求还很远。2000年，单一投资主体的国有独资工商企业（公司）仍多达14.5万户，占全部国有工商企业总户数的75.9%。有关部门统计，到2000年年底，520家国家重点企业有430户进行了公司制改革，其中只有282户企业整体或部分改制为有限责任公司或股份有限公司，初步形成多元投资主体。

特别是，投资主体多元化不能只是形式上的，如果一股独大，一家国有股绝对控股（股权占50%以上），那还是一家说了算（因为在股东会讨论重大经营决策和人事任免等问题时，得到50%以上股权支持的议案即可通过作出决定），很难形成投资主体相互制约的局面。可见，股权过分集中不可能真正做到投资主体多元化。而中国目前的情况正是这样。2000年，3.2万户国有控股工商企业国有股占总股本的平均比重就高达63.5%。又如，2000年，北京市190户国有大中型骨干企业中，国有绝对控股企业达163户，占86.2%。而在已改制的105户企业中，国有资产比重也高达81%。这种情况，显然离投资主体多元化还相当远。

中国上市公司股权结构不合理、一股独大的问题也很突出。截至2001年4月底，全国上市公司中第一大股东持股份额占公司总股本超过60%的有890家，占全部公司总数的79.2%，其中持股份额占公司总股本超过75%的63家，占全部公司总数的5.62%。而且第一股东持股份额显著高于第二、第三股东。大股东中国家股东和法人股东占压倒多数，相当一部分法人股东也是国家控股的。统计表明，第一股东为国家持股的公司，占全部公司总数的65%；第一股东为法人股东的，占总公司总数的31%。两者之和所占比例高达90%。

可见，真正的投资主体多元化应是股权相对分散、均衡的，不应一股独大。按照这一要求，今后在对国有大中型企业进行规范的公司制改革时，要尽可能多吸收非国有资本入股，包括积极吸收外资参与国有企业改组改造，并占相当的比重，即使是属于国有经济需要控制的四大行业和领域，多数也不一定由国有股绝对控股，而可以相对控股，有的甚至可以采取持金边股的办法，以改善股权结构。少数需保留国有独资或国有股绝对控股的，也要像上海广电集团那样，由多家国有投资公司大体均衡地共同持股，避免一家说了算，以利于政企分开、持股者相互制约、形成较合理的治理结构等。要做到这一点，很不容易。今年以来，上市公司国有股减持碰到种种困难说明了这一点。

中共十五届四中全会决定指出：公司法人治理结构是公司制的核心。要明确股东会、董事会、监事会和经理层的职责，形成各负其责、协调运转、有效制衡的公司法人治理结构。目前，许多公司都成立了股东会、董事会、监事会等，但是离规范的要求还很远。比较普遍存在的问题是：董事会不到位，不能很好代表出资人利益，还存在"内部人控制"现象，上市公司独立董事制度刚刚开始；由董事会提名和聘用总经理的比重不高；监事会不能很好发挥监督作用；股东大会形同虚设；未形成对经理层有效的激励和约束机制等。有报道说，北京市在完成改制的 105 户企业中，按照《公司法》规定全面建立股东大会、董事会和监事会的仅有个户；总经理由董事会直接选聘的不足 20%；董事长与总经理一人兼任的尚占 19%。工业系统完成改制的 34 户企业监事会中，有外派监事的企业只占 15%，且职能发挥不充分而流于形式。

可见，国有大中型企业建立规范的现代公司制还有很多工作要做。这方面改革，是国有企业适应发展社会主义市场经济要求的脱胎换骨的改革，是国企改革的真正攻坚战。如果能在 2010 年前基本完成，可算是取得巨大的成绩，中国大型企业的市场竞争能力将大大提高。到那时，社会主义与市场经济相结合、公有制与市场经济相结合的社会主义市场经济体制就能确立起来了。

四 加紧探索和建立国有资产有效的管理体制

中共十五届四中全会决定提出，积极探索国有资产管理的有效形式。中国国企改革碰到的一个大难题，就是没有建立有效的国有资产管理体制和形式。目前，困扰国企改革的一些问题，如政企职责不分，所有者缺位，内部人控制，企业法人财产权不落实等，均与此有关。如何建立国有资产有效的管理体制，各方面正在研究、讨论，这里拟提出三点想法。

第一，改国家统一所有、分级管理为分级所有、分级管理。我们国家那么大，人口那么多，国有企业至今还有近20万个，国有企业的资产（实际上应为资本）实行统一所有，由国务院代表国家统一行使所有者职能是不现实的，实际上也做不到。特别在实行分税制以后，更显得不合理。地方财政投资办企业，怎么其资产又变为国务院所有了呢？这是说不过去的。应当承认由哪一级财政投资兴办企业，其资本即为该级政府所有。由中央财政投资兴办的为中央政府所有，由省级财政投资兴办的为省政府所有，市、县、乡级也是如此。这不但有助于清晰产权，也有利于形成发展市场经济所要求的多元投资主体，改善国有企业的股权结构。美国土地除私有部分外，就分别有联邦政府所有的土地、州政府所有的土地、市政府所有的土地等。可见，资产分别归各级政府所有是可行的。

第二，国有资产管理应实行管资产、管人、管事统一。目前，国有大中型企业大体是计委管立项，经贸委管日常运行，财政部管资产登记，大型企业工委和组织部门管人事任免。这些部门都可以说自己是国有资产所有者代表，对企业发号施令，但是企业一旦出了问题，各部门又可以互相推诿，不承担责任。这样的体制显然是不顺的。政府应有专门的机构，专司国有资产的管理，负责国有资产的保值增值，而且管资产和管事管人相统一，不再多头管理。这几年，国家对少数大型企业和企业集团授权经营国有资本，这个做法虽然比普遍成立行业性控股公司垄断本行业国有资本的经营好得多，但因试行不久，还有待很好总结经验，使之逐步完善。其中一个大问题就是所有者缺位，由谁代表国家行使这些大型企业和企业集团母公司的国有资本的所有者职能不明确；与此同时，所有者应如何有效监控这些经营国有资本的大型企业和企业集团，没有很好解决。看来，对这些大型企业和企业集团，还是要由国有资产专门管理机构，作为国有资本的出资者，并通过法定的程序行使所有者的职能。

第三，完善三个层次的管理形式。中共十五届四中全会决定指出：允许和鼓励地方试点，探索建立国有资产管理的具体形式。这几年各地在探索中涌现的比较有代表性的是上海和深圳的做法，它们分别建立地方国资委——国有资本经营机构如投资公司、控股公司等——企业或公司这三层次的国有资本管理和营运体系。第一层次，实现政府的社会经济管理职能（这对不同所有制的企业是一视同仁的）同国有资本所有者职能的分离；第二层次，实现国有资本管理监督职能同国有资本经营职能的分离，地方政府将国有资本的经营权以授权方式交给控股公司或投资公司，专门从事国有资本的营运；第三层次，众多的企业或公司，国有投资公司或控股公司通过出资对企业或公司参股或控股，取得所有者权益，实现了出资人最终控制企业同企业作为独立法人依法自主经营、自负盈亏的分离。但上海和深圳的做法也有区别。上海市的国有控股公司是在原主管局基础上组建而成的，一开始有 19 个国有资产（本）控股公司；深圳市则是按照产业划分成立 3 家国有控股公司。可以认为，深圳市的做法有其特点，主要是比上海市做法比较容易实现政企分开。上海市在原专业主管局基础上组成的控股公司，尽管名义上已将原主管局行政职能交给市经委履行，实际上很难一下子真正分开，从而影响这些控股公司真正成为商业性公司。上海市也发觉了这一点，所以，以后对十几家国有控股公司作了一些调整。总的看来，上海和深圳的做法已取得一定的成效。但是否普遍适用于其他城市，还要在积累更丰富的实践经验后才能作结论。中国那么大，各地经济发展不平衡，情况千差万别，用一种模式去套往往出问题。各地须从实际出发积极寻求有效的管理形式。

利用国有控股公司营运国有资本，是一些国家如意大利、新加坡等的通行办法。1996年世界银行的一份研究报告指出，利用控股公司管理国有企业的优点是：可以缓冲政治干预；可以有效协调决策、提供战略指导和完善财务纪律；集中稀缺管理人才，提高企业管理水平，得到合作的规模效益（如大量采购）等。所以，结合中国国情，采用国有控股公司营运国有资本，看来是可行的，有效的。

值得注意的是，地方建立的授权经营国有资本的投资公司或控股公司，应是政企分开的、商业性的、以营利为目的的资本经营公司，不应因系从原专业局基础上组建的而再保留行政职能，根据上海市的经验，原专业局的行政职能应交给市经委。还有，这些资本经营公司应配合国家调整国有经济的布局和对国有企业进行战略性改组，对属于自己投资或控股、参股的企业，积极引导它们参与资产重组和联合、兼并，有的参加到被授权经营国有资本的大型企业或企业集团中，有的则下放到县到区放开搞活，因而这些公司应是流动性的或过渡性的，不是不变的。可以想象，将来像县一级政府是否要保留国有投资公司可以研究。县里有些公用事业可能要少量国有或国有控股、参股企业来经营，但它们可以从属于省或市的集团公司，这样就不一定成立专门的国有投资公司了。

五 转变政府职能实现政企分开仍然任重道远

这几年，国家采取一些重大措施，转变政府职能，推动政企分开。2000年，国家撤销了内贸、煤炭、机械、冶金、石化、轻工、纺织、建材、有色金属九个国家局，党政军机关与所管理的企业脱钩工作已陆续展开，取消企业的行政隶属关系和行政级别等。但是，直到现在，转变政府职能实现政企分开的任务远未完成，有几个重大问题还有待逐步解决。

第一，政府干预企业生产经营活动现象时有发生，国有企业吃国家大锅饭的状况仍有待消除。由于国有资产的有效管理体制尚未很好建立，国有大中型企业由政府多家部门分头管理国有资产、营运和管理干部任免等现状很难有根本改观。国家往往运用权力照顾国有企业特别是困难企业，在市场准入、融资、外贸经营权、兼并破产等方面相当突出，甚至国家对国有企业债务负无限责任，使非国有企业感觉受到不公正待遇；不少地方政府还搞市场封锁，保护本地落后的国有企业。另外，国家又常常干预国有企业的生产经营活动，包括进行低水平重复建设等，还要求企业承担办社会的职能。中国即将加入世贸组织，按照世贸组织规则，对国有企业、非国有企业包括外资企业，要一视同仁，国家不能再用行政权力对国有企业予以特殊照顾。这就要求加快转变政府职能，推动政企进一步分开。

第二，改革审批经济体制，推进投融资体制改革。进入 21 世纪，各方面对原来的审批经济体制反映强烈，要求推进投融资体制改革的呼声很高。一般认为，改革的目标是改审批经济为企业自主投资决策。对于国家鼓励和允许的项目，应实行"谁投资，谁决策，谁受益，谁承担风险"的原则，由企业依法自主投资，政府不再审批。我国目前每年全社会固定资产投资达 3 万亿元以上，其中政府投资只占一小部分，一般在 10% 左右，绝大部分属社会投资、企业投资。而原来的政府审批制度严重抑制了社会投资特别是民间投资的积极性。投融资体制改革必须同转换政府职能相结合，给政府职能重新定位。应当明确，在社会主义市场经济条件下，在政府、市场、企业之间的关系中，凡是市场、企业能办并且有效率的事，就应当放手让市场、企业去办，政府不再插手。政府要集中精力搞好宏观经济调控和创造良好的市场环境，不直接干预企业经营活动，减少对经济事务的行政性审批。只有这样，政府机构才能精简，政企才能真正分开，廉洁高效、运转协调、行为规范的行政管理体制才能很好地建立起来。

第三，打破行政和部门垄断。当前我国行政和部门垄断还相当严重，这很不利于公平竞争的市场环境的形成。一般认为，中国目前存在几种类型的垄断。第一种是行政垄断，政府职能部门运用手中权力搞强制交易，要消费者按照它审定的价格购买它指定的产品和服务，这也包括政府不准某些商品进入它所管辖的地区销售，或授予本地企业一些业务垄断权等。第二种是部门和行业垄断。公用部门或其他依法具有独立地位的经营者实施的强制交易或限制竞争的行为，有些自然垄断行业如电力行业对某些能够引进市场竞争的领域（如发电厂可以竞价上网）限制其竞争。第三种是经济性垄断，如企业之间搞限价、价格同盟，企业间反竞争的购并，企图垄断市场（这就是为什么许多国家反垄断法都规定对企业购并要进行审查，防止购并对市场竞争产生实质性损害的原因），等等。以上几种类型的垄断，除属自然垄断外，特别是其中的行政和部门垄断都要大力反对。当前，要尽快出台"反垄断法"，以便使反对垄断、保护竞争有法可依。至于自然垄断部分，由于一般反垄断法都承认"适用除外"的原则，所以不必担心它们会受到不必要的限制。

世界上一些国家经济发展的经验告诉我们，随着科技进步，不少原来属于自然垄断的行业，都可以引入市场竞争机制或部分引入市场竞争机制，从而可以大大地提高效率，使消费者受益。当前中国存在的问题不是因为自然垄断妨碍市场竞争和提高效率，而是在一些原来被认为是自然垄断的部门如民航、电力、电信、邮政、铁路运输等部门，有关主管部门，运用行政手段，阻挠可以引入的市场竞争，使表面上看是自然垄断，实际上是行政垄断、部门垄断，谋取部门利益，或力图使部门既得利益固化。例如，民航管理部门一再阻挠航空公司之间开展价格竞争，电信部门老大（中国电信）千方百计排斥和作难与其竞争的企业，邮政部门用行政力量封杀民营快递邮件业务的开展,等等。问题的严重性还在于,对于这一类不合理现象,经济界、理论界和老百姓反应很强烈,许多报刊也一再发表批评文章,但是收效甚微。这些部门为了维护自身利益,基本上是我行我素。从这里也反映出政府职能的转换多么艰巨!也表明改革必须坚持深入下去。

六　社会保障体系建设日显重要,但社会保障基金收支缺口大,亟待解决

改革的深入,要求加快建立和健全社会保障体系。目前,国有经济布局战略性调整中碰到的最大困难,就是由于没有比较完善的社会保障体系,国有企业退出市场的通道不顺畅,不少应破产和关闭的企业,由于无法安置职工不能及时破产和关闭,苟延残喘。有的企业职工还为此而闹事。因此,随着社会主义市场经济的发展和国企改革的深化,要求尽快建立和完善社会保障体系。

鉴于我国仍处于社会主义初级阶段,社会生产力发展水平不高,国家财力有限,目前我们讲的社会保障体系,主要适用的是城市居民。农民的社会保障问题也很重要,只是农民有集体所有的土地作为最大的保障,可以使国家在一定时期内有条件先着重建立城市社保体系,同时以一部分财力用于农村扶贫、救灾、社会救济等。我国农村人口多,农民收入水平低,至今还有3000万贫困人口没有脱贫,所以,国家今后也要尽可能多拿钱用于农村,保障农民生活和农村稳定。

今后的目标是,形成独立于企业事业单位之外、资金来源多元化、保障制度规范化、管理服务社会化的社会保障体系。社保体系中最重要的是养老保障制度,失业和医疗保险制度也很重要。要依法扩大养老、医疗、失业等社会保险覆盖面,逐步提高统筹层次。进入21世纪后,我国面临社会保险基金收支缺口逐年增大的严峻局面。有关部门预计,光是"十五"期间,养老保险基金收支缺

口为2900亿元，失业保险基金收支缺口为325亿元。建立可行、稳定的社会保障基金的筹措机制和有效营运、严格管理的机制，日显重要。特别是扩展新的筹资渠道，更为紧迫。政府已经决定，通过变现部分国有资产以及将利息税等收入充实社会保险基金。还可考虑通过发行国债、提高社会保险费占财政支出比重等办法，充实社保基金。在社保基金管理方面，最重要的是防止挪用和被个人与部门侵吞。可以考虑吸收像智利等国成立多家独立的基金管理公司进行有效管理的成功经验，确保基金的保值、增值。还有，在逐步把下岗职工基本生活保障纳入失业保险的同时，对目前城市出现的部分贫困群体，城市居民最低生活费标准需要尽快普遍建立起来。

深化国企改革，除了要着重解决以上六大问题以外，还要深化内部劳动、人事和分配制度改革，以便形成管理者能上能下、人员能进能出、分配能多能少的机制。还要加强企业管理。管理能出效益，科学管理是企业搞好改革和发展的重要条件，是企业建立现代企业制度的一个重要特征。所以要把深化改革、转换机制和加强管理很好地结合起来。

（原载《经济学动态》2001年第10期）

完善基本经济制度,改革国有资产管理体制

党的十六大报告关于坚持和完善基本经济制度,深化国有资产管理体制改革的论述,是报告中关于经济体制改革部分的一大亮点,值得我们很好地学习和体会。

一 坚持和完善我国社会主义初级阶段的基本经济制度

1997年,党的十五大根据我国仍然处于社会主义初级阶段和生产力发展的多层次性,确立了以公有制为主体、多种所有制经济共同发展的基本经济制度,进一步解放了生产力,促进了经济的快速发展。党的十六大总结了这几年丰富的实践经验,提出要根据解放和发展生产力的要求,坚持和完善这一基本经济制度。曾经有一种意见主张,将公有制为主体改为公有制为主导,不再强调公有资产在社会总资产中占优势,而强调发挥公有经济的主导作用。但主流的意见认为,在社会主义市场经济中,公有制为主体不宜更改。当前的任务主要是完善公有制为主体、多种所有制经济共同发展的基本经济制度。

第一,必须毫不动摇地巩固和发展公有制经济。我国是社会主义国家,社会主义建设的目的是实现全体人民的共同富裕,因此公有制的比重比一般市场经济国家高一些是理所当然的。公有制经济是国家引导、推动经济和社会发展的基本力量,是实现最广大人民根本利益和共同富裕的重要保证。发展壮大国有经济,国有经济控制国民经济命脉,在经济发展中起主导作用,对于发挥社会主义制

度的优越性,增强我国的经济实力、国防实力和民族凝聚力,具有关键性作用。公有制为主体,既要保持公有资产在社会总资产中占优势,更要增强素质和活力。要继续寻找能够极大促进生产力发展的公有制的实现形式,使公有制和市场经济很好结合。现在看来,股份制、股份合作制、一些共同基金如养老基金、职工持股会等,都是与社会主义市场经济相适应的公有制形式,要支持其健康发展。集体经济是公有制经济的重要组成部分,对增加就业、实现共同富裕有重要作用,要继续支持和帮助多种形式的集体经济的发展。

第二,必须毫不动摇地鼓励、支持和引导非公有制经济发展。个体、私营等各种形式的非公有制经济是社会主义市场经济的重要组成部分,对增强国民经济活力,充分调动人民群众和社会各个方面的积极性和创造性,加快生产力发展,具有重要作用。中共十一届三中全会以来,在党的方针政策引导下,我国个体经济从小到大,私营经济从无到有。它们在国民经济中所占比例不断增大,从20世纪80年代初的"拾遗补阙"发展成为社会主义市场经济的重要力量,目前已成为新的重要经济增长点,扩大就业的主渠道,活跃市场方便人民群众生活的生力军。党的十六大报告把发展非公有制经济,进一步提高到同发展公有制经济一样,要毫不动摇地鼓励、支持和引导其发展,有重大意义。

我国个体经济从改革开放以来,一直保持了快速发展的态势。个体工商户由1978年的14万户、15万人发展到2001年年底的2433万户、4760万人,注册资本3435.8亿元。私营企业从20世纪80年代末开始起步,一直以两位数的速度增长,到2001年年底已达202.85万户,从业人员2713.86万人,注册资本18212.24亿元。据有关部门测算,2000年个体私营经济创造国内生产总值18000亿元,占当年国内生产总值的20.13%。需要指出,这个数字是偏低的。因为有一部分名为集体实为个体、私营企业创造的国内生产总值没有计算在内,有的地方对把一些国有中小企业转为个体私营的情况瞒报漏报等。

随着我国进一步调整和完善所有制结构，特别是在国有经济继续向关系国民经济命脉的重要行业和关键领域集中的同时，从一般竞争性行业逐步退出，国有经济在经济总量中的比重继续缩减，个体、私营经济的进一步发展是不可避免的。今后，要完善政策法规，进一步鼓励和支持个体、私营经济发展。放宽国内民间资本市场准入领域，在投融资、税收、土地使用、人才招聘和对外贸易等方面采取措施，实现公平竞争。依法加强监督和管理，促进非公有制经济健康发展。完善保护私人财产的法律制度，防止某些私营企业主因对政策的误解而把资金抽走到国外境外。个体劳动者和私营企业主作为中国特色社会主义事业的建设者，要得到全社会应有的尊重。

第三，坚持公有制为主体，促进非公有制经济发展，统一于社会主义现代化建设的进程中，不能把这两者对立起来。改革开放以来许多地方的实践充分证明，各种所有制经济完全可以在市场竞争中发挥各自优势，相互促进，共同发展，相得益彰。不是国退民进，而是民进国也进。这是对基本经济制度认识的重大发展。一般认为，公有制经济特别是国有经济在投资大、建设周期长、回收较慢、规模效益比较显著的基础设施、某些高精尖领域有优势，而非公有制经济则在市场进入门槛低、竞争比较充分、生产经营灵活性强的一般竞争性领域有优势。在社会主义市场经济中，公有制经济和非公有制经济，国有经济和非国有经济，都有自己用武和大显身手之地。这几年像浙江、江苏、广东等省非公有制经济发展很快，给国有企业带来了好的竞争环境，并为国有企业改革创造了有利条件，推动了国有经济的改革和发展，提高了国有经济增长的质量和效益，整个社会经济也获得迅速发展，说明国有经济和非国有经济发展的互补性和互动性。显然，这些经验对今后进一步完善以公有制为主体、多种所有制经济共同发展的基本经济制度，有重要的启示作用。

二 深化国有资产管理体制改革

改革国有资产管理体制，是探索国有制有效实现形式的重要方面，是深化国有企业改革、从总体上增强国有经济的活力、控制力和竞争力迫切需要解决的重大课题，因而是今后深化经济体制改革的重大任务。党的十六大总结了改革开放以来的丰富经验，提出了新的改革思路和举措，必将有力地推动中国经济体制改革取得突破性进展。对国有资产管理体制改革的重要论述，是党的十六大报告的一个亮点。

我国有庞大的国有资产，据财政部材料，截至2001年年底，我国国有资产总量（净值，下同）为109316.4亿元，高于当年国内生产总值，其中，经营性国有资产总量为73149.3亿元，占66.9%；非经营性国有资产总量为36167.1亿元，占33.1%。上述国有资产，分布在全国各地及各行业，分布在17万多户国有企业中。改革开放以来的实践表明，现行的由中央政府作为国有资产出资人唯一代表，并由多个部门分割行使出资人职能，所谓"五龙治水"的办法，即计委管立项，经贸委管日常运营，劳动和社会保障部门管劳动与工资，财政部管资产登记和处置，组织人事部门和大型企业工委管经营者任免等，难以对全部国有资产有效行使出资人职责，也难以对国有资产全面负责。因此，必须对现行国有资产管理体制进行改革，完善国有资产管理、监督、运营机制。

党的十六大报告对改革国有资产管理体制作出了原则性规定，其主要精神有：

在坚持国家所有的前提下，充分发挥中央和地方两个积极性。国家要制定法律法规，建立中央政府和地方政府分别代表国家履行出资人职责，享有所有者权益，权利、义务和责任相统一，管资产和管人、管事相结合的国有资产管理体制。这与原来的体制有重大差别。第一，原来实行的是国家统一所有，分级管理，由国务院代表国家行使所有者职能。而新体制实行的是国家所有,授权中央政府和地方政府分别代表国家履行出资人职责,享有所有者权益,权利、义务和责任相统一。这样做,可以充分发挥中央和地方两个积极性,有利于企业清晰产权,形成多元投资主体和规范的法人治理结构。这里说的地方政府,鉴于目前的管理水平,看来以包括省、市(地)两级为宜。第二,原来实行的管资产和管人、管事相分割的体制,容易出现多个部门都可以说自己是所有者的代表,对企业发号施令,而一旦出了问题,又互相推诿,不负责任。新体制实行管资产和管人、管事相结合,权利、义务和责任相平衡,有利于国有资产的保值增值。第三,新体制强调法治,要求在总结实践经验的基础上,由国家制定法律法规,一切依法办事,严格执法。

关系国民经济命脉和国家安全的大型国有企业、基础设施和重要自然资源等,由中央政府代表国家履行出资人职责。其他国有资产由地方政府代表国家履行出资人职责。根据财政部材料,我国2000年经营性国有资产总量和结构情况如下表:

项目	全国合计(亿元)	中央小计(亿元)	百分比(%)	地方小计(亿元)	百分比(%)
合计	68612.6	40768.5	59.4	27844.1	40.6
一般工商企业	57554.4	30690.4	53.3	26864	46.7
金融保险企业	8303.9	7467.6	89.9	836.3	10.1
境外企业	1195.7	1051.9	88.0	143.8	12.0
各类建设基金	1558.6	1558.6	100.0		

需要指出,这一统计表统计的国有资产,一般没有包括重要自然资源和无形资产。如果包括这两项,那么中央一级所占比例要大得多。统计表所作的中央和地方的划分,有待按照将来有关国有资产管理的法律法规进行调整。还有,非经营性的国有资产还有3万多亿元,其划分也按上述经营性国有资产的原则界定。这部分估计

中央一级所占比例要低于地方一级,即使这样,也不会改变在国有资产总量中,中央一级占大头的状况。按照这样的精神,对于今后新投资形成的资产,可能要实行谁投资谁所有的原则,即由哪一级政府投资形成的资产,归哪一级政府所有。这样做,也有利于形成多元投资主体。

中央政府和省、市(地)地方政府设立国有资产管理机构,专司国有资产的管理包括营运和监督。在总结实践经验的基础上,继续探索国有资产的经营体制和方式。这几年一些地方创造的三个层次管理的经验(即地方政府成立国资委,专司国有资产的管理和保值增值,下设若干个投资公司和控股公司作为商业性公司,专司国有资产的经营,然后由这些公司对企业控股、参股等)有待进一步完善,不但要保证国有资产的安全,还要不断提高整个国有资产的运营效率。此外,对少数大型企业可以直接授权经营。当然,这也还要解决出资人如何到位的问题。

实行上述改革,各级政府都要坚持政企分开,实行所有权和经营权分离,确保企业自主经营、自负盈亏,确保由多元投资主体形成的公司法人财产权不会随意受到干预和损害。特别要防止有的地方政府得到授权代表国家对国有资产行使出资人职责后,强化对企业的干预,形成新的政企不分。同时,各级政府都要严格执行国家的国有资产管理法律、法规和政策,实现国有资产的保值增值,防止国有资产流失。特别要注意先立法,后依法行动,不能刮风。要警惕和防止不法分子在新一轮改革中,逃避监管,化公为私,肆意侵吞国有资产。

(原载《经济研究》2002 年第 12 期)

国有资产管理体制改革的目标难点和途径

党的十六大报告经济体制改革部分的最大亮点是对国有资产管理体制改革的原则规定。国有资产管理体制改革，标志着我国国有企业改革在新世纪将进入一个崭新的阶段，即加快国有经济布局和结构的战略性调整、国有大中型企业以产权清晰为契机推进公司制改革的阶段。通过国有资产管理体制改革，实现政资、政企分开，将使我们找到与市场经济相结合的国有制的实现形式，从而进一步促进社会生产力的解放和发展。

一 国有资产管理体制改革的目标和意义

我国有庞大的国有资产。据财政部材料，截至 2001 年年底，我国国有资产总量（净值，下同）为 109316.4 亿元，高于当年国内生产总值，其中，经营性国有资产总量为 73149.3 亿元，占 66.9%；非经营性国有资产总量为 36167.1 亿元，占 33.1%。这些国有资产，分布在 17 万多户国有企业中，遍布全国各地的各个行业。上述国有资产统计，还没有包括自然资源形态的资产和无形资产等，如果把这些资产计算在内，数额要大得多。管好用好如此庞大的资产，对全国经济与社会发展有十分重大的意义。

长期以来，我国国有资产管理体制不够合理，主要存在以下三个问题。一是由中央政府作为国有资产出资人的唯一代表，并由多个部门分割行使出资人职能，所谓"五龙治水"的办法，即计委管立项，经贸委管日常运营，劳动和社会保障部门管劳动与工资，财政部管资产登记和处置，组织人事部门和大型企业工委管经营者任免等（如果国有企业要"走出去"对外投资，还要经外经贸部批准，这就变成"六龙治水"了），难以对全部国有资产有效行使出资人职责，也难以对国有资产全面负责。二是由于没有一个机构对国有资产真正负责，国有企业相当普遍地存在所有者缺位现象，"内部人控制"比较严重，国有资产大量流失。三是一些地方仍然存在政企不分，政府仍然干预国有企业的生产经营活动，不尊重企业的法人财产权，使企业不能很好地自主经营、自负盈亏。因此，必须对国有资产管理体制进行改革，完善国有资产管理、监督、营运机制。

改革国有资产管理体制，必须解决上述三大问题，明确以下三个目标。一是通过明晰产权，出资人到位，改善治理结构，搞好搞活国有企业，提高竞争力。二是通过对国有经济有进有退的调整和资产重组，使国有经济和国有资产加快向关系国民经济命脉的重要行业和关键领域集中，向大企业集中，即向国有经济能够发挥自己优势的方面集中，实现国有经济布局和结构的战略性调整，从而增强国有经济的竞争力、控制力。三是总体上实现国有资产的保值增值。实现了这三个目标，国有资产管理体制改革可以说是取得成功。

二 国有资产管理体制改革的主要内容

党的十六大报告对改革国有资产管理体制作出了原则性规定，提出：在坚持国家所有的前提下，充分发挥中央和地方两个积极性。国家要制定法律法规，建立中央政府和地方政府分别代表国家履行出资人职责，享有所有者权益，权利、义务和责任相统一，管资产和管人、管事相结合的国有资产管理体制。中央政府和省、市（地）两级地方政府设立国有资产管理机构。这与原来的体制有较大差别。

第一,原来实行的是国家统一所有,分级管理,由国务院代表国家对国有资产行使所有者职能;而新体制实行的是国家所有,由中央政府和地方政府分别代表国家履行出资人职责,享有所有者权益,权利、义务和责任相统一。这样做,可以充分发挥中央和地方两个积极性,有利于企业清晰产权,形成多元投资主体和规范的法人治理结构。为什么要在坚持国家所有的前提下,由中央政府和地方政府分别代表国家履行出资人职责,这同地方政府代表国家履行出资人职责时享有所有者权益有没有矛盾?我的理解是,在一般情况下,地方政府代表国家履行出资人职责相当于地方所有,享有所有者权益。但是,在特殊条件下,如发生战争,出现特大自然灾害或国家有特殊需要时,国家对地方履行出资人职责的国有资产有最终所有权,包括调用、支配、处置等权力。这有利于加强宏观调控和促进地区经济协调发展。还有,这里说的地方政府,鉴于目前的管理水平,以包括省、市(地)两级为宜。有的经济学家主张,将要设立的国有资产管理机构应当放在人大而不应放在国务院和地方政府。主要理由是,国有资产是全民所有的,因此应由人大行使最终所有权。[①]这种主张是不现实的。在现阶段,只有中央政府(国务院)和省、市(地)两级地方政府有能力、有条件代表国家对如此庞大的国有资产履行出资人职责。例如,目前正在对国有经济布局和结构进行的战略性调整,产权交易频繁,资产重组任务十分繁重和复杂。这些事是人大无法有效承担的,硬要人大承担,则要另建立一套管理机构,大大提高管理成本。还要考虑到,中国没有在全国人大下面设立有行政权力的法定机构的传统。比较好的办法还是由人大加强对政府管理国有资产进行监督,制定好国有资产管理法以规范国有资产管理。

第二,我们多年来实行的是管资产和管人、管事相分割的体制,容易出现多个部门都可以说自己是所有者的代表,对企业发号

[①] 参见刘建锋《国资委应放在政府还是人大?》,《中国经济时报》2002年12月23日。

施令，而一旦出了问题，又互相推诿，不负责任的现象。新体制实行管资产和管人、管事相结合，权利、义务和责任相平衡，有利于国有资产的保值增值。这一条很重要，实行这种新体制，例如，当国有资产管理出了问题，包括国有资产严重流失时，可以找到一个最终负责的机构，从而有利于建立合理的激励与约束机制。

第三，提出了由中央政府和地方政府分别代表国家履行出资人职责的资产范围：关系国民经济命脉和国家安全的大型国有企业、基础设施和重要自然资源等，由中央政府代表国家履行出资人职责。其他国有资产由地方政府代表国家履行出资人职责。根据财政部材料，我国2000年经营性国有资产总量和结构情况如下表：

项目	全国合计（亿元）	中央小计（亿元）	比重（％）	地方小计（亿元）	比重（％）
合计	68612.6	40768.5	59.4	27844.1	40.6
一般工商企业	57554.4	30690.4	53.3	26864	46.7
金融保险企业	8303.9	7467.6	89.9	836.3	10.1
境外企业	1195.7	1051.9	88.0	143.8	12.0
各类建设基金	1558.6	1558.6	100.0		

需要指出，上述表中统计的国有资产，除没有包括非经营性资产外，也没有包括重要自然资产和无形资产，如果包括后两项，那么中央一级所占比例要大得多。表中所作的中央和地方的划分，有待按照将来有关国有资产管理的法律法规进行调整。此外，非经营性的国有资产还有3万多亿元，这部分国有资产按经营性资产的划分原则界定，估计中央一级所占比例要低于地方一级，但即使这样，也不会改变在国有资产总量中中央一级占大头的状况。根据党的十六大精神，今后，新投资形成的资产，可以实行对存量国有资产管理的办法，即地方政府投资形成的资产叫地方国有，在一般情况下为地方所有，只在出现特殊情况时，国家可以行使最终所有权。

三 设立国有资产专门管理机构,落实改革任务

党的十六大报告不但提出了深化国有资产管理体制改革的重大任务,而且明确要求中央政府和省、市(地)两级地方政府设立国有资产管理机构。这是落实改革任务的重要组织保障。成立国有资产专门管理机构,是为了改变原来多个部门分割行使国有资产所有者职能,所谓"五龙治水"或"六龙治水",但没有人最终负责的不合理状态。最近新成立的国资委就是中央政府设立的国有资产管理机构。

党的十六大报告指出,关系国民经济命脉和国家安全的大型国有企业、基础设施和重要自然资源等,由中央政府代表国家履行出资人职责。根据先粗后细、先易后难的考虑,新成立的国资委的监管范围,确定为中央所属企业(不含金融类企业)的国有资产,包括前一段由中央企业工委管理的 196 户企业(如包括下属子公司、孙子公司等约 1.2 万户企业)的国有资产。

按照十六大报告提出的建立权利、义务和责任相统一,管资产和管人、管事相结合的国有资产管理体制的要求,国资委的主要职责是:根据授权,依照《公司法》等法律和行政法规履行出资人职责,指导推进国有企业改革和改组;代表国家向部分大型企业派出监事会;通过法定程序对企业负责人进行任免、考核并根据其经营业绩进行奖惩;通过统计、稽核对所管国有资产的保值情况进行监管;拟定国有资产管理的法律、行政法规和制定规章制度,依法对地方国有资产管理进行指导和监督;承办国务院交办的其他事项。这些职责之中,核心是依法履行出资人职责,使国有企业的出资人到位。

国资委可以对有条件的大型国有企业进行国有资产授权经营,但要逐步完善授权经营制度。根据《公司法》,对有条件的大型国有企业即经营管理制度健全、经营状况较好的大型国有独

资公司可以授权经营国有资产。当然，这也还要解决出资人如何到位的问题，即要完善直接授权经营的制度。比如说，授权最好是明确授给大型企业的董事会（或党组）而不是授给企业的个别负责人，如果是授权给总经理个人则会出现所有权与经营权合一的悖理现象。同时，授权给董事会也要同董事会签订详细的业绩合同，要求董事会对国有资产的保值增值负责并承担政府的社会经济目标。这几年我国在对国有资产直接授权经营方面已经积累了相当丰富的经验，需要认真总结，以便使这一制度今后能比较规范地操作。

成立国资委，实现政资分开后，要注意不能干预企业的生产经营活动。党的十六大报告要求坚持政企分开，实行所有权和经营权分离，使企业自主经营、自负盈亏，实现国有资产保值增值。所以，推进国有资产管理体制改革，成立国资委，所有者在国有企业到位后，要确保企业的生产经营自主权，确保由多元投资主体形成的公司法人财产权不会随意受到干预和损害。防止国有资产管理机构得到授权代表国家对国有资产行使出资人职责后，强化对企业的干预，成为"老板加婆婆"，形成新的政企不分。要明确，国有资产管理机构实行管资产和管人、管事相结合，这里说的管事，不是凡事都管，而是管作为出资人该管的事，即《公司法》中属于股东该管的事，除此以外的事都不要管，以免造成越位、错位。改革国有资产管理体制的一个重要目标，是搞活和搞好国有企业。如果把企业管死了，就违背了改革国有资产管理体制的初衷，也违背了成立国资委的初衷。

成立国资委，也为省、市（地）两级地方政府成立国有资产管理机构作出了样板。国资委职责的确定，如何做到管资产和管人、管事相结合，国资委成立后如何既使国有企业所有者到位又不干预企业的日常生产经营活动，地方国资机构都可参照国资委的办法行事。国有资产管理机构要自上而下成立。地方国资机构要在国资委成立后，待国有资产法律法规出台后，按照中央的统一部署，自上而下，依法有序设立，规范运作。

四 几个需要进一步研究的问题

第一，如何做到先定规矩后行动。党的十六大报告在谈到国有资产管理体制改革时，明确提出，"国家要制定法律法规，建立中央政府和地方政府分别代表国家履行出资人职责"的体制。另一处，又指出，"各级政府要严格执行国有资产管理法律法规"。由于这次国有资产管理体制改革牵涉面广，变动大，层次深，涉及部门、地方和一些人的切身利益，要防止有些人从局部利益出发，擅自行动，损害整体和他人利益。要防止有的人趁机搞"暗箱操作"，非法交易，侵吞国有资产。这些，正是这次国有资产管理体制改革的难点所在。因此，要求在总结实践经验的基础上，由国家制定法律法规，一切依法办事，严格执法，使改革能够比较规范有序地进行。国有资产是全国人民几十年的血汗创造的，必须管好、用好，不能随便糟蹋、流失。此外，国有资产那么多，将来要分别由中央政府和省市两级地方政府代表国家履行出资人职责，如何划分国有资产，哪些由中央政府、哪些由地方政府代表国家履行出资人职责，必须根据法律法规来界定，不能由部门、地方和个人说了算。国有资产有经营性资产，也有非经营性资产，还有自然资源资产，在经营性资产中，又有工商企业资产与金融企业资产之分等，这些不同类的资产，其管理方式和目标是不完全一样的。所有这些，都有待于法律法规来规范，使改革有章法可依，而其中最重要的是要制定《国有资产法》。鉴于制定法律比较复杂，也比较费时，根据过去的经验，一些重要法律，由国务院提交人大常委会审议后，一般要经过三次常委会讨论才能通过。因此，可先由国务院制定行政法规如国有资产暂行条例等，以及时推进国有资产管理体制改革。当前，各地国有企业改革正在深入进行，资产重组、产权交易活动不少，所以国有资产管理法规需尽快拟定出台，以便更好地指导国企改革规范进行。

第二,如何明确国资委的职能,集中力量履行好出资人职责。国资委不是面向全社会的公共管理部门,不同于一般行政机构。它也不同于企事业单位,而是中央政府或地方政府授权管理国有资产的机构,其管理行为有一定的强制性,工作人员的行为一般属公务行为,因而被确定为"特设机构",相当于"法定机构"。问题主要不在于名称,而在于国资委应代表国家对国有资产履行出资人职责。但是在不再保留经贸委成立国资委过程中,为了做好工作衔接,避免出现管理空当,国资委在成立初期,还要承担政府交办的不少与国资委本身职责不尽一致的行政职责,如呆坏账准备金的分配,国有企业下岗职工的安置包括再就业工作,国有企业破产或被兼并后遗留问题的处理,经贸委系统离退休老干部的管理,经贸委系统主管的行业协会的管理(光是原国家经贸委主管的行业协会就有十几个,共2万人)等。显然,上述事务将耗去国资委大量精力,需尽快解决或摆脱。再者,国资委要实行管资产和管人、管事相结合。然而,除了管事容易管过头成为"老板加婆婆"外,管人的职责如何落实也不容易,特别是对大型企业董事会和经营层等高级管理人员按照《公司法》的选聘任命,如何同党管干部的原则相衔接,仍然存在不少难题。这也是新成立的国资委需要明确和解决的问题。

第三,国有资产三个层次管理的有效性问题。这几年我国一些地方在国有资产管理体制改革试点中,创造了三个层次管理的经验,即地方政府成立国资委,专司国有资产的管理和保值增值,下设若干个投资公司和控股公司作为商业性公司,专司国有资产的经营,然后由这些公司对企业控股、参股等,这些管理经验有待进一步完善,国有资产管理不但要保证国有资产的安全,还要不断提高整个国有资产的运营效率。在这三个层次中,国有控股公司如何有效运作,有重要意义。大家知道,利用国有控股公司营运国有资本,是一些拥有较多国有企业的市场经济国家如意大利、奥地利、新加坡等的通常做法。如新加坡的淡马锡控股公司是该国最大的国有控股公司，成立于1974年，是财政部的全资注册公司，直接向财政部负责。淡马锡控股公司下辖40多家子公司，这些子公司又分别通过投资建立各自的孙子公司，共有几百家。淡马锡控股公司在投资决策、资金使用等方面享有完全的自主权，不受财政部约束，但承担国有资本保值增值责任。它对子公司的管理和控股是基于产权关系作出的。根据世界银行的一份研究报告，利用国有控股公司对国有资本进行管理的主要好处在于：可以缓冲政府干预；有效协调决策、提供战略指导和完善财务纪律；集中稀缺管理人才，提高企业管理水平；可以得到合作的规模效益，如大量采购。[①] 这几年我国运用国有控股公司也积累了若干好的经验，例如，对全资或控股子公司行使出资人职责，包括推动企业的资产重组，基于产权的监管防止国有资产的流失和浪费等。我国国有企业多达十几万个，如果都直接归各级国资委监管，肯定管不过来，以致大大降低管理效率。因而这也是需要中间层次管理的一个原因。今后，可总结我们自己的成功经验，借鉴国外境外的成功做法，完善控股公司这一中间层次的管理。

这里还有一点要说的是，为了概念的准确，今后凡是国有资产净值，建议一律改称为国有资本，以别于包括资本和负债形成的资产。国有资产的保值增值，实质为国有资本的保值增值。如果不是国有资本的保值增值，而靠借债使国有资产保值增值，非但没有什么意义，还会混淆视听。再说，国有控股公司经营的是国有资本，不是国有资产。国有资产变现，只要是公平买卖，就不是国有资本的流失，尽管资产是卖出去了，但资本收回了。

（原载《宏观经济研究》2003年第6期）

[①] 参见阿尤布等《公有制工业企业成功的决定因素》，中国财政经济出版社1987年版。

中国国有企业改革三十年:重大进展、基本经验和攻坚展望

国有企业改革[①],是中国经济体制改革最重要的领域,也是困难最大、争议最多的改革。中国的国有企业,从作为上级行政部门的附属物和"算盘珠",改造成为政企分开、政资分开的独立的市场主体和法人实体,是一个脱胎换骨的过程,其艰难困苦程度可想而知。经过从1978年开始的30年的努力,国有企业改革最困难的阶段已经过去,国有企业微观经济基础再造的任务已初步实现,绝大部分国有企业已成为同社会主义市场经济相适应的市场竞争主体,自主经营,自负盈亏。国有经济继续有力地在国民经济中发挥着主导作用。回顾中国国有企业改革的历程,认真总结其基本经验,提出若干攻坚展望,对于今后进一步深化改革,完善社会主义市场经济体制,具有重要的意义。

一 三十年国有企业改革取得重大进展

从1978年年底开始的国有企业改革,可以分为两大阶段。第一阶段是从1978年到1992年,主要是放权让利,探索"两权分离"。第二阶段是1993年起到现在,明确以建立现代企业制度为方向,不断深化改革,完善新体制。

1978年10月,四川省宁江机床厂等6个企业进行了扩大企业

[①] 本文所论述国有企业改革,专指国有工商企业改革,不含国有金融企业改革。

自主权的试点，确定企业在增收基础上，可以提取一些利润留成，职工可以得到一定的奖金。允许国有企业从事国家指令性计划之外的生产，允许出口企业保留部分外汇收入自主支配。1983年开始，向政府上缴利润由利润所得税替代。1984年10月，中共十二届三中全会作出了关于经济体制改革的决定，确认社会主义经济是有计划的商品经济。按照发展社会主义有计划商品经济的要求，决定提出今后应全面推进以增强企业活力，特别是增强国有大中型企业活力为中心的、以城市为重点的经济体制改革。国有企业改革的目标是：要使企业真正成为相对独立的经济实体，成为自主经营、自负盈亏的社会主义商品生产者和经营者，具有自我改造和自我发展能力，成为具有一定权利和义务的法人。按照这一目标，国有企业改革转向实行"两权分离"，即国家的所有权与企业的经营权分离。1986年12月，国务院提出，要推行多种形式的经营承包责任制，给经营者以充分的经营自主权。1987年，大中型企业普遍推行企业承包经营责任制。到1987年年底，全国预算内企业的承包面达78%，大中型企业达80%。1990年，第一轮承包到期的预算内工业企业有3.3万多户，占承包企业总数的90%。接着又开始第二轮承包。

从扩大经营自主权到承包制的放权让利改革，使企业开始有一定的活力。但是，承包制也有重大缺陷，承包制"一对一"谈判强化了政企不分，只有激励没有约束，所有权和经营权分离了，但所有者缺位，所有权不能约束经营权。经营者滥用经营自主权谋取私利或小集体利益，普遍出现"内部人控制"，短期行为，以致不少企业承包一轮，国有资产流失一轮，"富了和尚穷了庙"，后果严重。实践告诉我们，国有企业改革不能以承包制为方向，必须另找出路，实行制度创新。

1992年，党的十四大确立社会主义市场经济体制为中国经济体制改革的目标模式。1993年11月，中共十四届三中全会作出了《关于建立社会主义市场经济体制若干问题的决定》，在党的文件中第一次明确提出国有企业改革的方向是建立现代企业制度,并指出现代企业制度的特征是:产权清晰,权责明确,政企分开,管理科学。从此,国有企业改革进入制度创新阶段。

由于承包制不能促进国有企业适应市场经济的发展,还带来国有资产的流失,使许多国有企业包括大中型企业陷于困境。1997年党和政府提出帮助国有企业脱困的任务,其目标是,从1998年起,用三年左右的时间,使大多数国有大中型亏损企业摆脱困境,力争到20世纪末大多数国有大中型骨干企业初步建立现代企业制度。到2000年年底,这一目标已基本实现。1997年年底,国有及国有控股大中型工业企业为16874户,其中亏损的为6599户,占39.1%。到2000年,亏损户减为1800户,减少近3/4。在帮助国有大中型企业脱困的同时,进行了现代企业制度试点,逐步推行公司制股份制改革,努力使国有或国有控股企业成为适应社会主义市场经济发展的市场主体和法人实体。

经过多年的努力,国有企业股份制公司制改革已取得巨大进展。第一,到2005年年底,国家统计局统计的国家重点企业中的2524家国有及国有控股企业,已有1331家改制为多元股东的股份制企业,改制面为52.7%。国有中小企业改制面已达80%以上,其中县属企业改制面最大,一些已达90%以上。第二,作为国有企业主干的中央企业,到2007年已有宝钢集团有限责任公司等19家企业按照《公司法》转制,开展董事会试点,共选派了66名外部董事,有14家试点企业的外部董事达到或超过了董事会成员的半数,实现了企业决策层与执行层分开,改善了公司法人治理结构。第三,中央企业及所属子企业的股份制公司制企业户数比重,已由2002年年底的30.4%提高到2006年的64.2%。第四,股权分置改革基本完成,是这两年改革取得的重大进展。截至2006年年底,全国除国有金融机构控股的上市公司外,801家国有控股上市公司已有785家完成或启动股改程序,占98%。在改革过程中,大量企业实行资产重组,有不少企业关闭破产①,职工下岗分流,并尽可能剥离企业办社会职能等。

多年的国有企业改革实践告诉我们,要想把数以十万计的国有企业每个都搞好是不可能的,大量的在一般竞争性行业从事生产经营的国有中小企业没有优势,竞争力低下。针对这一情况,1997年党的十五大报告以及1999年中共十五届四中全会《关于国有企业改革和发展若干重大问题的决定》,提出了从战略上调整国有经济的布局和结构的任务和"抓大放中小"的方针,要求从整体上搞好国有经济,发挥国有经济的主导作用。国有经济主要控制关系国民经济命脉的重要行业和关键领域,包括涉及国家安全的行业、自然垄断的行业、提供重要公共产品和服务的行业以及支柱产业和高新技术产业中的重要骨干企业。

自那以后,经过十年的努力,调整国有经济布局和结构的任务已取得实质性进展。国有经济和国有资本逐步向关系国民经济命脉的重要行业和关键领域集中,向大企业集中,而从一般竞争性行业中逐步退出,开始改变国有企业量多面广和过于分散的状况。1998年,全国国有工商企业共有23.8万户,到2006年,国有企业户数减少至11.9万户,减少了一半。1997年,全国国有工商企业实现利润800亿元,到2007年,全国国有企业实现利润达1.62万亿元,增长了近20倍。其中中央企业实现利润9968.5亿元,上缴税金8303.2亿元。2007年,中央企业主营业务收入超过千亿元的有26家,利润超过百亿元的有19家。② 2007年,《财富》全球500强中中国有30家,其中内地企业22家(比2006年增加了3家),这些企业全部为国有控股企业。2007年,有16家中央企业进入世

---

① 截至2006年年底,全国国有工商企业共实施政策性关闭破产项目4251户,安置人员837万人,已完成政策性关闭破产80%的工作量。参见《经济参考报》2007年8月27日。

② 李荣融:《五年来国有企业改革发展取得重大进展》,《光明日报》2008年3月26日。

界 500 强。表 1 是 1998 年以来中国国有工商企业改革发展的情况。

表 1　1998—2007 年中国国有工商企业改革发展的若干经济指标

年份 指标	1998	1999	2000	2001	2002	2003	2004	2005	2006	2007
国有企业户数（万户）	23.8	21.7	19.1	17.4	15.9	14.6	13.6	12.6	11.9	
销售收入（亿元）	64685	69137	75082	76356	85326	100161	120722	140727	162000	180000
利润总额（亿元）	800*					4852	7364	9190	12000	16200
销售利润率（%）	0.3	1.7	3.8	3.7	4.4	3.0	6.1	6.8	7.4	9.0
上缴税金（亿元）						8140		10075	14000	15700
职工人数（万人）	6394	5998	5564	5017	4446	3067	3660	3209		
中央企业数（户）						196			157	150
中央企业利润总额（亿元）						3006	4877.2	6377	7681.5	9968.5
中央企业上缴税金（亿元）						3563	4655.2	5779.9	6822.5	8303.2

* 1997 年数据。

中国国有企业经过多年改革和制度创新，不但走出了困境，而且成为具有较高劳动生产率、较强盈利能力和竞争力的市场主体，国有经济也不断向能发挥自己优势的重要行业和关键领域集中，向大企业集中，并且站稳了脚跟，成为社会主义市场经济的一支骨干力量，主导着国民经济的发展。这说明党关于推进国有企业改革的方针是正确的。下面几组数字充分证明，国有企业的效益和竞争力已有明显提高。2005 年，全国国有及国有控股工业企业在全国工业企业中的比重，户数仅占 11%，但销售收入占 35%，实现利润占 45%，上缴税金占 57%。2007 年 1—11 月，全国规模以上工业企业中，国有及国有控股企业实现利润 9662 亿元，比 2006 年同期增长 29.6%，超过同期集体企业利润的增幅（25.2%）、接近股份制企业利润的增幅（35.1%）。① 2006 年中国企业 500 强排行榜名单中，国有及国有控股企业共 349 户，占 69.8%；实现年营业收入 14.9 万亿元，占 500 强企业收入的 85.2%。2006 年中国制造业企业 500 强中，国有及国有控股企业共 249 家，占 49.8%，实现营业收入 5.09 万亿元，占 66.7%。2006 年中国服务业企业 500 强中，国有及国有控股企业 307 家，占 61.4%，实现营业收入 6.59 万亿元，占 87.4%。② 与此同时，我们要冷静地看到，国有企业改革仍然面临一些改革攻坚任务，有待今后完成。

二 三十年国有企业改革的基本经验

中国国有企业改革三十年积累了极其丰富的经验，其中基本经验有以下八个方面。

（一）坚持社会主义市场经济改革方向，使国有企业成为与市场经济相适应的市场主体，实现微观经济基础再造

中国经济体制改革从一开始就是以市场为取向的，引入市场机制来搞活经济和搞活企业。改革初期的放权让利，使企业有一定的自主权，让企业参与市场竞争，从而打破了长期以来国有企业只是上级行政机关的附属物、没有独立的经济利益和没有生产经营自主权的窘况。1984 年党的十二届三中全会《中共中央关于经济体制改革的决定》，明确了社会主义经济是有计划的商品经济后，增强国有企业活力、国有企业改革被确定为经济体制改革的中心环节，国有企业进一步要求改革成为相对独立的商品生产者和经营者。1992 年党的十四大确立社会主义市场经济体制的改革目标后，国有企业的改革目标相应地最终确认要成为同市场经济相适应的、政企分开的独立的市场主体和法人实体，成为社会主义市场经济的重

---

① 《证券时报》2007 年 12 月 28 日。
② 中国企业联合会、中国企业家协会：《中国大企业发展的新趋势新特征》，《经济要参》2007 年第 72 期。

要微观基础。

为使国有企业改革成为自主经营、自负盈亏的市场主体和法人实体，就必须寻找能与市场经济相结合的国有制的实现形式。实践经验证明，股份制可以成为公有制包括国有制的有效实现形式，并且对国有大中型企业特别适用。因此，推进国有企业适应市场经济的改革，应着力于推进国有大中型企业的股份制改革，即现代公司制改革。同时，在公司制股份制框架下，逐步完善公司法人治理结构。国有大中型企业改革为现代公司，其中重要的企业实行国有控股（个别的还可国有独资），就成为与市场经济相适应的市场主体，同一般市场经济国家的现代公司接轨，不仅可以同非国有制市场主体如外资企业、私营企业展开平等竞争，而且可以走向国际市场，参与国际市场竞争。

（二）坚持循序渐进，从放权让利到明确以建立现代企业制度为方向，从明晰产权到国有出资人到位，注重制度建设和创新，步步深入

中国在社会主义条件下发展市场经济的改革既是一个伟大创举，又是一个全新课题，只能是"摸着石头过河"，循序渐进。事实证明，"渐进式"有利于恰当处理改革、发展与稳定的关系，避免社会出现大的震荡。国有企业改革也是这样。改革从放权让利开始包括实行"两权分离"，使企业和职工有一定的生产经营积极性，具有一定的活力。但是企业的经营机制尚未很好转换，出现了普遍的"内部人控制"和国有资产流失。改革必须尽快转向制度创新。1992年，党的十四大明确社会主义市场经济体制的改革目标后，1993年，中共十四届三中全会进一步明确国有企业改革的方向是建立现代企业制度，从此，国有企业改革进入制度创新的阶段。

现代企业制度的基本特征是：产权清晰、权责明确、政企分开、管理科学。现代企业制度的有效组织形式就是股权多元化的现代公司。所以，对国有大中型企业进行公司制股份制改革，成为国有企业改革的重点。

第一,要切实做到政企分开。政府对国家出资兴办和拥有股权的企业,通过出资人代表行使所有者职能,按出资额享有资产受益、重大决策和选择经营管理者等权利,对企业的债务承担有限责任,不干预企业日常经营活动。企业依法自主经营,照章纳税,对所有者的净资产承担保值增值责任,不得损害所有者权益。

第二,要对国有大中型企业实行规范的公司制改革,完善公司治理。公司法人治理结构是公司制的核心。要明确股东会、董事会、监事会和经理层的职责,形成各负其责、协调运转、有效制衡的公司法人治理结构。所有者对企业拥有最终控制权。董事会要维护出资人权益,对股东会负责。董事会对公司的发展目标和重大经营活动作出决策,聘任经营者,并对经营者的业绩进行考核和评价,发挥监事会对企业财务和董事、经营者行为的监督作用。

第三,要面向市场着力转换企业经营机制。要逐步形成企业优胜劣汰、经营者能上能下、人员能进能出、收入能增能减、技术不断创新、国有资产保值增值等机制。建立与现代企业制度相适应的收入分配制度。

第四,加强和改善企业管理,从严管理企业,实现管理创新。要加强企业发展战略研究,健全和完善各项规章制度,狠抓管理薄弱环节,广泛采用现代管理技术、方法和手段。

在对国有大中型企业公司制股份制改革中,要明晰产权,更要确保出资人到位。国家对拥有股权的股份公司,要派出股东代表,享有所有者权益,选择或参与选择经营管理者,但不代替公司董事会进行生产经营决策,也不干预公司日常经营活动,只当"老板",不当"婆婆"。

(三)坚持从整体上搞好国有经济,使国有经济在国民经济中发挥主导作用,而不企求把每一个国有企业都搞好

着眼于搞好整个国有经济,推进国有资产合理流动和重组,调整国有经济布局和结构,是推动国有企业改革的重大战略举措。改革前，在城市几乎是国有企业一统天下，光是工商企业就数以十万计。改革实践表明，在改革过程中企求把每一个国有企业都搞好是不可能的。必须重新确定国有经济在新经济体制中的定位。在社会主义市场经济条件下，国有经济在国民经济中要发挥主导作用，但这种主导作用主要体现在控制力上，而不是必须分布在国民经济所有领域。国有经济需要控制的行业和领域主要包括：涉及国家安全的行业，自然垄断的行业，提供重要公共产品和服务的行业，以及支柱产业和高新技术产业中的重要骨干企业。与此同时，其他行业和领域特别是一般竞争性行业，则可以逐步收缩。在相当长一段时期内，国有经济在有些竞争性领域还有优势，特别是投资大、建设周期长、回收慢、社会效益突出的领域，如一些支柱产业和高新技术产业领域，还有相当优势，国有经济不能轻易退出。只有在国内民间资本逐步发展壮大，利用外资大量增加后，国有经济的优势不明显时，才可以考虑将这些领域的国有资本逐步撤出到国有经济仍保持优势的领域，主要是提供公共产品和服务的领域。

从整体上搞好国有经济，必须坚持有所为有所不为的方针。不能把国有企业改革归结为"国退民进"，而是有进有退。国有资本越是向能发挥自己优势的重要行业和关键领域集中，而从没有优势或丧失优势的一般竞争性等领域退出，就越能增强国有经济的控制力，其在国民经济中的主导作用就越能很好地发挥出来。改革开放以来，国有企业的数量减少了一半多，但国有资本大量增加，最近五年增长达一倍左右，继续控制着国民经济命脉的重要行业和关键领域，国有经济的竞争力进一步增强，在国民经济中继续发挥着主导作用。

国有经济占 GDP 比重多少比较合适，不能一概而论，因经济发展的不同时期而异，前期高一些，后期可以低一些。在社会主义市场经济条件下，国有经济在国民经济中的比重主要由市场竞争决定，但又不宜完全由市场决定。为使社会主义市场经济健康发展，为使社会主义国家宏观经济调控更加有效，为保证经济发展成果由人民共享，走共同富裕的道路，中国国有经济的比重应比其他发达国家（一般5%左右）和发展中国家（一般占10%）高一些，看来即使经济比较发达了，也要占20%左右，以便保证国有经济继续在国民经济中发挥主导作用。

（四）坚持"抓大放中小"，着力搞好中央企业

国有大型企业是国有经济的骨干。在国有企业改革过程中，必须着力抓好大型企业的改革，搞好大型企业。而对主要分布在一般竞争性领域的大量国有中小企业，则要采取多种形式，包括改组、联合、兼并、租赁、承包经营和股份合作制、出售等，要放开搞活。

对国有企业组织结构进行调整与对国有经济布局的调整是密切结合的。国有大型企业主要分布在关系国民经济命脉的重要行业和关键领域，大部分是需要保留国有或国有控股的，因此应着力推进公司制股份制改革，不断提高市场竞争力。而数以十万计的国有中小企业则大量分布在一般竞争性领域，它们在市场化改革过程中，往往不能很好地适应市场竞争而陷入困境。据有关部门2000年初统计，全国国有小型工业企业超过5万户，职工人数1400万人左右，至1999年已连续6年亏损，年亏损额300亿元左右。在流通领域，国有物资企业连续7年亏损，商业企业连续5年亏损，粮食企业更是挂账多达几千亿元，外贸企业亏损面也大。[①] 所以，必须把大量国有中小企业放开搞活。1995年以后，一些地方在放开搞活国有中小企业方面采取了不少独特的形式，如广东顺德的"靓女先嫁"、山东诸城的股份合作制、河南漯河市的"一厂一策"等。但是由于各地认识不一致，国有中小企业退出问题多，困难大，直至2000年，国有中小工商企业仍有18.1万户，占全部国有企业总户数的94.8%，其中亏损企业9.4万户，亏损面为52%，

[①] 张卓元：《新世纪国企改革面临的七大问题及深化改革设想》，《经济学家》2001年第6期。

国有中小亏损企业占全部国有亏损工商企业户数的96.6%，亏损额1086.8亿元。当年，在全部国有企业中，资不抵债和"空壳企业"（即损失挂账大于所有者权益）合计为8.5万户，其中绝大部分也是中小企业。进入21世纪后，放开国有中小企业步子有所加快，但直至2006年，国有工商企业仍有11.9万户，其中中小企业仍达10万户多一点，有待进一步放开搞活。

在抓大方面，1997年中央提出国有大中型工业企业脱困任务。1997年，国有及国有控股大中型工业企业中亏损的为6599户，经过三年努力，到2000年底上述亏损户只剩下1800户，基本上实现了脱困目标，但付出的成本也不小。三年国有大中型工业企业脱困，用去银行呆坏账准备金1500亿元以上，技改贴息200亿元左右，还实施债权转股权，共580户，债转股总额4050亿元，并于2000年4月1日开始停息，当年即可减少企业利息支出195亿元。此外，银行剥离的1.3万亿元不良资产中，约有一半也是国有工商企业的不良贷款。国有企业整体摆脱了困境，增强了适应市场经济的能力和竞争力，从而为进入21世纪后国有大中型工业企业做强做大和快速发展打下了比较好的基础。

抓大最重要的是着力抓中央企业。在全国国有工商企业的国有资产总量中，中央企业占56.7%（2003年数据），占一半多一点。从整体看，中央企业的资产质量较高，盈利能力较强，2003年以来，中央企业的利润总额，一直占全国工商企业利润总额的60%以上。全国特大型工商企业全部是中央企业，他们的资产都在几千亿元上万亿元，截至2007年6月30日，中央企业控股境内上市公司201户，占全部境内上市公司比重为14%；股本总额3356.8亿股，占全部境内上市公司股本总额比重为20%；境内市价总值42324.4亿元，占境内全部上市公司市价总值的比重为25.7%。2006年，中央企业增加值为24637.7亿元，占当年全国GDP的比重为11.68%。可见中央企业在国民经济中的举足轻重地位。考虑到将来需要保留国有或国有控股的工商企业，最主要的就是100家左右的中央企业，国有经济在国民经济中发挥主导作用，并积极参与国际市场竞争，也是主要靠这些中央企业（和中央金融企业）。因此，深化中央企业改革，把中央企业进一步做强做大，显得特别重要。

（五）坚持推进垄断行业改革，引入竞争机制，同时加强政府监管和社会监督

国有企业改革推进到一定阶段，必须把垄断行业改革提上议事日程。垄断行业是国有企业最集中的领域，也是国有大型企业、中央企业集中的领域。垄断行业改革同中央企业改革是结合在一起的。

垄断行业主要指自然垄断行业。所谓自然垄断行业，是因为它们有自然垄断性业务。所谓自然垄断性业务，是指那些固定网络性操作业务，如电力、煤气和自来水供应行业中的线路、管道等输出网络业务，电信行业中的有线通信网络业务和铁路运输行业中的铁轨网络业务。电网、铁路等输送网络业务需要大量固定资产投资，其中相当大的部分是沉淀资本，如果由两家或两家以上企业进行重复投资，不仅会浪费资源，而且会使每家的网络系统不能得到充分利用。因此，与自由竞争能促进效率不同，网络性自然垄断业务由一家经营比多家厂商竞争更有效率，资源配置更为优化。随着科技进步和管理水平的提高，自然垄断行业并不是只从事自然垄断性业务，而是自然垄断性业务和非自然垄断性业务并存，而且后者所占比重逐步增加。如电力行业包括电力设备供应、电力生产（供电）、高压输电、低压配电和电力供应等业务，其中只有高压输电和低压配电属自然垄断性业务，其他都属于非自然垄断性业务。非自然垄断性业务是可以竞争的。所以，垄断行业改革主要是引入竞争机制以提高效率。不仅非自然垄断性业务可以引入竞争机制，由多家厂商经营，即使是自然垄断性业务，也可以通过如拍卖特许经营权等方式，使其具有一定的竞争性并提高效率。与此同时，要加强政府监管和社会监督，不仅要加强对安全、环保、普遍服务等监管,还要加强对成本和价格的监管包括实行价格听证等。社会监督也很重要,垄断行业业务牵涉公众的切身利益,人人关心,所以必须实行广泛的社会监督,维护老百姓的正当权益。

垄断行业改革已取得相当进展,但离目标要求还很远。当前特别要打破既得利益的阻挠和抵抗,主要是打破市场进入壁垒,以利于引入竞争机制,让新的厂商进来竞争。为此,必须有中央政府的强有力的推动和领导,必须有超脱垄断部门的机构来设计改革方案和监督执行。经验证明,由本部门来设计改革方案是不可取的,容易走偏方向。

(六)坚持建立中央政府和地方政府分别代表国家履行出资人职责,享有所有者权益,权利、义务和责任相统一,管资产和管人、管事相结合的国有资产管理体制,加快建立国有资本经营预算制度

中国有庞大的国有资产。随着国有经济的发展,国有资产(无论是总资产还是净资产)逐步增加,改革开放以来,一直在探索适应市场经济发展的国有资产管理、监督和营运机制。1998年,国务院成立了国家国有资产管理局。上海、深圳、珠海、武汉、青岛等地分别建立了国有资产监督管理机构,探索国有资产管理模式。在改革试点方面,1994年国务院决定对中国石化总公司等三个全国性行业总公司作为国家控股公司试点。1998年以来,国务院先后批准了石化、军工、电力等领域44家企业集团进行授权经营试点。1998年国务院对大型国有企业实行了稽查特派员制度,两年后过渡到向国有重点大型企业派出监事会。[1] 20世纪八九十年代,改革的深化暴露出国有资产管理存在两方面问题:一是"五龙治水",多头管理,有了成绩都抢着要算在自己名下,出了问题则互相推诿,谁都不负责任;二是"内部人控制"严重,常常造

---

[1] 全国人大财政经济委员会法案室:《国有资产管理体制改革与立法》,《中国发展观察》2007年第12期。

成国有资产流失。2002年,党的十六大在总结各地经验基础上,明确了国有资产管理体制改革的原则,也就是要建立由中央政府和地方政府分别代表国家履行出资人职责,享有所有者权益,权利、义务和责任相统一,管资产和管人、管事相结合的体制。此后,国有资产监管逐步纳入规范轨道,国有企业出资人逐步到位。表2说明1998年以来全国国有工商企业国有资产发展情况。

表2　　　　国有及国有控股的非金融类企业总资产和净资产

（单位：亿元）

年份	资产总额	净资产	中央企业总资产	中央企业净资产
1998	134780	50371		
1999	145288	53813		
2000	160068	51976		
2001	179245	61436		
2002	180219	66543		
2003	199971	70991	83280	36000
2004	215602	76763		
2005	242560	87387		
2006	290000	122000	122000	53900
2007			148000	

2002年以后国有资产管理体制改革加快并取得显著成效。首先是组建机构,继2003年国务院国资委成立后,到2004年6月,全国31个省（区、市）和新疆生产建设兵团国资委全部成立,目前地（市）级国有资产监管机构组建工作基本完成。这意味着三级政府国有资产监管机构逐步组建完成,"政资分开"和"三统一、三结合"的管理模式初步形成。与此同时,制定了《企业国有资产监督管理暂行条例》和与此相配套的规章。经历14年艰难起草的《国有资产法》也已于2007年12月列入全国人大常委会议程。其次,强化出资人监管,抓财务监督和风险控制,开展了国有

独资公司建立董事会试点工作,公开招聘中央企业高级经营管理者(头七批 103 人),核定中央企业主业以提高企业核心竞争力等。再次,推进国有大中型企业公司制股份制改革,完善公司法人治理结构。2003 年以来,中央企业在 A 股市场上市 29 家,H 股市场上市 16 家,红筹股市场上市 7 家。目前,中央企业作为实际控制方的上市公司共有 279 家。[①] 与此同时,规范国有企业改制和产权转让,国有产权交易普遍进入产权交易市场公开操作,避免了国有资产的大量流失。实践表明,党的十六大以来国有资产管理体制改革,有效地推进了国有企业改革的深化和国有经济的迅速发展与主导作用的发挥。

2003 年中共十六届三中全会提出建立国有资本经营预算制度的任务,2007 年党的十七大进一步提出要建立国有资本经营预算制度。这是深化国有资产管理体制改革的重大举措。1994 年以来,国有企业的利润是留归企业支配的,那时国有企业处境比较困难,利润不多。经过以后几年的发展,特别是进入 21 世纪以后,国有企业利润大幅度增加,2007 年达 1.62 万亿元,其中中央企业利润近万亿元。在这种情况下,利润全部留归企业已不合适,建立国有资本经营预算制度提上了议事日程。这样做,有利于把国有资本集中于能发挥国有经济优势的领域,有利于为加快推进国有企业的资产重组和兼并破产支付必要的改革成本,还可用一部分收上来的利润支付对老职工的欠账等。

(七)坚持为国有企业改革创造良好的外部环境,加快建立健全社会保障体系,推进债务重组,剥离企业办社会负担

推进国有企业改革,需要有比较良好的外部社会环境的配合。主要包括:建立比较充足的呆坏账准备金等,以利于扭亏无望的国有企业退出市场;建立健全社会保障体系,以利于富余员工下岗分

---

① 李荣融:《五年来国有企业改革发展取得重大进展》,《光明日报》2008 年 3 月 26 日。

流；剥离企业办社会负担，以利于企业轻装上阵参与市场竞争。

1998—2000年国有大中型工业企业脱困，主要采取资产重组，大量冲销呆坏账和债务重组等办法。这次国有大中型工业企业脱困，为21世纪新阶段国有大型企业的振兴和快速发展、越来越多的国有企业进入世界500强，打下了良好的基础。债务重组不限于国有大中型工业企业，还包括流通企业、金融企业等。经过债务重组，降低企业资产负债率，从90%左右降到60%左右的正常水平，是企业正常经营、参与市场竞争的重要条件。

建立健全社会保障体系，对于分流富余人员至关重要。1997—1999年，国有企业下岗职工达210万人，以后还有一批富余人员下岗，主要不是靠社会保障体系解决下岗职工生活出路，而是采取特别政策解决的。在国有企业政策性破产于2008年结束后，国有企业富余人员下岗分流后的生活出路，将靠失业保险来解决，采取的是与其他所有制企业同一的办法和标准。因此，建立和健全社会保障体系，对于形成正常的企业（包括国有企业）退出机制，形成企业职工能进能出机制，至关重要。党的十七大报告在谈到加快推进以改善民生为重点的社会建设时，专门讲了加快建立覆盖城乡居民的社会保障体系，保障人民基本生活，其中提到完善城乡居民最低生活保障制度，逐步提高保障水平，完善失业、工伤、生育保险制度，等等。因此，必须逐步健全社会保障体系。

剥离企业办社会负担，是使国有企业能够平等参与市场竞争的重要条件。过去，国有企业办社会负担普遍很重，不少钱要用于办学校、幼儿园、医院、体育娱乐、住宅设施等，背上沉重的包袱。在国有企业改革过程中，需要把应由政府承担的提供公共产品和服务的职能（如义务教育、基本医疗卫生服务、社会治安、廉租房等）移交给政府，有一些则可通过成立专门的服务企业转移出去。这方面工作经过十几年努力，已取得很大进展，今后还需进一步解决好剩下的一些问题。

（八）坚持把改革的成功经验及时地上升为理论和提升为法律，指导改革规范进行

中国国有企业改革，面对的是几十万个国有企业。改革没有现成的理论和模式可以仿效，也来不及制定好成套法律后才开始推进改革，只能"摸着石头过河"，在改革实践中积累经验，并将其中成功的经验及时地上升为理论和提升为法律，指导改革规范进行。完善社会主义市场经济的一项重要内容，就是要在中国特色社会主义理论体系指导下，使社会主义市场经济真正成为法治经济，即在法治轨道上运行的经济。

规范国有企业改革和国有企业经济活动的法律已颁布实施了不少。其中比较重要的有《公司法》《物权法》《反垄断法》《价格法》《企业国有资产监督管理暂行条例》等。这些法律对国企改革特别是对在国企改革过程中防止国有资产流失作了严格的规定。如规定所有国有企业产权交易必须由批准设立的产权交易所公开透明进行，有力地阻止了一度普遍存在的国有产权交易暗箱操作等腐败问题。对国有中小型企业可以实行管理层收购，但设立了五条"禁令"：对企业业绩下降负有责任的企业负责人不得购买股权；改制方案要由产权单位委托中介机构制定，严禁自买自卖；必须通过产权交易所进行交易，出让价通过市场竞价确定，经营者购买股权与其他受让者必须同股同价；经营者不得向包括本企业在内的国有及国有控股企业借款，不得以企业产权或实物资产进行抵押；除国家规定外，不得将有关费用从借款中事先抵扣，等等。

中国国有企业改革实践表明，经过总结实践经验形成法律规范改革实践后，权钱交易、国有资产流失等现象得到有效的遏制。随着改革的深化，规范改革的法律将更加健全、完善，如《国有资产法》又一次提上了人大常委会议事日程。

严格执法也很重要。有了好的法律，还要严格执法，如果不严格执法，再好的法律也不能很好地发挥作用。政府部门要依法行政，带头严格执法。现阶段中国社会主义市场经济还是政府主导型

市场经济,政府常常越位干预国有企业的生产经营活动,不能很好地做到政企职责分开。所以,政府部门带头严格执法是使社会主义市场经济真正成为法治经济的重要保证。

中国国有企业改革三十年历程中,也存在一些不足之处,值得我们认真思考。

第一,国有企业转制过程中出现国有资产流失问题。由于国有企业改制面很大,数量很多,且又仓促上阵,缺乏规范,或者改革措施有漏洞,给人以可乘之机,致使改制过程中,特别是初期,出现国有资产流失问题,有的案例触目惊心,引发公众的强烈不满。突出的是,国有企业负责人与政府官员勾结,暗箱操作,在企业转制时,把国有资产大大低于其内在价值或市场价格卖掉,甚至送掉。与此同时,严重损害广大企业职工合法权益,使大量职工失业,生活没有保障。在探索"两权分离"实行承包制过程中,比较普遍地出现国有资产流失现象。

第二,政企不分问题至今未能很好解决,同时有的国有企业还存在"内部人控制"现象。政企分开是现代企业制度的基本特征之一,是国有企业改革成为自主经营、自负盈亏的市场主体和法人实体的重要条件。改革以来,政企分开、政资分开已有很大进展,但政企分开问题尚未完全解决。表现形式有:审批项目,如地方政府越权,化整为零地违反环保、用地等规定促成项目上马;行政垄断,限制竞争,甚至封锁市场,把高品位矿产原料只卖给本地企业,或者强迫使用或消费本地生产产品;信贷干预,迫使当地银行等金融机构为本地政府支持的企业和为形象工程、政绩工程提供贷款或信贷优惠;价格管制,对生产要素和重要资源产品进行价格干预,压低价格,使市场信号严重扭曲;对一些环保等不达标企业挂牌保护,不让检查执法人员履行公务;干预国有企业的日常生产经营活动;等等。这些不仅使国有企业难以成为真正独立的市场主体,也限制和损害了市场配置资源功能的发挥。另一方面,有的国有企业,包括有的授权资本经营的集团公司,则仍然存在"内部人控制"现象,出资人到位问题尚未很好解决。

第三,垄断行业改革抓得不够紧,出现既得利益固化倾向。国有企业改革在20世纪80年代和90年代着力抓中小企业改革,大企业特别是垄断行业大企业改革因关系重大,没有抓紧有效推进,以致出现垄断行业既得利益固化倾向,为保住既得利益,既得利益群体往往设置一些壁垒,阻挠竞争,特别是阻挠新的厂商进入参与竞争。这也是垄断行业改革不够快的一个重要原因,并影响资源配置的优化和效率的提高。

第四,部分国有企业退休职工和下岗分流职工生活困难。在国企改革过程中,一部分比较早退休的职工有些是被动员提早退休的,收入水平长期偏低,有的生活还相当困难,特别是和同期退休的机关干部相比,收入差距比较大,许多退休老职工为此频频上访,要求增加退休金。另一部分是下岗分流职工,他们下岗后,收入普遍较低,并且同在岗职工收入的差距越来越大,有的全家下岗,成为零就业家庭,引发生活困难。这两部分职工,曾为国企改革作出了贡献,但他们的实际问题没有随着改革的深化、国有企业效益的提高和国家财力的不断增强及时得到解决,没有使他们共享改革发展的成果,并由此引发不少社会问题,影响社会的和谐与安宁。近几年,党和政府比较重视这个重大的民生问题,采取了比较有力的措施解决这一问题,正在取得成效。

今后,在深化国有企业改革过程中,我们要坚持基本经验,努力克服过去工作中不足之处,不断完善新体制。根据规划,我们要在2020年建成完善的、成熟和定型的社会主义市场经济体制,深化国有企业改革是实现上述宏伟目标的重要方面和关键领域。我们要坚持社会主义市场经济的改革方向,坚持实践证明的成功经验和做法,不断努力,打好攻坚战,完满地实现国有企业改革的既定目标。

三 国有企业改革深化和攻坚展望

中国国有企业经历三十年市场化改革，已取得实质性进展，总体上已成为适应社会主义市场经济发展、继续控制着国民经济命脉和在国民经济中发挥主导作用的强势市场主体。国有企业改革的深化，有力地促进了国有经济的发展、国有总资产和净资产增加、国有经济控制力的增强。与此同时，我们也要冷静地看到，国有经济的发展仍然存在一些改革攻坚任务有待继续完成。这些改革攻坚任务都属于深层次的、难度较大的改革，需要统筹规划，奋力推进。按照改革开放总设计师邓小平的设想，大体到 2020 年，我们才会在各方面形成一套更加成熟、更加定型的制度。在这个制度下的方针、政策，也将更加定型化。党的十六大报告也提出到 2020 年要建成完善的社会主义市场经济体制和更具活力、更加开放的经济体系。深化国企改革，是完善社会主义市场经济体制的最重要环节。现在离 2020 年只有 12 年的时间了，国有企业改革还面临不少任务，深化国有企业改革要有紧迫感。要抓住当前国有经济发展较快、实力较强的有利时机，深化国企改革，完成攻坚任务，为 2020 年建成完善的社会主义市场经济体制作出应有的贡献！

（一）继续推进国有大中型企业公司制股份制改革，中央企业改革要加快

国有大中型企业实行公司制股份制改革的户数已过半，占 70% 左右，但仍有相当一部分企业尚未实行公司制股份制改革。特别是中央企业，目前 150 家中央企业中，只有 10 家左右实现了股权多元化，其余都是国有独资，中央企业下属子公司的股份制改制由 2002 年只占 30.4% 提高到 2006 年的 64.2%，按照 2006 年数字，还有 1/3 左右没有实现投资主体多元化。目前，中央企业中有宝钢集团、神华集团等 19 家企业按照《公司法》开展了董事会试点，成立了国有独资公司，聘请了 60 多位独立董事。即使这样，还要进一步引入战略投资者，推进股份制改革，实现股权多元化。可见，中央企业公司制股份制改革任务还很重，要加快速度推进改革。

在推进中央企业公司制股份制改革时，可以借鉴国有大商业银行整体上市的成功做法。过去，中央企业不少采取把优质资产单独拿出来上市的做法，曾经出现了一些弊端，有的母公司把自己控股的上市公司当作取款机，不断从上市公司提款解决自身困难，严重损害了广大股东的利益，社会影响很不好。整体上市可以从根本上避免上述弊端。国有大商业银行原来不良资产率很高，它们都能在国家支持下，采取种种办法创造条件上市，大多数中央企业应该说也是完全有条件做到的。

国有大中型企业进行公司制股份制改革，能有效地提高企业效益和竞争力。许多研究国有企业和股份公司业绩的报告均表明，国有企业引进新投资主体后，业绩一般能够得到不同程度提高，而股份公司一般比国有独资公司业绩要好一些（见表3）。

表3　国有独资公司与其他所有制企业财务绩效比较（2004年）

（单位:%）

所有制形式	总资产周转率	总资产报酬率	销售利润率
国有独资公司	0.54	3.32	6.12
其他有限责任公司	0.81	5.37	6.67
股份有限公司	0.85	8.04	9.38

资料来源：首都经济贸易大学课题组：《国有独资及国有控股公司董事会与监事会关系研究报告》（2007年12月6日）。

所以，加快推进国有大中型企业公司制股份制改革，不仅有利于制度创新，而且有利于提高企业和公司绩效。

对于已经进行公司制改革的国有大中型企业，在转向公司制以后，如何完善公司治理，仍有很多问题需要逐步解决。

一是如何处理好"新三会"和"老三会"的关系，有待继续探索和解决。公司法人治理结构是公司制的核心。1999年中共十五届四中全会决定明确提出，要明确股东会、董事会、监事会和经理层的职责，形成各负其责、协调运转、有效制衡的公司法人治理结构。在实际经济生活中，往往出现如何处理好"新三会"（股东会、董事会、监事会）和"老三会"（党委会、工会和职工代表大会）的关系，突出的是董事会与党委会的关系问题。四中全会决定曾提出"双向进入"的原则，即在国有独资和国有控股公司中，党委负责人可以通过法定程序进入董事会；另外，董事会中的党员负责人，也可依照党章和有关规定进入党委会。党委书记和董事长可由一人担任，董事长、总经理原则上分设。充分发挥董事会对重大问题统一决策、监事会有效监督的作用。但在实际上，仍有一些问题还要解决。如对公司重大经营战略，董事会要决策，党委会也要决策，需要很好协调。有的公司，还是党委书记、董事长、总经理一人兼任，成为真正的"一把手"，与公司治理要求有效制衡原则相悖。这些问题，有待积累更丰富的经验，逐步解决。看来，今后需要更加强调董事会对公司重大问题统一决策，更加强调决策、执行和监督分开，以利于做到相互制约、有效制衡。

二是完善现代企业制度选人用人新机制问题。国有企业要适应建立现代企业制度的要求，在激烈的市场竞争中生存发展，必须建设高素质的经营管理者队伍，培育一大批优秀企业家。国内外经验表明，市场化选聘是最有效的办法。但这方面工作做得还不够，还需要加快推进。比如国务院国资委2003年成立以来，已多次公开在境内外招聘中央企业经营管理人才。截至2007年，先后分七批进行了公开招聘高级经营管理者的试点工作，共有100家（次）中央企业的103个高级管理职位面向全社会公开招聘，为中央企业引进了一批优秀的管理人才。但总体来看，目前中央企业通过市场化方式选用的各级经营管理人才只占30%，比重太低，亟须加快推进这方面工作，以适应市场竞争和"走出去"充分利用两个市场两种资源发展自己的需要。

三是完善中央特大型企业高管人员选聘任命制度。根据四中全会决定提出"中央和地方党委对关系国家安全和国民经济命脉的重要骨干企业领导班子要加强管理"的精神，50多家中央特大型企业领导班子由中组部任命。2002年党的十六大报告提出建立管资产和管人、管事相结合的国有资产管理体制后，改为正职（党委书记、董事长、总经理）由中组部任命，其余高管人员由国务院国资委任命。这几年，有关部门曾提议由中组部派一位负责人担任国资委党委书记，使这些特大型企业正职也由国资委任命，贯彻党的十六大提出的管资产和管人、管事相结合的原则，但至今仍未具体落实。有些省市已实行省（市）委组织部长兼任国资委主任，使管资产和管人、管事相结合得到落实。这也是今后深化国企改革中需要解决的问题。

中央企业是国有企业的主干。中央企业的公司制股份制改革比较顺利地完成了，就标志着国有大中型公司制股份制改革目标的实现，国有企业改革的核心任务也就宣告完成。

（二）基本完成调整国有经济布局和结构的任务，中央企业保留几十家至百家，各省、市、自治区保留二三十家大型骨干企业

当前国有企业数量仍然太多，达10万个左右，主要是地方中小企业太多，它们仍然大量活动在一般竞争性领域，很难发挥国有企业的优势，需要继续进行资产重组等推进国有经济布局和结构的战略性调整。中央企业资产重组任务也未完成。2003年国务院国资委成立以来，到2007年，已有95家中央企业进行了47次重组，企业数已从196%家减少到150家。[①] 一批科研院所进入产业集团，实现了产研结合，有利于提高企业的技术创新能力。一些优势企业强强联合，提高了综合竞争力。一些"窗口"公司并入大型骨干企业，有利于企业"走出去"和参与国际市场竞争。一些困难企

[①] 李荣融：《五年来国有企业改革发展取得重大进展》，《光明日报》2008年3月26日。

业通过重组实现脱困，等等。

国有企业在投资大、建设周期长、规模效益显著、社会效益突出的领域有优势。因此，今后调整国有经济的布局和结构，就要进一步推动国有资本向关系国家安全和国民经济命脉的重要行业和关键领域集中，向大企业集中，加快形成一批拥有自主知识产权和国际知名品牌、国际竞争力较强的优势企业，而从一般竞争性行业逐步退出；把大多数国有中小企业放开搞活；到 2008 年，长期积累的一批资不抵债、扭亏无望的国有企业政策性关闭破产任务基本完成；到 2010 年，国务院国资委履行出资人职责的企业调整和重组至 80—100 户。

有人认为，国有中央企业将来要减少至 100 家，太少了，甚至认为会影响公有制的主体地位。这是不必要的担忧。2006 年，中央企业虽然只有 157 户，但拥有下属企业共达 16373 户，销售收入达 82939.7 亿元，利润总额 7681.5 亿元，上缴税金 6822.5 亿元，增加值 24637.7 亿元，占全国 GDP 的近 12%。特别是，中央企业控制着关系国民经济命脉的重要行业和关键领域，在国民经济中起着举足轻重的作用。这里说的一是指中央企业，不包括地方企业；二是指工商企业，没有包括金融企业。如果加上国有地方企业和国有金融企业，国有经济在全国 GDP 的比重将占 30% 左右，国有经济继续发挥着主导作用。如果再加上其他公有制经济，加上国有自然资源资产、非经营性资产等，公有资产在社会总资产中占优势是没有问题的，公有制的主体地位并没有因为深化国企改革而受到影响。

地方国有企业仍然太多。地方国有企业究竟有多少，目前没有很准确的统计。笼统说还有 10 万户左右，可是每个省、市、自治区发布国企改革信息时，一般都说只有几十户几百户，很少还有上千户的，但是全国总数又说还有十万户。有可能是把一些国有企业的子公司孙子公司只要是法人的也算一户，从而把数字算多了。总地看，将来每个省、市、自治区，经过布局调整，需要保留国有独资或国有控股的，也许就是二三十家大型骨干企业（下面可以有若干子公司、孙子公司），这样加上中央企业，全国保留国有独资或国有控股的大型企业，不会超过千家。但由于他们都是大型骨干企业，且都是分布在关系国民经济命脉的重要行业和关键领域，在国民经济中起着举足轻重的作用，因此仍将有力地主导国民经济的发展。

地方国有经济布局和结构的调整，由于过去已有较好基础，估计这一任务不难完成。关键是要选准有优势的领域，以利于提高本地区国有企业的市场竞争力。同时，一定要处理好众多中小企业退出市场后职工的妥善安置问题，不要造成许多后遗症。

（三）加快推进垄断行业改革，积极引入竞争机制

垄断行业是中国国有经济最集中和控制力最强的领域。垄断行业中的主要大型骨干企业，几乎都是国有企业，都是中央企业。随着改革的深化，垄断行业改革已成为今后国有企业改革的重点。

深化垄断行业改革，重点是实行政企分开、政资分开，引入竞争机制，包括引入战略投资者或新的厂商（市场主体），同时加强政府监管和社会监督，以提高资源配置效率，并有效保护消费者利益。

进入21世纪以后，垄断行业改革逐步开展，但发展不平衡，总的来说攻坚任务尚未完成。今后，需要根据各个垄断行业改革进程，分类推进或深化改革。一类是已经实行政企分开、政资分开和进行初步分拆、引入竞争机制的电力、电信、民航、石油等行业，要完善改革措施，深化改革。一是放开市场准入，引进新的厂商参与市场竞争。特别是非自然垄断性业务，应开放市场，允许国内民间资本和外资进入竞争，以提高效率。如电力部门应实行厂网分开、发电厂竞价上网，电信运营商开展竞争，允许民营资本投资经营航空公司（目前已有7家民营航空公司领取运营牌照），放开成品油市场等。即使是自然垄断性业务，有的也可以通过特许经营权公开拍卖（如自来水生产和供应、污水处理等），使其具有一定的

竞争性并增进效率。2006年，酝酿了8年之久的邮政改革开始启动，已初步实现政企分开和政资分开，这项改革仍需不断完善。二是尚未进行实质性体制改革的铁道、某些城市的公用事业等，则要积极推进政企分开、政资分开、政事分开改革。铁路投融资体制改革已开始进行，铁路建设、运输、运输设备制造和多元经营等领域已向国内非公有资本开放。但整个铁路部门的政企、政资分开尚待进行。党的十七大报告在谈到加快行政管理体制改革时，提出要探索实行职能有机统一的大部门制。如果铁道部政企、政资不分开，统一的交通运输部就很难建立起来。此外烟草、食盐等属于行政垄断部门的改革，也应逐步提上议事日程。根据国外的经验，这两个部门同样不一定非要实行行政垄断不可，也是可以实行政企分开、政资分开的，有些领域比如生产领域是可以引入竞争机制的。

垄断行业引入竞争机制必须同加强政府监管和社会监督相结合，既要加强对安全、环保、普遍服务等监管，也要加强对价格的监管，包括实行价格听证制度等，以维护公众的正当权益。

目前，公众对不少垄断行业职工收入畸高、为维护自身既得利益构筑较高的进入壁垒、收费高服务差效率低等问题意见颇大，说明垄断行业改革是一场真正的攻坚战。既然是攻坚战，就必须有自上而下的有力推动，有中央的强有力的领导。要科学、合理制定改革规划，然后分步实施。垄断行业引入市场竞争机制，国外已有许多成功经验，其案例涉及各个垄断行业。国内也有自然垄断行业民营化的成功案例。[①] 只要我们很好借鉴国内外成功做法，坚定而又扎实地推进改革，既大胆引入市场竞争机制，又加强政府监管和社会监督，就一定能取得这一改革的胜利。

（四）完善国有资产管理体制和国有资本经营预算制度

完善国有资产管理体制是国有企业建立健全现代产权制度的根

[①] 王俊豪、周小梅：《中国自然垄断产业民营化改革与政府管制政策》，经济管理出版社2004年版；仇保兴、王俊豪：《中国市政公用事业监管体制研究》，中国社会科学出版社2006年版。

本所在，必须高度重视，努力做好这方面的工作。现在看来，今后应着力做好以下几个方面工作。

第一，2002年党的十六大明确国有资产管理体制改革原则和方针后，至今已近6年，但对国有金融资产、自然资源资产、非经营性资产等，还没有明确和建立代表国家履行出资人职责的机构，还是"五龙治水"，"内部人控制"问题严重。2003年成立国务院国资委时，只明确了对工商企业国有资产进行监管，对其他国有资产则先放一放，但一放就是五六年过去了。2007年，党的十七大报告提出"完善各类国有资产管理体制和制度"的任务，因此建立和完善除工商企业国有资产以外的国有资产的管理体制和制度，必须尽快提上议事日程，否则一放又是几年过去了。要看到，不尽快建立监管制度，极易造成国有资产流失。山西一些煤老板，日赚几十万元上百万元，主要是开采属于国家的煤矿不花钱或花很少的钱，使国有资产流入他们的口袋。

第二，还有相当数量的非金融类经营性资产政企不分、政资不分现象亟待改变。到2008年，中央政府层面上还有80多个部门对其下属的300多家企业进行直接管理，没有纳入集中统一的国有资产监管体系，政企不分、政资不分现象突出。还有，一些政府部门仍在继续对国资委所监管企业行使部分出资人权利，军工、电信、电力等行业部门甚至要求重新履行出资人职能。还授权其他政府部门履行国有资产出资人职责，如授权财政部对中国出版集团、中国烟草总公司、中国邮政集团公司等企业履行出资人职责。一些应该由企业自主决策的事项仍然需要政府部门审批。① 这种情况，应制定规划尽快改变，不能总是久拖不决。

第三，明确各级国资委职责。国务院国资委成立初期，承接了原来国家经贸委的工作，承担了不少不属于出资人的职能，如行业协会管理指导、呆坏账准备金分配、离退休干部管理保障、维护企

---

① 卫黄勇：《关注国有资产监管体制》，《中国发展观察》2007年第12期。

业稳定和企业职工合法权益、国企改革遗留问题处理等,这些工作,花去国资委不少精力,今后需逐步减少和退出,专心致力于履行出资人职责。同时,党的十六大明确的国有资产监管机构的权力尚未完全落实,如在管资产和管人、管事相结合方面,至今国务院国资委对特大型企业的主要负责人(正职)还没有任命的权力。特别是,国资委作为出资人代表,如何只当"老板",不当"婆婆",包括不代替公司董事会进行经营决策,切实尊重企业法人财产权等,要认真研究和落实。还有,国资委的监管职能也有待明确,即监管是基于直接的出资人职能,还是基于间接的国家统一所有者职能(如国务院国资委对地方国资委进行监督指导),还是基于国家行政职能。现在看来,根据党的十六大精神,国资委监管职能仍应基于直接的出资人职能比较恰当。最后,地方国资委需完善的工作更多,出资人职责没有到位的现象还比较普遍。所有这些,都需要抓紧研究解决,使国有资产监管体制逐步完善。

第四,加快建立国有资本经营预算制度。这是党的十七大提出的任务。1994年起,国有企业利润留给企业,当时国有企业处境比较困难,1997年国有企业利润总额才800亿元,半数国有企业亏损。所以,当时规定企业利润不上缴是合适的。此后,特别是进入21世纪以后,国有企业利润大幅增加。2006年突破1万亿元,2007年达1.62万亿元,其中中央企业利润近万亿元。在这种情况下,继续维持利润全部留归企业显然已不合适。必须开始建立国有资本经营预算制度,国有企业利润要上缴一部分归财政部门或国资委。2007年12月,财政部和国务院国资委发文规定,中央企业分三类分别向财政部上缴利润率10%、5%和三年暂不上缴。地方国有企业有的已实行利润上缴制度。但这一制度必须完善。在上缴比例方面,应逐步采取规范的如同上市公司国有股权分红的办法。在支出方面,应明确用于加强优势领域、支付部分国企破产兼并的改革成本、充实社会保障基金和支付对老职工的欠账等。国有资本经营预算制度牵涉大量国有资本的效益如何分配使用,它同社会公共财政预算、社会保障基金预算等,构成财政预算的庞大体系,需认真做好,不断完善。

(五) 形成规范国企改革的法律体系

中国国有企业改革没有现成模式可以搬用,只能"摸着石头过河",在改革实践中学习改革,推广好的做法和经验,摒弃错误的、不成功的做法和经验。同时,要及时地把成功的做法和经验上升为法律,规范改革有序进行,避免不必要的损失和少走弯路。

经过三十年改革,中国已制定和实施了同国有企业改革有关的一系列法律,包括《公司法》《价格法》《反垄断法》《物权法》《企业国有资产监督管理暂行条例》《全民所有制工业企业法》《全民所有制工业企业转换经营机制条例》《国有资产评估管理办法》《国有企业财产监督管理条例》《国有企业监事会条例》《企业国有资产产权登记管理办法》等,相关法律法规和规范性文件达200多件。目前最重要的是要制定《国有资产法》,该法2007年12月已开始由全国人大常委会讨论,但要出台还得一段时日。如何制定好《国有资产法》,各方面还有不同看法。

首先,关于《国有资产法》的对象,是只包括国有工商企业的国有资产,还是包括全部国有资产,即除国有工商企业国有资产外,还包括国有金融资产、自然资源资产、非经营性资产等。我们认为,最好是包括全部国有资产。如果只包括国有工商企业国有资产,就太狭窄了,而且目前已有《企业国有资产监督管理暂行条例》,这个条例现在看来还是很有效的,暂时不必急于通过新制定《国有资产法》来完善。特别是,当前最紧迫的是国有金融资产、自然资源资产、非经营性资产等如何监管,某种意义上属于空白状态,或者还是"五龙治水",没有一个专门机构对这些国有资产负责。这也是完善国有资产监管体制的最重要的基础性任务,希望全国人大常委会能关注这一点。

其次,关于国有资产监管机构的定位。国资委作为代表政府履行出资人职责的机构,其职能和责任需在立法中进一步明确。比如，对于经营性资产，除金融类资产外，是否可以统一归国资委监管，以彻底改变"五龙治水"状态。为此，至今仍未归国资委监管的铁路、农垦、烟草、教育、文化、科技等系统的经营性国有资产，应明确归国资委监管，由国资委统一承担国有资产保值增值的责任，并理顺国资委同这些领域企业主管部门的关系。与此同时，需明确出资人监管与其他监管的关系，理顺国有资产监管与行政监管、行业监管、特殊产品监管的关系，以便进一步明确各级国资委职责。

最后，国资委作为直接履行国有资产出资人职责的机构，还要在立法中明确同本级政府的关系，同出资企业的关系。直到现在，有的省市级政府，仍未将本级政府所属国有工商企业资产委托国资委监管，仍由政府直接行使出资人职责，有的国资委只监管一个企业的国有资产。国资委同企业的关系特别重要，如何做到只当"老板"不当"婆婆"并不容易。企业上市后，国资委能否直接持股，国资委如何选派股东代表和董事会成员包括独立董事，这些专门人才如何从社会上通过市场化方式选聘等，都需要在立法中明确。

（六）加强领导，搞好规划，提高改革决策的科学性和增强改革措施的协调性

在今后国有企业改革的攻坚过程中，由于会受到既得利益群体的阻挠和反抗，因此必须加强对改革的领导，需要党和政府的强有力的推进。改革发展到今天，光靠自下而上勇敢地闯、勇敢地干已经不够了。不能小看长期渐进式改革形成的既得利益群体积累的力量和话语权，要他们放弃既得利益是很不容易的。还在20世纪90年代初，当工业生产资料双轨价差已大大缩小到50%以下、取消双轨价实行市场单轨价的条件已经成熟时，有的主管部门为维护自己拥有的定价权坚持反对双轨价并轨，多次协调也协调不下来，最终还是靠国务院统一下达哪些产品价格政府要管，其他产品价格一律放开，才解决了当时认为的难题，把原来主管部门反对并轨的生

产资料价格一举放开由市场调节。这就说明有些改革必须靠自上而下的强有力推动才能奏效。

深化国企改革要搞好规划，有步骤地向前推进。要搞好规划，就要有一个锐意改革而又客观公正的机构或群体从事这项工作。这方面过去有成功的经验。1987年，当时国家体改委曾委托8个单位，包括中国社会科学院、中央党校、国务院发展研究中心、北京大学等，制定中期（1988—1995年）改革规划。由于这些单位都是利益超脱者，所以提出了许多可行的方案，如改革发展都要稳中求进、国企改革要大力推行股价制、推进市场化价格改革促进经济运行机制转轨、加强国家体改委对改革的领导和综合协调等。今后，制订规划必须坚持社会主义市场经济改革方向，不能让本部门设计自己的改革方案，否则改革必然走样，只顾追逐本部门利益，或使部门利益固化，而同市场化改革方向相左。

深化国企改革，还要提高改革决策的科学性，增强改革措施的协调性。2003年国务院机构改革，原国家体改办并入原国家发展计划委员会，成立国家发展和改革委员会，使经济改革和经济发展紧密联系起来。经过几年的运行，有些专家反映，取消体改办，少了一个利益超脱、专司研究和推动改革的部门，对于防止部门利益固化、推进垄断部门改革，也有一些不利的影响。党的十七大报告提出，"要把改革创新精神贯彻到治国理政各个环节，毫不动摇地坚持改革方向，提高改革决策的科学性，增强改革措施的协调性"。这是很有针对性的，在深化国有企业改革中也应坚决贯彻。

现在离2020年建成完善的社会主义市场经济体制的时间还有12年，时不我待。我们要抓紧工作，全面深化国有企业改革，到2020年完成制度创新任务，较好地实现国有制与市场经济的有机结合。

（原载《经济与管理研究》2008年第10期）

垄断行业改革任重道远

一 深化垄断行业改革是深化经济改革和国企改革的攻坚战

深化垄断行业改革是当前中国突出的热点经济问题，也是老百姓普遍关心的话题。但最近七八年这一改革进展缓慢，亟须加快这方面改革。

中国推进垄断行业改革，是从20世纪90年代中后期开始的，1998—2002年形成过一个小高潮。那时，民航、电信、电力等试行分拆改组等改革。2002年，党的十六大在讲到深化国企改革时，提出"推进垄断行业改革，积极引入竞争机制。"2003年，中共十六届三中全会关于完善社会主义市场经济体制若干问题的决定进一步对垄断行业改革专门写了一条（第9条），说："加快推进和完善垄断行业改革。对垄断行业要放宽市场准入，引入竞争机制。有条件的企业要积极推行投资主体多元化。继续推进和完善电信、电力、民航等行业的改革改组。加快推进铁道、邮政和城市公用事业等改革，实行政企分开、政资分开、政事分开。对自然垄断业务要进行有效监管。"

对照中央八九年前提出的加快推进垄断行业改革的任务，我国垄断行业改革在这之后不是加快，而是放慢，进展迟缓。由于没有很好地引入竞争机制，致使垄断行业价高利大、职工特别是高管人员收入和福利畸高、浪费严重，各方面意见很大。

为什么垄断行业改革2003年以后进展缓慢？我认为原因之一是缺乏自上而下的有力推进。改革牵涉利益调整，要触动垄断部门利益，必然会受到既得利益群体的阻挠和反抗。因此，必须自上而下地有力推动，冲破既得利益群体的阻力才行。但是，2003年以来，由于各方面全力专注于经济增长，各种改革攻坚包括垄断行业改革难以排上议事日程，除了邮政部门实行政企分开外，就都放下来了，而且一放就是八九年。

我还认为，垄断行业改革缓慢的原因，还在于2003年机构改革把体改办并到国家发改委后，对垄断行业改革推动不力。我参加了那次机构改革方案的起草小组，当时主张把体改办与原国家计委合并组建国家发改委的一个重要根据是，那几年由国家计委提出的民航、电信等垄断行业分拆改组的改革方案，由于能把改革和发展较好地结合起来，在发展中推进改革，比较现实可行，因而在实践中被采纳并初见成效。与此不同，那时体改办提出的改革方案却未被采纳。这在当时是有说服力的，也把当时参加机构改革方案起草的成员说服了。结果是，专司改革的体改办被与国家计委合并，组建国家发改委，由国家发改委作为推进改革的职能部门。

但是从2003年到现在八年的实践看，那次机构改革后并没有做到更好地推进改革包括垄断行业改革，改革反而进展缓慢。重要原因是2003年后，由于专注于经济增长，经济增速从2003年到2010年，除2008年、2009年因国际金融危机为9.6%和9.2%外，其他年份都高达两位数，最高的2007年为14.2%。经济的两位数增长，带来煤电油运等很紧张，国家发改委几乎是全力以赴地处理经济高速增长中碰到的各种紧迫问题，无力顾及改革。正如前两年国家发改委一位原副主任讲的，那几年，国家发改委党组，一年专门开会研究改革问题的，顶多只有一两次，绝大部分时间和精力，都致力于解决发展问题了。这样，原来以为把体改办并入国家发改委有助于推进垄断行业等改革的如意算盘落空了。这几年不断有人主张要恢复体改委或体改办，作为专司改革的部门，以便更好地推进改革，但是这个意见看来一时也难以被采纳。

二 垄断行业在近两三年发展加快，但改革滞后

国际金融危机以来，中国国有经济迎来发展机遇，4万亿元投资刺激计划和各地大举跟进投资，强化了国有经济包括垄断行业。突出的一个例子是铁路的大规模投资。铁路运输业投资2008年为4073亿元，而2009年达6823亿元，比上年增长67.5%；2010年为7495亿元，比上年又增长9.8%。铁道部还计划"十二五"期间投资3万亿元。其他垄断行业也有类似情况。我有时想，这次国际金融危机并未像有些人预计的那样会造成全世界经济的长期的大衰退。我们应对这次国际金融危机，是不是有点反应过度？

这次国际金融危机，对世界经济伤害不小，特别是对发达国家伤害较大，失业率居高不下，美国曾达10%，现在还是9%左右；欧盟失业率也在两位数左右；西班牙达20%多，欧洲主权债务危机还在发展。但是总的并不像一些人预计的那样特别严重，经济衰退不那么突出。《中国统计摘要（2011）》表明，从全世界来看，2008年世界经济增长2.8%，只是2009年收缩0.6个百分点，欧元区和美国也是2009年一年负增长，到2010年就强劲反弹，全球经济增速达4.8%，IMF预计今年近4%。我们要抓住发达国家陷入危机的机遇发展自己是对的，但似乎没有必要下猛药，付出过大代价应对危机。大量的贷款和投资，强化了中国的粗放增长，恶化了经济结构，形成了通货膨胀的压力，加快了垄断部门的发展而改革没有很好地跟上去。如铁路部门至今还是政企不分、政资不分，2003年中央就提出要加快铁道行业改革，但至今八年过去了，仍未迈步。2011年4月，全国改革会议又一次提出要推进垄断行业改革，还专门提了盐业和铁路部门，说明铁路等垄断行业改革的紧迫性。所以，我觉得除了金融机构要防止出现大到不能倒的同时，垄断部门则要注意不要走到大到不能改革的地步，或者用发展来代

替改革。

三 推进垄断行业改革,最重要的是引入竞争机制

随着科技进步,以输送网络系统的存在为基础的自然垄断性业务正在逐步缩小,原来被视为垄断行业的大量业务逐步变为完全可以引入市场竞争的非自然垄断性业务,这就为垄断行业引入新的厂商和开展竞争创造了条件。一些国家的经验还表明,即使是自然垄断性业务,还可在一定程度上引入竞争。最明显的例子是国际长途电话公司可以租海底电缆开展长话业务,如智利和美国那样。实践证明,一旦引入竞争机制,资源就能优化配置,价格可以降低,服务质量可以提高,消费者得到实惠。还有,对自然垄断形成的高收入,要通过国家收取特许经营权费、资源税等来调节其过高收入。

中国还存在一些资源垄断性行业,这也需引入竞争机制,提高效率。据我所知,国有中央企业中国铝业原来生产经营的氧化铝、电解铝的市场占有率为百分之百,年利润曾达上百亿元。但是,这一行业在民营或股份制企业逐步进入后,市场竞争机制起了作用,民营等企业逐渐提高了市场占有率。目前,中国铝业生产经营的氧化铝、电解铝只占30%的市场份额,而且受到强大的竞争压力,不得不大力提高技术水平,改善经营管理,原来靠吃垄断饭的境况已一去不复还了。显然,这对优化资源配置、增进社会福利是有利的。

所以,只要引入市场机制,就能提高效率,哪怕像民航、电信那样只是分拆改组的改革,也是能提高效率的。但是,光是分拆重组的改革是不够的,还要引入新的厂商或战略投资者,推进公司制、股份制改革,完善公司治理,才能更好地提高行业和企业的素质和市场竞争力。

四 垄断行业改革仍需强力推动

2002年11月,党的十六大明确提出,到2020年,"建成完善的社会主义市场经济体制和更具活力、更加开放的经济体系"。2003年10月,中共十六届三中全会作出了关于完善社会主义市场经济体制若干问题的决定,也要求"完善国有资产管理体制,深化国有企业改革。完善公司法人治理结构,形成权力机构、决策机构、监督机构和经营管理者之间的制衡机制。加快推进和完善垄断行业改革"。

从现在起到2020年,只有不到十年的时间,而作为整个经济体制改革中心环节的国有企业改革,包括垄断行业改革,仍有许多攻坚任务,时不我待。如果还像最近七八年那样改革拖着基本不动,那么,党的十六大提出的到2020年建成完善的社会主义市场经济体制的任务就会落空。这一点到现在尚未引起大家的足够重视。

为了推进国企改革攻坚、垄断行业改革攻坚,首先要有顶层设计,同时要有自上而下的强力推动,否则无法排除既得利益群体的阻挠和干扰。由于这几年改革进展缓慢,既得利益逐渐固化,要突破既得利益群体设置的种种障碍,已越来越困难。所以,如果没有党中央、国务院的坚强有力推动,只靠某些部门如国家发改委、国资委推动,估计很难取得实质性进展。

(原载《当代财经》2011年第8期)

积极推进国有企业混合所有制改革

2014年年底举行的中央经济工作会议，专门讲到国有企业改革问题，提出，"推进国企改革要奔着问题去，以增强企业活力、提高效率为中心，提高国企核心竞争力，建立产权清晰、权责明确、政企分开、管理科学的现代企业制度"。国有企业的混合所有制改革，是推进国有企业改革的重要方面。中共十八届三中全会《中共中央关于全面深化改革若干重大问题的决定》（以下简称《决定》）提出积极发展混合所有制经济后，理论界和经济界对这个问题有很多讨论，实践中许多地方和国有企业都在积极推进混合所有制改革并取得成效。下面拟就此问题发表一些个人看法。

一 积极发展混合所有制经济是三中全会决定的一个亮点

中共十八届三中全会《决定》60条改革项目中，第六条专门讲积极发展混合所有制经济。提出，"国有资本、集体资本、非公有资本等交叉持股、相互融合的混合所有制经济，是基本经济制度的重要实现形式，有利于国有资本放大功能、保值增值、提高竞争力，有利于各种所有制资本取长补短、相互促进、共同发展。允许更多国有经济和其他所有制经济发展成为混合所有制经济。国有资本投资项目允许非国有资本参股。允许混合所有制经济实行企业员工持股，形成资本所有者和劳动者利益共同体"。这是决定的一个亮点。这里说的混合所有制经济指的是微观经济主体即企业或者公司，是由不同所有制资本共同持股的，也就是特指不同所有制资本共同持股的股份制企业或公司，这同一个社会里面有多种经济成分并存的含义是不同的。混合所有制经济是混合所有制企业的统称。为什么决定要突出讲积极发展混合所有制经济？我体会，其目的是经过35年改革开放后，我国国有资本、集体资本、非公有资本都有巨大发展。据财政部材料，2013年年底国有企业所有者权益37万亿元。2012年私营企业注册资本31万亿元，外商投资企业注册资本15万亿元。2014年居民储蓄存款近50万亿元，其中有相当一部分可以转化为投资。积极发展混合所有制经济，就是为了进一步完善基本经济制度，更好地发挥各种所有制资本的优势，提高运营效率，从而促进经济持续增长。有一位央企企业家说过，央企实力加民营企业活力等于企业竞争力。所以，国有资本和民营资本实现优势互补，就能提高全部资本的资本运营效率和竞争力，并能促进我国经济转型。

发展混合所有制经济，还为深化国有企业改革进一步指明了方向。党中央在1993年就确定了国企改革的方向是建立现代企业制度，以后又明确指出股份制是公有制的主要实现形式，要求国企尽可能引入非国有战略投资者，实现投资主体多元化。但是，这方面进展不够快，有时还会走偏，比如前两年，一些地方国企都热衷于高攀央企，与央企合资。发展混合所有制经济则明确要求国企尽可能引入非国有资本，最好是引入非国有资本作为战略投资者，以利于建立规范的公司法人治理结构，形成新的机制。可以认为，国有企业建立现代企业制度要一步一步前进，第一步是建立公司制，但公司制可以是国有独资公司；第二步是建立股份制，但股份制可以都是国有股；第三步是建立混合所有制，使国有企业真正改革成为投资主体多元化的现代的股份公司。通过这一步步改革，可以使国有企业更加适应社会主义市场经济。

二 竞争性行业国企怎样推进混合所有制改革

积极推进国有企业的混合所有制改革,在竞争性行业,主要是完善股权结构和公司治理,探索企业员工持股。目前大量处于竞争性行业的国有企业,都已先后实行了股份制,其中不少已经上市。但仍需进一步深化混合所有制改革。

2014年7月15日,国务院国资委宣布在中央企业启动发展混合所有制经济试点,并确定中国医药集团总公司、中国建筑材料集团公司为试点。这两家公司都是在前一段时间股份制和混合所有制改革中搞得比较好的。比如中建材,到2013年年底,总资产3600亿元,净资产660亿元,其中国有资本220亿元,民营资本和社会资本440亿元。当年实现了2570亿元营业收入和123亿元利润。中国建材集团已成为全球第二大建材企业,进入《财富》世界500强。2009年,哈佛商学院将中国建材水泥产业大规模重组的经验纳入其教学案例。[①] 就是这么一个比较优秀的大企业,为何还要继续进行混合所有制改革呢?我想其改革要解决如下几个问题:一是股份公司上面的集团公司仍然是国有独资,这跟现有110多个央企绝大部分一样,上面的母公司都是国有独资的,这些母公司将来可能要分类合并重组为一些国有资本投资公司。二是完善股权结构和治理结构,按照中建材董事长的设想,现在国有股占三分之一,比较合适的是减少到占20%—25%。这有利于完善公司法人治理结构。少数支柱产业和高新技术产业中的重要骨干企业,需要国有资本控股的,也不一定都由国有资本绝对控股,有的也可以实行相对控股,或者由几家国有企业共同出资控股。这也有利于健全协调运转、有效制衡的公司法人治理结构。同时董事会应当有战略决策权,董事会通过市场化选聘职业经理人负责公司经营管理。三是按

[①] 晓甘主编:《国民共进——宋志平谈混合所有制》,企业管理出版社2014年版。

照三中全会决定精神,逐步实行员工持股,形成资本所有者和劳动者利益共同体,健全激励机制。以上是比较重要的三条改革举措。

有的专家提出,在竞争性领域,特别是一般竞争性领域,国有股占比太高的,要适当减持国有股,不要一股独大。有的也可以采取国有资本投资公司持优先股的办法,放手让民营企业家去经营管理混合所有制企业。我以为这是可以研究和探索的。中共十八届三中全会《决定》说过,"鼓励发展非公有资本控股的混合所有制企业",所以并不是所有的混合所有制企业都要以公有制为主体、都要由公有资本或者国有资本控股。

三 积极推进垄断行业国有企业混合所有制改革

中共十八届三中全会《决定》指出,"国有资本继续控股经营的自然垄断行业,实行以政企分开、政资分开、特许经营、政府监管为主要内容的改革,根据不同行业特点实行网运分开、放开竞争性业务,推进公共资源配置市场化。进一步破除各种形式的行政垄断"。随着科技进步,垄断行业中有越来越多的业务成为非自然垄断环节(非网络部分),属于竞争性业务,完全可以放开市场准入,开展竞争,提高资源配置效率。这些年对于垄断行业要不要放开非自然垄断环节的市场准入,一直争论不休。中共十八届三中全会上面的一段话对此作出了肯定的回答。可能有的单位和企业到现在还没有完全想通,但改革的大趋势是不可逆转的。不仅如此,在我看来,垄断行业放开竞争性业务,进行混合所有制改革,是今后中国国企改革的最重要内容。

在此背景下,我对中石化 2014 年推出的销售板块吸引社会资本参股、搞混合所有制改革的做法是肯定的。中石化 2014 年把油品等销售板块拿出 29.99% 的股权,作价 1071 亿元出售,经过竞拍,有 25 家境内外投资者购买,其中民营企业 11 家,投资总额 382.9 亿元,占 35.8%。国有资本如中国人寿等也买了不少,也有外资参股。① 据中石化介绍，他们要将卖出的1000多亿元，投向油气勘探等领域，以增强公司发展后劲。他们聘请了国内外知名评估机构和投资银行对其拟出让资产进行评估，竞价销售。将来中石化销售板块将单独成立公司经营，并争取上市。为做这件事，他们准备了两年，中共十八届三中全会《决定》出来后增强了他们的信心。我以为中石化的做法是符合中共十八届三中全会决定的精神的。对中石化的这一改革，有人指责其不合程序抢先搞改革，也有人评价不高，主要认为混改后，中石化仍占70%的股权，还是绝对控股，一股独大，民营资本进去后没有多少发言权，至多可以分到一些利润。后面这个批评有一定的道理。但是我想改革是要逐步推进的，很难一步到位。目前，做的总体上是符合市场化改革方向的，是在垄断行业中开始放开非自然垄断环节的市场准入。但是改革并非到此为止。中共十八届三中全会《决定》说，今后国有资本要更多投向五个重点（提供公共服务、发展重要前瞻性战略性产业、保护生态环境、支持科技进步、保障国家安全），因此，可以预计，中石化对油品销售板块的持股比例总的趋势是要逐步减少的，不是一成不变的。有的专家认为，国有企业搞混合所有制改革应当主要是增量改革而不是存量改革。但是，像中石化这样在销售板块引进非国有资本的混合所有制改革，则是真正的存量改革，而且今后垄断行业放开竞争性业务的改革也可以想象主要是存量改革。

还要看到，即使是自然垄断环节，有的也是可以在一定程度上引入竞争机制的。比如一些公用事业，就可以通过采取特许经营等方式使其具有一定的竞争性。对此，中共十八届三中全会《决定》还特地说道，"制定非公有制企业进入特许经营领域具体办法"。

国有企业推进混合所有制改革，为防止国有资产流失，最重要的是对国有资产价格进行科学合理评估，且要公开透明，如在产权

---

① 《谁参与了中石化混改盛宴》，《第一财经日报》2014年9月15日。

市场进行交易，不能搞暗箱操作。要找有资质的第三方评估机构进行评估，用公允价值进行评估，而且最好找三四家进行评估和比较。最后为竞价拍卖，如像中石化销售板块那样，有上百家企业申购，最终确认卖给其中的 25 家。现在看来，对央企来说，请第三方评估资产和公开招标拍卖不难做到，在当前会计审计制度逐步完善和反腐败斗争深入开展大环境下，那些趁混改侵吞国有资产的企图是不容易得手的。

由上可见，随着改革的深化，特别是混合所有制改革的推进，将会有越来越多像中石化这样的大型央企逐步把非自然垄断环节的资产同非国有资本联合，这就使资本的流动越来越频繁，涉及国有资产产权交易的经济活动越来越多。这也就更加需要强化资产评估机构作为独立第三方的价值尺度功能，发挥资产评估的价值发现作用。

四 以管资本为主完善国有资产管理体制

中共十八届三中全会《决定》在论述积极发展混合所有制经济部分，专门提出要完善国有资产管理体制，说，"完善国有资产管理体制，以管资本为主加强国有资产监管，改革国有资本授权经营体制，组建若干国有资本运营公司，支持有条件的国有企业改组为国有资本投资公司"。国有企业推进混合所有制改革以后，自然而然地要求国有资产监管机构要从管企业为主向管资本为主转变，这意味着国资委职能将发生重大变化，从管企业为主转变为以管资本为主，两字之差，含义深远。按照十八届三中全会《决定》的精神，今后国资委主要将致力于国有资本的优化配置，逐步增强国有资本的流动性，更好服务于国家战略目标。可以想象，国务院国资委将不再用主要精力去管 110 多家中央企业，包括选择经理层、给他们评级打分、决定企业管理人员的薪酬和工资总额，以及决定企业的投资和并购重组等，而是集中精力管好为数不多的国有资本投资公司和运营公司，由国有资本投资公司和运营公司向控股、参股公司派出股东代表和董事。公司的重大决策由董事会作出，即由董事会决定本公司发展战略、目标，市场化选聘职业经理人进行经营管理，在市场上平等竞争，优胜劣汰，不必再事事都请示国资委，真正做到国资委"只当老板不当婆婆"。总之，国资委和企业的关系，要从行政隶属关系转变为股东（通过国有资本投资公司和运营公司）和企业的关系。

中共十八届三中全会《决定》指出，"国有资本投资运营要服务于国家战略目标，更多投向关系国家安全、国民经济命脉的重要行业和关键领域，重点提供公共服务、发展重要前瞻性战略性产业、保护生态环境、支持科技进步、保障国家安全"。又说，"国有资本加大对公益性企业的投入，在提供公共服务方面作出更大贡献"。这五个重点比1999年中共十五届四中全会确定的国有经济需要控制的四大领域（涉及国家安全的行业，自然垄断的行业，提供重要公共产品和服务的行业，以及支柱产业和高新技术产业中的重要骨干企业）更加具体和明确。比如，1999年的《关于国有企业改革的发展若干重大问题的决定》说国有经济要控制自然垄断的行业，这次则明确指出自然垄断行业中竞争性业务要放开。还有，这次把保护生态环境作为国有资本投资重点之一，也比1999年的四大领域有进一步的扩展。

有的专家主张国有企业和国有资本回归公益性，这有一定的道理，但是现阶段看来还很难做到。中国还是发展中国家，要赶超发达国家，还需要国有经济发挥其独特的作用。因此，比较现实的，可能是国有资本逐步加大对公益性企业的投入包括保护生态环境投入，在提供公共服务方面作出更大的贡献。与此同时，国有资本还要着重对科技进步给予支持和增加投入，推动企业技术创新和高新技术产业发展，包括努力发展重要前瞻性战略性产业。这其中也包括一些竞争性行业。所以笼统提国有经济退出竞争性行业是不现实的，也是不妥当的。我们看到，许多外国政府包括发达国家政府对技术创新技术革命的财力支持力度也是很大的。我国正处于经济转型期，要加快转变经济发展方式，更需要国有资本加大力度支持创新驱动发展。

目前，我国国有资产有专家估计80%在竞争性行业，这个比例太高了，其中有不少是一般竞争性行业，如房地产业（不包括保障房），今后需要按照决定提出的五个重点进行有进有退的调整，争取80%以上国有资本集中在上述五个重点。今后，像竞争性行业、非自然垄断环节的混合所有制企业中，国有资本的比例可以逐步减少，着力加强五个重点。这也有助于解决许多混合所有制企业国有股一股独大的问题。而且这也是国资委今后工作的一个重要方面，需要搞一个规划或施工图，以落实决定的要求。

参考文献

《毛泽东文集》第8卷，人民出版社1999年版。

高放：《马克思主义与社会主义新论》，黑龙江人民出版社2007年版。

《中国共产党第十八次全国代表大会文件汇编》，人民出版社2012年版。

习近平：《在同在华工作的外国专家代表座谈时的讲话》，《人民日报》2012年12月6日。

习近平：《习近平谈治国理政》，外文出版社2014年版。

（原载《中国浦东干部学院学报》2015年第3期）

从"以管企业为主"到"以管资本为主"：国企改革的重大理论创新

中共十八届五中全会和国家"十三五"规划纲要强调：深化国有企业改革，完善各类国有资产管理体制，要"以管资本为主加强国有资产监管"。这既为"十三五"时期完善国有资产管理体制和深化国有企业改革进一步指明了方向，也再次凸显了国有资产监督机构实现其职能从"以管企业为主"向"以管资本为主"转变这一国企改革理论创新的重大意义。本文在简要回顾这一理论创新提出的历程之后，分析了其重大理论与现实意义，在此基础上提出其实现路径的重要突破口。

一 从"以管企业为主"到"以管资本为主"的重大理论转变

我国成立专门机构对国有资产进行管理是从1988年开始的。是年，国家在财政部下设了国有资产管理局，探索由专门机构统一负责国有资产基础管理等工作。2002年，中共十六大提出，要"建立中央政府和地方政府分别代表国家履行出资人职责，享有所有者权益，权利、义务和责任相统一，管资产和管人、管事相结合的国有资产管理体制"，"中央政府和省、市（地）两级地方政府设立国有资产管理机构"[①]。2003年以后，国务院及各省、市（地）地方政府相继成立国有资产监督管理委员会（以下简称"国资委"）。从此，初步改变了原来主要工商企业"内部人控制"、既"九龙治水"又无人对国有资产负责的局面，一定程度上解放了生产力，促进了国有经济的稳步发展。财政部数据显示，2004年12月末，全国国有及国有控股企业（以下简称"国有企业"）总资产和净资产分别为22.3万亿元和7.5万亿元；而到2015年12月末，相应数据分别跃升至119.2万亿元和40.1万亿元。与此同时，中国国有大型企业进入世界500强的越来越多。美国《财富》世界企业500强数据显示，2004年，中国进入世界500强的只有14家，其中前50名的仅有一家，即排名第46的国家电网；2015年，进入世界500强的94家大陆企业中，有84家是国有企业，其中三家进入前十名，分别是位居第二的中国石化、第四的中国石油、第七的国家电网。

与此同时，也要看到，国有企业仍然存在一些亟待解决的突出矛盾和问题。例如，政企不分、政资不分问题依然没有很好解决，国有企业的市场主体地位尚未很好确立，国有资产监管工作也存在越位、错位、缺位等问题。最突出的问题是，国有资产监管机构既当国有企业的"老板"，又当国有企业的"婆婆"，国有企业大事小事，都要请示国资委，企业或公司的董事会很多情况下形同虚设，从而影响了企业的积极性和主动性，不能真正成为在市场上平等竞争的经济主体。而国资委也乐于当企业的"婆婆"，有权有利。这也影响国资委把精力更好地集中在如何在总体上优化国有资本的配置、提高国有资本的流动性、有进有退、更好地服务于国家战略目标等重大事项上。

针对以上问题，经济界和学术界在中共十八届三中全会前曾经

[①] 江泽民：《全面建设小康社会，开创中国特色社会主义事业新局面》，《人民日报》2002年11月18日，第01版。

有过讨论,也有提出用"管资本"代替"管控国有企业"的主张。[①] 2013年,中共十八届三中全会顺应了这一主张,提出"以管资本为主加强国有资产监管"的重大理论创新思想。这次全会明确提出:坚持和完善基本经济制度,要"完善国有资产管理体制,以管资本为主加强国有资产监管,改革国有资本授权经营体制,组建若干国有资本运营公司,支持有条件的国有企业改组为国有资本投资公司"[②]。这意味着以后各级国资委职能和精力的一个重大转变,即由过去的将主要精力放在管控一个个国有企业,包括替他们选择经理层,每年给他们评级打分,决定管理人员的薪酬和工资总额,以及决定企业的投资和并购重组等,转变到以管资本为主,管好为数不多的国有资本投资和运营公司,由后者向控股参股企业派出股东代表和董事,不断优化资本配置。2015年8月,党中央和国务院印发的《关于深化国有企业改革的指导意见》(以下简称《指导意见》)提出:"国有资产监管机构要准确把握依法履行出资人职责的定位,科学界定国有资产出资人监管的边界,建立监管权力清单和责任清单,实现以管企业为主向以管资本为主的转变。"[③] 至此,在党中央和国务院的官方文件中首次提出"实现以管企业为主向以管资本为主的转变"的新观点、新思想、新论断。

各级国资委要实现从"以管企业为主"向"以管资本为主"转变,把原本属于企业的经营权归位于国有及国有控股企业,是其职能的重大转变,涉及机构设置、人员配置、简政放权、利益调整等,在某种意义上是脱胎换骨的变革。可以说,这既是重大的理论创新,也是艰巨的历史任务。为此,中共十八届五中全会对此再次进行重点部署。2015年10月,中共十八届五中全会通过的《中共

[①] 陈清泰:《国企改革进入国资改革阶段》,《改革内参》2012年第23期。
[②] 《中共中央关于全面深化改革若干重大问题的决定》,人民出版社2013年版,第9页。
[③] 《中共中央国务院关于深化国有企业改革的指导意见》,《人民日报》2015年9月14日,第06版。

中央关于制定国民经济和社会发展第十三个五年规划的建议》（以下简称《建议》），关于国有企业改革部分的内容仅仅 178 字，其中涉及"以管资本为主"部分就达到 37 个字之多。该《建议》强调：深化国有企业改革，要"完善各类国有资产管理体制，以管资本为主加强国有资产监管，防止国有资产流失"①。2016 年 3 月发布的国家"十三五"规划纲要再次强调，构建发展新体制，完善各类国有资产管理体制，要"以管资本为主加强国有资产监管，提高资本回报，防止国有资产流失"②。

二 从"以管企业为主"到"以管资本为主"的重大理论意义

国有资产监督机构实现其职能从"以管企业为主"向"以管资本为主"的转变，是深化国有企业改革的重大理论创新，具有重大的理论与现实意义。这既有利于推进政企分开、政资分开、所有权与经营权分开，有利于强化国有企业市场主体地位、激发国有企业活力，也有利于推进国有资本优化配置、向重点领域集中，还有利于维护国有资产安全、防止国有资产流失。

第一，有利于推进政企分开、政资分开、所有权与经营权分离。如前所述，国务院及各级地方政府国资委的成立，有力促进了国有经济的稳步发展，但直到目前，政企不分、政资不分、所有权与经营权不分等问题依然没有得到很好解决，国有资产监管工作还存在越位、缺位、错位等问题。实现各级国资委职能从"以管企业为主"向"以管资本为主"的重大转变，有利于继续推进政企分开、政资分开、所有权与经营权分离，从而破除影响国有资本服

---

① 《中共中央关于制定国民经济和社会发展第十三个五年规划的建议》，人民出版社 2015 年版，第 16 页。
② 《中华人民共和国国民经济和社会发展第十三个五年规划纲要》，《人民日报》2016 年 3 月 18 日，第 10 版。

务创新发展的体制机制弊端,推进国有资产监管新体制的形成。

第二,有利于强化国有企业市场主体地位、激发国有企业活力。经过30多年的改革发展,公司制股份制成为国有企业的重要组织形式。截至2016年3月,全国106家中央企业基本上都实行了公司制股份制。"以管企业为主"的方式已经不适应国有企业组织形式的深刻变革,国有资产监督机构只有转向"以管资本为主",国有企业董事会的法定作用才有可能落实,才有可能使其真正成为自主经营、自负盈亏、自担风险、自我发展的独立的市场竞争主体,从而激发其发展活力。

第三,有利于推进国有资本优化配置、向重点领域集中。目前,国有资本还存在分布过宽、战线过长、集中度不够等突出问题,严重制约着国有经济主导作用的发挥。[①] 实现各级国资委职能从"以管企业为主"向"以管资本为主"重大转变,有利于紧紧围绕服务国家战略目标,优化国有资本重点投资方向和领域,推动国有资本向关系国家安全、国民经济命脉和国计民生的重要行业和关键领域、重点基础设施集中,向具有核心竞争力的优势企业集中。

第四,有利于维护国有资产安全、防止国有资产流失。长期以来,一些国有企业内部管理混乱,因侵吞贪污、关联交易、利益输送、违规决策导致国有资产流失现象时有发生。如2015年中央巡视组发现,在中国石化、中国海运、中船集团、神华集团、东风公司等央企,都不同程度存在搞利益输送和交换、关联交易谋利等突出问题。[②] 造成这一问题的原因固然很多,但不可否认的一点是,与此前的"以管企业为主"的体制弊端有很大关系。从"以管企业为主"向"以管资本为主"转变,有利于各级国资委集中精力

[①] 张毅:《以管资本为主加强国有资产监管》,《人民日报》2015年12月3日,第07版。
[②] 陈治治:《关联交易是痼疾,顶风违纪仍频发》,《中国纪检监察报》2015年2月7日,第01版。

加强国有资本经营管理全链条监管、落实国有资本监管责任、建立健全监督长效机制，从而确保国有资本安全运营、严防国有资产流失。

三 实现从"以管企业为主"向"以管资本为主"转变的重要突破口

对国有资产监管机构如何成功实现其监管职能从"以管企业为主"向"以管资本为主"转变，《指导意见》从"该管"与"不该管"两方面给出了比较明确的意见。《指导意见》提出："该管的要科学管理、决不缺位，重点管好国有资本布局、规划资本运作、提高资本回报、维护资本安全；不该管的要依法放权、决不越位，将依法应由企业自主经营决策的事项归位于企业，将延伸到子企业的管理事项原则上归位于一级企业，将配合承担的公共管理职能归位于相关政府和单位。"[①] 在实践中，我们认为，其重要突破口是要加强国有企业董事会建设，完善其法人治理结构，让董事会发挥自主经营决策的核心作用。

现代企业制度的典型形态是现代公司制，主要是有限责任公司和股份有限公司。2003年中共十六届三中全会指出，按照现代企业制度要求，规范公司股东会、董事会、监事会和经营管理者的权责，形成权力机构、决策机构、监督机构和经营管理者之间的制衡机制。董事会在公司法人治理结构中处于十分重要的地位，发挥着重要作用。我国《公司法》对有限责任公司和股份有限公司的设立和组织机构及这些机构的职责有明确的规定，明确董事会行使11条职权，包括执行股东会的决议，决定公司的经营计划和投资方案，制定公司的年度财务预算方案、决算方案，制定公司的利润

[①] 《中共中央国务院关于深化国有企业改革的指导意见》，《人民日报》2015年9月14日，第06版。

分配方案和弥补亏损方案,制定公司合并、分立、解散或者变更公司形式的方案,决定公司内部管理机构的设置,决定聘任或者解聘公司经理及其报酬事项,制定公司的基本管理制度等。[①] 董事会能否充分发挥作用,在很大程度上决定着公司治理的有效性,决定着现代企业制度建设的成败。为此,早在2004年,国务院国资委即着手在中央企业中建立规范的董事会试点工作,包括聘任外部独立董事,并确定了宝钢集团、神华集团、国旅集团、诚通集团等7家企业作为第一批试点企业。

以2005年10月宝钢集团作为第一家启动试点工作为标志,尽管中央企业董事会试点工作取得一定成效,但总体而言,进展并不尽如人意。一方面,试点工作进程缓慢。按国务院国资委最初设想,"2007年底前,除主要执行国家下达任务等决策事项较少的企业外,中央企业中的国有独资公司和国有独资企业均应建立董事会"。然而,试点10多年已经过去了,直到2015年12月底,试点中央企业仍不过85家,尚有21家中央企业没有开展试点工作。另一方面,董事会及外部董事形同虚设。由于国有资产监督机构一直以管企业为主,经常代替企业董事会进行决策,包括选聘经营层及决定其薪酬,审批企业的资产重组、融资、产权转让、投资等经营活动。这在相当程度上使董事会成为"花瓶",不能发挥决策作用。董事会的法定作用受到极大的限制,外部独立董事的作用自然也受到极大限制,成为花瓶中的花瓶,所以至今无法落实1999年中共十五届四中全会提出的董事会对公司的发展目标和重大的经营活动作出决策的规定。

"十三五"时期,应从两个方面加强国有企业董事会建设。一是要加快推进董事会试点进程,力争未来两年内在所有中央企业全覆盖,并总结出一套可以推广的经验,在省一级国有企业广泛推广,在2020年之前实现中央和省级所有国有企业全部建立规范的

---

① 《中华人民共和国公司法》,中国民主法制出版社2005年版,第11—12页。

董事会工作机制。二是国有资产监督机构要真正放权,让国有企业董事会及外部董事真正发挥作用。董事会要集中精力抓大事作决策,如对公司的发展目标和重大经营活动作出决策、聘任经营者并对其业绩进行考核和评价等,具体执行则由经理层落实,同时发挥监事会对企业财务和董事、经营者行为的监督作用。

(原载《新视野》2016 年第 5 期)

第二篇
经济运行机制转轨和改革

调整我国产业结构要按生产力发展规律办事

中共十一届三中全会以后,我国经济界通过研究新中国成立30年来社会主义建设的经验和教训,比较一致地认为,我国面临着改革经济体制和调整产业结构的双重任务。改革经济体制,主要是调整生产关系和上层建筑,以适应生产力的发展。因此主要是要按由政治经济学阐明的社会经济发展规律办事;调整产业结构,则主要是要合理组织生产力,使生产力的各个要素能够最优地结合起来。因此主要按生产力发展规律办事。

过去我国产业结构在相当长一段时间内,向畸形方面发展,有其种种原因,主要是经济建设指导思想"左"倾冒进;同时,也同如下一种传统观念有关:只存在支配生产关系发展变化的客观经济规律,否认还有支配生产力发展变化的客观经济规律,企图用生产关系发展规律"吞没"生产力发展规律,结果根本不顾和违背生产力发展规律,造成严重的恶果。今后,要调整和完善我国产业结构,就要克服过去的错误,切切实实按生产力发展规律办事。

一 现阶段调整我国产业结构首先要按农业—轻工业—重工业的发展规律办事

生产力发展规律很多,我认为,现阶段对我国调整产业结构最重要的,是农业—轻工业—重工业的发展规律。

由于我国现阶段生产力发展水平不高,农轻重比例关系仍然是我国国民经济中最重要的比例关系。农业和工业的净产值占国民收入的80%以上,1979—1981年三年平均占85.9%。农轻重比例关系基本协调了,社会生产两大部类比例关系就基本协调,国民经济的平衡发展基本上就有保证;否则就会破坏国民经济的平衡发展。

所谓农业—轻工业—重工业的发展规律,指的是社会经济的发展,一般先是发展农业;在农业发展的基础上,着重发展主要以农产品为原材料和以农业为主要市场的轻工业;然后在农业、轻工业发展的基础上,由于要求重工业为它们提供更多更先进的机器设备(包括轻工业的原材料),进行技术改造,从而促使重工业着重地、大规模地发展起来。这是一条社会生产力发展的客观规律,是社会经济发展的自然历史过程。

上述生产力发展规律说明,一个国家,特别是领土比较大、人口比较多的国家,在一般情况下,要独立自主地实现工业化,从传统的农业国发展为先进的工业国,就要在农业发展的前提下,先大规模发展轻工业(当然也要相应地发展重工业),然后促使重工业迅速发展起来(当然也要相应的发展农业、轻工业)。

英法等国在开始工业化的时候,农业还占统治地位,工业以纺织工业和其他轻工业为主,煤铁等重工业还很不发达。这样的产业结构反映了那时社会生产力的状况。当时这些国家纺织工业的原料和销路比较有保证,技术上也较有把握(原来手工业或作坊世世代代就是搞这一行的,积累了丰富的经验),因此很自然地从纺织工业和其他轻工业开始工业化。那时资本主义企业规模小,资金积累不多,没有大规模发展重工业的资金条件,也适宜于经营轻工业。只是在轻纺工业获得较大的发展以后,由于要求有更多的机器设备来装备自己,才推动机械工业以及钢铁、煤炭等重工业大规模地发展起来。

英国产业革命是18世纪60年代从棉纺业开始的。英国1783年工业净产值中纺织工业占35.4%,钢铁及机器制造业仅占6.5%。消费品工业生产1750—1800年间增长1.8倍,其中棉纺品产量增长22倍。法国1848年工业产值中纺织业占40%以上,钢铁业的比重不到10%。这种状况，自然使得英法等国工业化从轻工业开始。随着农业、轻工业的发展，这些国家的重工业也逐渐发展起来。英国采煤量1770年为620万吨，1854年增加到6450万吨；生铁产量1750年前后是1.2万—1.7万吨，1788年为6.8万吨，1839年增加到134万吨。轻重工业的发展，使工业在国民经济中的地位和作用增强了。工业净产值在国民收入中的比重，英国1841年为36%，德国1842年为24%，法国1843年为26%，美国1869年为23.5%。

由此可见，英法等资本主义国家从轻工业开始工业化，是由当时的生产力状况及其进一步发展的要求决定的，是比较顺理成章，比较符合生产力自身发展的规律的。英法美等国工业化时期工业的发展速度并不是很慢的。从产业革命到19世纪中叶，英国工业每年大约平均增长2.9%，1851—1873年每年平均增长3.3%；法国工业1870—1890年每年平均增长2.1%，1891—1900年每年平均增长2.6%；美国工业1861—1890年每年平均增长5%以上。

上述生产力发展规律，在社会主义社会同样起作用。因为不少国家在社会主义建设中仍然面临工业化的任务。社会主义国家在组织管理经济活动时，既有遵循上述规律办事取得明显效果的成功经验，也有急于求成，违背上述规律带来严重损失的教训。苏联20世纪30年代和我国1958年以后的20年间，由于脱离农业、轻工业，片面发展重工业，一再带来比例失调，使人民生活的提高受到相当大的限制，从而影响社会生产力的顺利发展。特别是我国，折腾了几次。最严重的是1958—1960年，用抽调大批农业劳动力、平调社队资金等办法搞"大跃进"，让以钢铁为中心的重工业孤军突出，结果由于严重比例失调，不但重工业上去后又猛跌下来，而且使整个国民经济陷入危机状态。应该说，我国20年来，由于片面地发展重工业带来比例失调的苦果，我们到现在还没有啃完。当前调整国民经济，就是为了纠正上述盲目冒进的错误，以期把国民经济引上按比例的协调发展的正常轨道。

苏联和我国之所以长期不顾客观条件使产业结构向重型方向发展，有一个重要的理论根据，就是把从轻工业开始工业化说成是资本主义工业化道路，而把从重工业开始工业化说成是社会主义工业化道路。这个理论是站不住脚的。其错误在于：把实现工业化是从发展轻工业开始还是从重工业开始属于生产力发展规律的问题，硬说成是属于生产关系发展规律的问题；把主要由生产力状况决定的工业化道路，硬说成是由生产关系的社会性质决定的，并把一个说成是社会主义的道路，另一个说成是资本主义的道路，势不两立。在上述理论影响下，不少社会主义国家在一个长时期内都是不顾一切地发展重工业，而把农业、轻工业撇在一旁。

事实上，脱离农业、轻工业，孤立发展需要大量投资的重工业，必然滥用价格作为国民收入再分配的工具，以牺牲农业的发展为代价。比如苏联在头三个五年计划期间和我国1958年以后的20年来，为了集中力量发展重工业，都从农业和农民身上打主意，把农产品价格定得远远低于其价值，不但不缩小有时甚至扩大工农业产品价格的剪刀差，从而把农民创造的剩余产品大部分或全部集中到国家手里，使农业无法实现正常的扩大再生产，有时连简单再生产都难以维持（苏联1953年农畜产品的义务交售价格，只相当于上交这些产品时的运费，其中谷物义务交售价格只相当于成本的13.2%，当年粮食产量比40年前即革命前的1913年还低）。其结果必然导致工农业的比例失调，农业远远不能满足国民经济发展的需要。这又反过来牵制住工业的发展，延缓了经济的发展进度，真正是欲速则不达。

中共十一届三中全会通过总结我国30年来社会主义建设的经验教训，正确地提出要调整国民经济比例关系，克服比例失调的任务。1979年4月，党中央明确提出了"调整、改革、整顿、提高"的八字方针，着手调整产业结构。但是，由于对长期以来影响深远的"左"倾冒进、急于求成的思想没有很好清算，对过去片面发展重工业的错误没有很好认识，因此，开头两年对中央关于调整的方针贯彻不利。1981年，当重工业生产有所下降时（这个下降主要是由于纠正过去片面发展自然而然会出现的），又有人过高地估计问题的严重性，认为国民经济处于萎缩状态，提出可以有意识地搞赤字预算、进一步扩大基建战线来救活重工业。这说明，如何真正按照客观规律来调整产业结构，在认识上还很不一致，有必要继续研究讨论清楚。

我认为，像我国这样一个十亿人口其中八亿是农民的大国，确定我们的经济、社会发展战略，调整产业结构，特别需要很好地按农业—轻工业—重工业这一生产力发展的客观规律办事。

实践证明，既然我国农民占全国人口的80%以上，我们就首先要调动他们的积极性，依靠这个占最大部分的劳动群众发展社会主义经济，建立牢固的国民经济的基础。这就不能像过去那样竭泽而渔，把农民的剩余劳动统统拿走（当然农民有义务为国家提供一部分建设资金，包括通过缴纳农业税和在一定时期内保留工农业产品差价的方式提供剩余劳动和剩余产品），而要让农民有扩大再生产的能力和随着生产的发展逐步提高收入与消费水平。同时，要与农业的发展相适应，大力发展轻工业。重工业主要根据农业、轻工业发展的要求和农业、轻工业可能提供的资金与市场而发展。这样，才符合上述农业—轻工业—重工业的生产力发展规律，才能使产业结构真正走上健康发展的轨道。

二 把发展农业作为首要的战略任务

当前发展国民经济的首要战略任务是什么？这是调整国民经济比例关系，确定产业结构发展方向，争取财政经济状况根本好转的重大问题。

的确，中共十一届三中全会以来，我国农业发展形势很好。农业总产值在继1978年比1977年增长9%的基础上，1979年又比1978年增长8.6%，超过工业总产值增长速度，粮食产量达到

33212万吨，棉花产量达到220.7万吨，油料达到643.5万吨，均创造了历史最高水平。1980年和1981年，尽管我国不少地区遭受到严重水旱灾害，但是，由于农业政策对头，特别是普遍推行了农业生产责任制，调动了广大农村干部和社员的生产积极性，大大减轻了灾害对农业生产的影响，提高了生产自救能力。1980年除湖北、河北等少数地区粮食减产比较严重外，大多数地区仍然获得了较好的收成。农业总产值按1970年不变价格计算为1627亿元，比1979年增长2.7%。其中粮食产量为32056万吨，比上年减产近1200万吨，但仍比1978年高近1600万吨。许多经济作物都有较大幅度的增长。棉花产量达到270.7万吨，比上年增长22.7%；油料产量达到769.1万吨，比上年增长19.5%；猪牛羊肉产量达到1205.5万吨，比上年增长13.5%。1981年全国农业形势依然很好。农业总产值按1970年不变价格计算为1719.7亿元，比1980年增长5.7%。粮食总产量为32502万吨，接近1979年的水平，是中华人民共和国成立以来第二个高产年。棉花产量有新的增长，达到296.8万吨，比上年增长9.6%；油料产量达到1020.5万吨，比上年增长32.7%；糖料（甘蔗）比上年增长30%。林业、畜牧业、渔业都取得了新的成绩。社队企业继续有所发展，社员家庭副业的发展更快。农业形势的迅速好转，是中共十一届三中全会以来全国经济形势迅速好转的最重要的表现和标志。

与此同时，我们必须看到另一方面，那就是由于我国原来农业比较落后，又在"文化大革命"中受到"四人帮"的严重破坏，这几年农业生产发展的成绩，在相当程度上带有恢复的性质，还没有完全摆脱农业生产不适应国民经济发展需要的状态。至于离农业过关（有的同志认为，根据我国国情，可以按人口平均粮食产量达到1000斤作为"过关"的首要标志），那就还差得很远很远。我国现在每人平均粮食占有量才六百多斤，为了让农民休养生息，适当扩大一点经济作物面积，每年仍需进口粮食一千多万吨。尽管这几年粮食增产幅度较大，进口粮食不少，农民的粮食消费水平仍然不高。

同时，由于农业劳动生产率低，农产品商品率也低。多年来，粮食的纯商品率只有15%左右。要使畜牧业、经济作物等有较大的发展，也要以粮食生产有显著的发展为基础。整个农业的商品率也不高，20世纪70年代商业部门收购农产品总值的比重，只占三分之一左右。1981年农副产品商品率为40%。1978年，我国每个农业人口只能提供大约70元农产品商品。1979年农产品收购价格提高后，每个农业人口也只能提供88元（1979年）、103元（1980年）、116元（1981年）的农产品商品。这种落后状况一直制约着我国工业和整个国民经济的发展。

如果拿我国农业发展情况同世界平均水平、同其他一些国家比较，那么就更可以看出我国农业仍然处于相当落后状况。情况如下表（表中国外资料是根据联合国粮农组织的统计月报、生产年鉴、贸易年鉴等整理的，中国的数字缺台湾省数字；粮食产量是按照中国统计口径计算的，包括谷物、大豆、杂豆和薯类折粮）。

由于我国农业落后，农民的生活水平还比较低。农村文化水平也很低。"文化大革命"以来甚至出现文盲回升的不正常现象，就连浙江、安徽这样的省份，有的县青壮年农民中的文盲比重很高。

由上可见，调整农轻重比例，加速发展农业，仍然是当前和今后几年克服国民经济比例失调的最重要的任务。大力和加速发展农业生产，仍然是我国发展国民经济的首要战略任务。我们绝不能因为这几年农业取得不小的进展，就对农业问题掉以轻心。应该看到，发展农业是很费力的，增长速度不能很快，平均每年增长4%—5%的速度就是很高的了。如果考虑到我国人口增长的因素，要让每人平均农产品产量有较大幅度的提高，更是需要付出长期和艰苦的努力。而只有使农业有了明显的较快的发展，才能为整个国民经济的发展打下牢固的基础，才能为今后几十年社会主义经济的高速发展创造必要的条件。

按人口平均农畜产品产量（1980 年）　　　（单位：斤）

项目	粮食	植物油	肉类	水产品①	鸡蛋	牛奶	食糖	水果
世界平均	815	11.7	65	34.0	12	193	39	107③
中国	656	5.5	24.7	9.2	5.6②	2.3	5.9	9
印度	459	8.2	2.5	7	0.3	29	12	8
美国	2905	63.0	240	32	37	521	46	541
南斯拉夫	1445	10.0	129	5	20	382	73	137
苏联	1555	14.5	113	68	29	677	57	99
澳大利亚	2306	11.3	370	18	26	776	449	

注：①1978 年数字；②估计数；③1979 年数字。

现阶段，我国国力的基础在农业。农业的发展，制约着消费资料、外汇收入、国家财力增长的速度，制约着工业和城市人口的增长速度。当前，农业的发展制约工业的发展和国家建设的规模，仍然是一种客观的战略性的制约。如果工业和其他建设的规模超过了农业所能负担的界限，必将矛盾重重，最后被迫后退。

为了加快农业的发展，除了首先从思想上重视以外，还要有具体的对策和措施。这里包括许多方面，难以一一列举。其中，首先是要正确制定农业发展的战略。这个战略最重要的是要充分而合理地利用我国的资源，特别是土地和人力资源。在土地利用上要能真正发挥各地优势，取得最大的效益。在人力上要面对现实，不能消极地把人多看成包袱，只要组织得好，可以更好地向自然界的广度和深度进军，创造日益丰富的物质财富。关键在于是否领导得好，组织得好。同时，要因地因时制宜地不断提高农业生产的科学技术水平。

为了加快农业的发展，除了合理组织生产力的各个要素，包括作物布局上在绝不放松粮食生产的同时，发展多种经营，建立合理的农业经济结构等以外，还要解决生产关系和上层建筑方面的问题，如进一步完善农业生产责任制，改进经济管理体制，保证农业投资，以及在生产发展、国家财政收入增长基础上继续缩小工农业产品价格剪刀差等。

三　把消费品工业的发展放到重要地位的方针完全正确

赵紫阳总理在中共五届人大四次会议作政府工作报告时，提出了今后经济建设的十大方针。其中第一条是依靠政策和科学，加快农业的发展；第二条是把消费品工业的发展放到重要地位，进一步调整重工业的服务方向。这是非常正确的，是完全符合生产力发展规律和我国国情的。

事情很明显，如果把发展农业作为发展国民经济的首要战略任务，那么，逻辑的必然结论是：在今后相当长的一段时间里，必须把着重发展消费品工业放到重要地位。这是合理调整我国产业结构，扭转产业结构不恰当地向重型方向发展的重要措施。

农业生产的发展必然推动消费品工业（主要是轻工业）的发展，这是不以人们意志为转移的客观规律。农业发展了，农业向轻工业提供的原材料就愈来愈多。与此同时，由于工人农民收入增加，也要求购买更多的工业消费品。统计资料表明，随着居民收入水平的提高，在生活消费构成中，吃的比重要下降，用的、穿的比重则要上升，即对工业消费品的需求增加。有人推算过，如果"六五"期间我国农业生产平均以4％的速度增长，就要求消费品工业平均以8％左右的速度发展，才能使农产品的商品部分得以实现，也才能使工人、农民增加的货币购买力得以实现。同时，作为消费品工业主体的轻工业投资少，收益大，见效快。据1978年统计，轻工业每百元资金一年能回收税利54元，比重工业的18元高两倍。要增加财政收入，实现财政经济状况的根本好转，也必须大力发展轻工业。

在今后一段时期内，把着重发展消费品工业放到重要地位，是按生产力发展规律改善我国产业结构的重要措施。我国过去产业结构畸形化,不够合理,很重要的一个表现,就是按总产值计算的发展速度似乎不慢,甚至快于许多发达的资本主义国家。但是,每人平均国民收入增长速度却比较慢,而人民生活水平提高的速度就更慢了,至今我国人民的收入水平在世界各国中仍然处于一百位以下。这说明,不顾生产力发展的规律,脱离本国国情和条件,人为地片面地发展重工业,必然是中间产品很多,而中间产品又因种种原因在再生产中被大量浪费,以致最终产品很少,人民难以得到实惠,生活水平不容易提高。这种情况,严重妨碍了社会主义制度优越性的充分发挥。

经过总结我国和外国的经验,终于痛苦地发现,我们过去走的发展国民经济的路子,是高浪费、低效率的,从而是低消费的。今后,为了真正从我国实际情况出发,走出一条速度比较实在、经济效益比较好、人民可以得到更多实惠的新路子,在产业结构安排上,就要切实贯彻执行赵紫阳总理提出的十大经济建设方针,特别是其中头两条方针,首先加速农业的发展,同时把着重发展消费品工业放到重要地位,以便做到随着国民经济的发展,提供给人民消费的最终产品日益增加,使大家得到经济实惠。这就能鼓舞大家的生产积极性,促进经济的发展。也只有这样,长时期以来积累率偏高、积累效果下降、人民生活欠账增加的局面才能根本扭转,从而有利于积累和消费的矛盾的妥善解决。

从根本上说,上述产业结构的改善,也是使我国产业结构向符合社会主义生产目的方向发展的重要前提。1962年,陈云同志指出,现在我们面临着如何把革命成果巩固和发展下去的问题,关键在于要安排好六亿多人民的生活,真正为人民谋福利。现在,我们遇到同样的问题:要巩固和发展中共十一届三中全会以来调整与改革所取得的成果,就要发展消费品生产,以适应人民生活和经济建设的需要。

从这里,我们可以看出,在社会主义条件下,产业结构的安排按照生产力发展规律办事,同社会主义生产目的、同社会主义经济发展规律的要求是完全一致的。因为迅速地持续地发展社会主义生产，提高社会生产力，是社会主义生产目的的要求，也是社会主义客观经济规律的要求。

有人可能会提出问题，按照以上意见，过去已经大大发展起来的重工业怎么办呢？

我们不能因为重工业在这两年调整时生产发展速度减慢，1981年甚至有所下降，特别是机械工业生产下降较多，就动摇首先加速发展农业和把消费品工业的发展放到重要地位的方针，把重工业的发展同农业和轻工业的发展对立起来。过去农轻重比例失调，重工业过重，重工业中特别是机械工业过去主要为基本建设、为铺新摊子服务，现在要克服比例失调，使国民经济比例关系协调，重工业除能源以及交通运输等薄弱环节需大力加强外，整个发展速度会有所下降以及重工业生产总量在一个短时期内下降，是意料之中的。调整就是有退有进，该退的还要退够。有所不为才能有所为。如果这几年重工业的发展速度不降下来，或者重工业特别是机械工业生产不是暂时降一点，那么，就不可能有消费品生产的迅速增长。当然，如果我们工作做得好，去年重工业的下降幅度是可以小一点的，或者做到不降。但是要做到像有人所要求的那样，还要保持较高的发展速度，是不切实际的，实际上等于否定调整的必要性。

应该看到，尽管这几年我国消费品生产增长迅速，以轻纺工业为例，1979年的总产值比1978年增长9.6%，1980年比1979年增长18.4%，1981年比1980年增长14.1%。但是，直到现在，消费品供应的增长仍然赶不上社会购买力的增长。因此，今后着重发展消费品工业，使轻工业的发展速度超过重工业，绝不是临时措施，而是一定时期内需要贯彻的方针。

如果从长期来看，加快发展消费品生产，不仅不会妨碍而且会促进重工业的发展。因为消费品工业的发展，必然对重工业的发展提出更多、更高的要求，特别是要求重工业为它提供更先进的技术装备和原材料。但就当前来说，为了彻底改变长期以来片面强调发展重工业的偏向,今后重工业的发展,除了适当生产一些耐用消费品以外,更重要的是调整服务方向,扩大服务领域,提高服务质量,提高适应能力,更好地为农业和消费品工业服务,为国民经济的技术改造服务,为出口服务,为国防现代化建设服务。重工业面临着为适应生产力的发展,调整内部结构和服务方向的问题。这个问题解决得越好,重工业的发展前景就越光明。

(原载《经济研究》1982年第11期)

社会主义价格理论研究面临的重大课题

随着我国经济体制改革的逐步展开，社会主义价格理论和实践问题日益为人们所关注。在传统经济体制下形成的价格体系和价格管理体制，越来越不适应社会主义有计划的商品经济的发展，不适应对内搞活经济、对外实行开放方针的贯彻执行。价格体系的改革已经成为整个经济体制改革成败的关键。

在这种客观形势的推动下，近年来，我国经济工作者和经济理论工作者对社会主义价格问题，展开了多方面的调查研究和深入讨论，取得了许多可喜的研究成果。我们比较深入地研究和讨论了社会主义理论价格，开始对它进行测算，并因此积累了丰富的资料。我们对原来的价格体系的不合理性及其表现，作了比较全面的分析和概括；对不合理的价格体系的形成同原来僵化半僵化的经济体制和价格管理体制的关系，有了进一步的认识，确认要建立合理的价格体系，必须同时改革原来的价格管理体制。我们对于在有计划商品经济条件下，价格的模式、结构及其运动的规律性，作了有益的探索，发表了不同的但都言之成理的见解。我们对价格改革的原则、条件、步骤和突破点，价格总水平的变动趋势和控制机制，也提出了不少方案、设想，并作了初步的论证。如此等等。

与此同时，我认为也要看到，当前价格理论研究，同社会主义现代化建设实践和经济体制改革的要求相比，还有不小的差距。社会主义价格理论研究，面临着一系列重大课题，亟待我们刻苦钻研，取得有比较充分论据的研究成果，以便更好地为经济建设和学科建设服务。

第一,需要进一步研究社会主义理论价格。理论价格是社会主义价格形成的基础。这个问题,从 20 世纪 50 年代起,在国内外经济学界中就有激烈的争论,到现在分歧还不小。理论价格不明确,所谓现行价格体系不合理究竟表现在哪里,就没有判断的标准。我们通常都说,现行价格体系不合理,首先表现在不同产品的价格畸高畸低。但是,为什么说这种产品价格偏高,那种产品价格偏低,由于不同的人心目中的理论价格不同,就会有不同的结论。我国 50 年代关于生产资料价格是否偏高问题的讨论,就是这样。主张社会主义理论价格是价值价格的同志,用工资利润率作为判断产品价格是偏高还是偏低的标准,认为生产资料价格偏高,主张降价,因为按工资利润率计算,生产资料的确比消费品高得多。与此不同,主张社会主义理论价格是生产价格的同志,则用资金利润率作为产品价格是偏高还是偏低的标准,认为生产资料价格并不偏高,不能降价,因为按资金利润率计算,生产资料并不比别的产品高。现在,比较多的同志都认为,合理的价格体系要让生产不同产品都能得到大体相同的利润水平,即大体相同的利润率。但是,所谓相同利润率,究竟是什么利润率,认识并不一致。有的认为是资金利润率,有的认为是成本利润率或工资利润率,有的则认为是综合利润率等。用这种不同的认识去观察和评价现行价格体系的不合理性及其具体表现,特别是设计合理的价格体系,就会有极不相同的结论和方案。所以,我们必须重视理论价格的研究和讨论。只有这样,才有助于使我们的价格体系自觉地建立在科学的基础上。

我认为,如果我们确认社会主义经济是有计划的商品经济,重视资金核算和资金利用效果,以利润作为评价经济活动效果和不同企业(与部门)经营管理水平的主要指标,利润的多少和利润水平的高低同企业和职工的经济利益紧密挂钩,企业之间开展竞争和在一定范围内允许资金的自由转移,重视技术进步,这样,我们就更有理由采纳资金利润率作为标准,而不以工资利润率和成本利润率作为标准。至于综合利润率,它的最大缺点是缺乏充分的理论依据。而马克思说过，"理论只要说服人，就能掌握群众；而理论只要彻底，就能说服人。所谓彻底，就是抓住事物的根本"①。综合利润率是一种折中主义的东西，有很大的不确定性，即工资利润率和资金利润率各占多少比重可以有很多不同的组合，使人很难抓住事物的根本。这就使它难以充当理论价格。也许在实际制订计划价格时，由于需要考虑多种因素，因而综合利润率作为一种方案加以考虑，还是可以的，但这同确定理论价格不是一码事。

第二，要更好地研究社会主义价格决定（或形成）的规律性。一般都承认，价值是价格的最一般的基础。但是，这并不意味着可以用价值决定的规律性代替价格决定的规律性。价格有其不同于价值决定的规律性。也就是说，商品价值（及其转化形态生产价格）决定的规律性，同价格决定的规律性，是不一样的。我们知道，商品价值决定于商品生产过程中的劳动耗费。商品价值的转化形态生产价格决定于商品的社会成本加平均利润。与此不同，商品的价格除了要以价值或其转化形态生产价格为基础以外，还受其他因素的影响，包括交换和分配因素的影响。在这些因素中，交换过程中供求关系的变化，和分配过程中国家有时把价格作为再分配国民收入的工具，对价格形成的影响特别显著。

马克思说："价格和价值量之间的量的不一致的可能性，或者价格偏离价值量的可能性，已经包含在价格形式本身中。"② 列宁也说过相同意思的话。他说："价值（社会的）转化为价格（个别的），不是经过简单的直接的道路，而是经过极其复杂的道路。"③ 马克思和列宁的这些话，是适用于我国社会主义商品经济的。

先看供求关系对价格的影响。在商品经济条件下，价格最直接的是随着供求关系的变化而涨落，产品供过于求时价格下降，供不应求时价格上涨。通过价格随着供求关系的变化而涨落，使社会生

---

① 《马克思恩格斯选集》第一卷，人民出版社1972年版，第9页。
② 《资本论》第一卷，人民出版社1975年版，第120页。
③ 《列宁选集》第二卷，人民出版社1972年版，第595页。

产和社会需要自动衔接起来。我国现行价格体系，一个重大缺陷是不反映供求关系。产品供过于求时价格也不降低，价格不能起到限制生产和刺激需求的作用，结果产品积压，这也是造成我国工商业部门流动资金占用过多的一个重要原因；相反，产品供不应求时，价格也不上调，价格起不到刺激生产和限制需求的作用，结果只好运用行政措施，实行计划供应或定量供应，使产品继续短缺下去。显然，这不但不利于生产的按比例发展，也不利于满足社会及其成员的需要，违背了社会主义生产目的的完满实现。

但是，我们不能认为价格就是由供求关系决定的。供求关系决定价格的理论，或者说，西方资产阶级经济学关于均衡价格的理论，是错误的，不可取的。这是因为，决定价格的基本因素，是价值或其转化形态生产价格。供求关系只能影响价格是高于价值（如在供不应求的条件下）还是低于价值（如在供过于求的条件下），但是不能最终决定各种产品的价格是高一些还是低一些。一般说来，不管供求关系发生什么变化，一吨合金钢的价格，总是比一吨生铁的价格高；一斤棉花的价格，总是比一斤小麦的价格高；等等。进一步说，引起市场价格变动的供求关系的变化，最终也是由商品价值及其变动决定的。正如马克思说的："如果市场价值降低了，社会需要（在这里总是指有支付能力的需要）平均说来就会扩大，并且在一定限度内能够吸收较大量的商品。如果市场价值提高了，商品的社会需要就要缩减，就只能吸收较小的商品量。"①

根据以上论述，我认为在研究价格决定的规律性时，我们要承认价格既由价值决定，又受供求关系影响，但是这两者不能等量齐观。前者是基础性的、最根本的，后者是第二位的、次要的，虽然也是不能忽视的因素。同时，我们也不能像有的同志所主张的那样，把能促进供求平衡的价格作为理想的价格。因为在流通领域影响市场价格变动的供求关系，是经常发生变化的转瞬即逝的社会供

---

① 《资本论》第三卷，人民出版社 1975 年版，第 202 页。

给与社会需要的关系。把能促进这种供求关系平衡的价格作为合理价格体系的标准，无异于让价格形成完全交给市场机制。而商品经济发展的历史告诉我们，社会经济运动如果完全由市场机制支配，很难摆脱生产的无政府状态和经济危机。这样，微观经济方面获得的社会供给和社会需求自动协调的好处，往往无法抵偿宏观经济比例失调带来的巨大损失，从而不利于讲求社会经济效益。这些问题在经济学界中有不同看法，我认为值得提出来进一步研究和讨论。

在社会主义有计划的商品经济中，价格形成还受分配因素的制约，国家也把价格作为国民收入再分配的杠杆。但是在我看来，不能把分配因素对价格形成的影响作用估计过高。过去我们经济工作的一个重大错误是，国家滥用价格作为再分配国民收入的杠杆，即为了集中力量发展需要很大投资的重工业，就从农业和农民身上打主意，把农产品价格定得远远低于其价值，保留有时甚至扩大工农业产品价格的剪刀差，从而把农民创造的剩余产品大部分或全部集中到国家手里，严重打击了农民的生产积极性，阻碍农业生产的发展，并一再造成国民经济的比例失调。这就牵连我们信奉了几十年的所谓"没有价格同价值的背离就没有价格政策"的公式的争论。孙冶方多年来一直对这个公式持批判态度，认为它同我们要以讲求经济效果作为经济活动的最高准则有矛盾。但是，有的同志却至今对它笃信不疑。我是赞同孙冶方这方面的观点的。我认为，以讲求经济效益为中心，价格应尽可能接近和符合价值及其转化形态生产价格，使价格能正确地反映和评价劳动消耗及其成果。价格对生产和流通的调节作用，在一般情况下，只是在价格符合价值或生产价格时，才能充分发挥出来，起正面的积极的作用。绝不是只有在价格同价值或生产价格背离时，才能发挥其调节作用。同时，价格普遍不合理地背离价值或生产价格，往往起逆调节或消极的作用。当然，这并不一概排斥价格同价值或生产价格背离的做法，对例如烟酒等消费品的价格定得高于其价值或生产价格，对大众药品的价格定得低于其价值或生产价格，是可以和必要的。不过这不应成为价格形成的重要决定因素。看来，对这个问题展开进一步的研究和讨论，还是有重要理论意义和实践意义的。

第三，社会主义价格模式的研究应提上议事日程。这是确定价格改革的目标和步骤方法所必须解决的问题。而要寻找合适的价格模式，首先需要准确掌握价格在社会主义有计划商品经济中的地位和作用。

我认为，我们现在确认社会主义经济是有计划的商品经济，要求大力发展社会主义商品生产和商品交换，必然大大提高价格在社会经济活动中的地位和作用。这表现在：价格开始充分显示了它作为评价各项经济活动效果标准的作用，并受到人们普遍的重视；价格及其变动是实现价值规律对社会经济生活的调节作用的形式；价格是国家组织引导和调节社会经济活动的最重要的杠杆。总之，价格日益成为正确指导生产和消费、搞活流通、合理调节各方面经济利益的最重要手段。在传统体制下，价格的这些重要作用被麻痹了。生产和经营单位都以完成上级的指令作为最高的行为准则，细心盘算经济效益并不是最重要的，因而人们对交换条件的优劣和价格的高低常常显得麻木不仁，无动于衷。现在人们常说，在传统体制下，价格仅仅被看成是经济核算的工具，而忽视了它作为生产和流通的调节手段的作用。其实，那时价格很难说是经济核算的工具。因为那时并不真正注重经济核算，计价算账并不是为了讲求经济，提高效益。恰恰相反，只有在新体制下，价格的核算职能才显得特别重要并能充分发挥出来。因为只有在以讲求经济效益为中心的新体制下，人们才真正注重经济核算，价格作为评价经济活动效果的标准，才能在经济核算中大显身手。这样，使价格尽可能符合价值或其转化形态生产价格，自然就极为重要。只有这样，国民经济各部门、各地区、各企业之间的经济活动的效果才能得到正确的评价，国民经济各种比例关系才能得到正确的反映，而不会像照哈哈镜那样，把事物的本来面目歪曲了。

那么，究竟什么样的价格模式才能发挥价格的这种重要职能和作用呢？原来单一的计划价格模式（主要是国家统一定价）已经不适应社会主义有计划商品经济的发展，这点大家分歧不大。但是，对于究竟采取哪种模式为好，则有不同意见。

有的同志主张采用供求平衡指导价格模式。这种模式有许多可取之处，如价格形成需充分考虑供求因素等。但提出者往往缺乏充分的马克思主义理论论证，忽略了价格的自发调节容易使市场物价总水平失去控制，而且这种价格机制实现的资源配置也带有严重的破坏性（如在资本主义商品经济中那样），因此，其合理性和科学性引起一些同志的怀疑，也就不足为怪了。

与此相类似，有的同志主张，在对宏观经济进行有效调节，包括严格控制货币供应量的条件下，采取以自由价格为主，部分产品仍实行国家统一定价和浮动价格，不会使市场物价总水平失去控制，也不会引起生产无政府状态和经济危机。比如，有的经济发达国家就实行控制货币供应量而放开价格，多年来物价总水平的上涨率一直维持较低的水平。我们是社会主义国家，有条件在全社会范围内实行计划调节，保持宏观经济比例的大体协调，就不但能避免物价总水平失去控制，还能避免资本主义的生产无政府状态和经济危机。

有的同志则认为，上述方案也许可以作为一种远景目标。但是在可预见到的期间内，我国还很难具备实行以自由价格为主的条件。因为长期以来，伴随着"投资饥饿"和"消费饥饿"而来的，是物资的短缺，许多商品处于卖方市场态势。在实施经济体制改革，买方市场出现以后，部分产品的卖方市场还会存在。在这种情况下，大范围地实行自由价格，有可能使物价总水平难以有效控制。同时，我们实行的是有计划的商品经济，既要实行商品经济的原则，又要实行计划原则。价格形成也不例外，也要进行有计划的调节。因此，作为中期目标，以计划幅度价或浮动价格为主，部分产品实行国家统一定价和自由价格，是比较恰当的价格模式。因为浮动价的实行范围、基准价和浮动幅度，都是由国家计划规定的，体现了计划调节；而企业（和部门、地方）根据劳动消耗和市场供求关系的变化，在规定的幅度内自行定价和调价，则体现了市场调节。这样，浮动价格就成为计划调节和市场调节的结合点，既能体现计划原则，又能体现商品原则。显然，这个问题的深入研究和讨论，对于价格改革具有深远的战略的意义。

与此相联系，在改革现行不合理的价格体系时，究竟是应以调为主还是以放为主即由国家有计划地调整计划价为主，还是把许多产品价格放开为主呢？主张自由价格模式的同志，自然赞成以放为主。而主张浮动价格模式的同志，则一般倾向于调放并重、有机结合。比如，物资比较丰富的产品价格实行放开，物资比较短缺的产品价格实行调整；鲜活商品价格逐步放开，非鲜活的重要消费品实行调整；小商品价格实行放开，重要的大宗商品价格实行调整。又如，同一种产品，计划收购部分的价格实行调整，自销部分的价格实行放开；收购价格实行放开，销售价格实行调整。再如，在宏观经济比例尚未很好协调时较多地实行调整价格的办法，在宏观经济比例比较协调时则较多地实行放活价格的办法。如此等等。从这里可以看出，改革价格管理体制，同改革价格体系，是密切结合在一起的。而且，如何掌握调和放的范围、比重和步骤等，不仅是重大的理论问题，本质上是价格形成中市场因素的估计和利用程度问题。而且是重大的实际问题，值得认真探索，寻找最优方案。

第四，价格改革与稳定市场物价的关系。这是一个有较大争议的问题。有的同志认为，现在改革价格体系，是对价格实行结构性调整，物价上涨是不可避免的，不必再强调稳定物价。而且过去人们常常把稳定物价理解为冻结物价，强调稳定物价势必束缚人们改革物价的手脚。还有，世界上一些国家在经济起飞时，都伴随着物价上涨，我国看来也难例外。

有的同志则认为，进行价格改革，也要保持物价的基本稳定，我是主张这个看法的。我认为，前一种意见是不完全的。市场物价的基本稳定，是保证经济稳定和协调发展的需要，是社会主义经济有计划发展的客观要求。物价问题很敏感，牵连千家万户，同人民经济利益息息相关，必须采取十分慎重的态度。事实上，连资产阶级经济学家也认识到，即使对于像美国这样实行资本主义市场经济的国家，保证物价的基本稳定是实现经济增长的重要条件。中国社会科学院1984年9月至10月组织了一个经济学家代表团应邀访问美国时，美国联邦储备银行的官员告诉我们：20世纪70年代末80年代初，美国经济处于滞胀状态，通货膨胀和失业率均达到两位数的高度，尤其是通货膨胀率，使人民怨声载道。所以他们认为，当务之急是降低通货膨胀率，为此必须严格控制货币的供应量，紧缩银根。这样做，可能要提高失业率，但只要把通货膨胀率降下来，加上其他鼓励私人投资的措施，就有可能使经济慢慢复苏，而在经济复苏的基础上，失业率自然会降下来。美国这几年的经济，大致是按他们的估计发展的，当然这里也有周期的因素。1983年和1984年，经济增长速度不慢，通货膨胀率已降到4%左右，失业率也降到7%—8%。里根这次竞选总统获胜，普遍认为同这两年美国经济恢复和发展密切相关。既然连资本主义市场经济国家都要尽力保持物价基本稳定，不让其上涨率达到两位数，那么，对于社会主义计划经济国家来说，保持物价基本稳定就显得更为必要和重要了。还有，我们现在对物价进行结构性调整，顾名思义，结构性调整应是在总水平没有大变化条件下有的产品价格上涨有的产品价格下降，而不是普遍涨价。因此，对物价进行结构性调整同保持物价基本稳定应该是不矛盾的。既然价格体系的改革要在保持市场物价基本稳定的前提下进行，这就意味着价格体系的改革，包括各种商品比价和差价的调整，不能搞大调，只能搞微调或中调，不能企求在短时期内完成，而要经历若干年时间。也就是说，要分步骤地进行改革，在市场不受大的冲击、人心安定的条件下，积小改为大改，这样既不会使物价问题久拖不决，而又比较稳妥可靠。同时，稳定物价并不是冻结物价，既不是一个个商品的价格固定不变，也不是物价总水平固定不变。今后物价总的趋势是会有一定程度的上涨。但是我们必须控制物价总水平的上涨幅度，比如每年2%—3%，最多不超过5%—6%。同时，即使是每年百分之几的物价上涨率，也要通过各种办法，保证人民生活水平不致下降。

看来，在价格改革中，是否要保持市场物价的基本稳定，是一个重要的指导思想，需要从理论上作充分的讨论和论证。

此外，关于改革价格体系同改革工资制度的关系，关于选择好价格改革的时机，关于价格改革的原则和方法，关于价格体系的改革与财政的关系等问题，也需要认真研究和讨论。限于篇幅，本文就不拟展开论述了。

（原载《经济学动态》1985年第6期）

社会主义价格理论与价格管理体制改革

随着我国经济体制改革的逐步展开，社会主义价格理论和实践问题日益为人们所关注。在传统经济体制下形成的价格体系和价格管理体制，越来越不适应社会主义有计划的商品经济的发展，不适应对内搞活经济、对外实行开放方针的贯彻执行。价格体系和价格管理体制的改革已经成为整个经济体制改革成败的关键。

在这种客观形势的推动下，价格问题越来越引起我国经济学界和各方面人士的关注。这也促使价格工作者更好地从理论上研究社会主义价格问题，并且已经取得了很大的成绩和可喜的成果。事实证明，正确地掌握社会主义价格形成理论，能够有效地提高我们的价格工作的自觉性和管理水平。

一 社会主义有计划的商品经济是研究价格问题的根本出发点

研究社会主义经济中的价格，包括研究价格在社会主义经济中的地位和作用，社会主义价格形成的规律性，价格体系和价格管理体制的改革等问题，都要首先确定社会主义经济的根本性质和特征。社会主义经济是计划经济，这点一般没有异议。但是，社会主义经济是否同时又是商品经济，多年来在经济界和经济学界中则有明显的分歧意见。是否承认社会主义经济也是一种商品经济，对社会主义价格形成的一系列问题，会得出不同的结论。中共十二届三中全会作出的《中共中央关于经济体制改革的决定》指出：社主义经济是在公有制基础上的有计划的商品经济。这就为我们考察社会主义价格问题指明了方向，提供了研究问题的根本出发点和理论基础。

为了更好地从理论上弄清楚社会主义价格形成的客观规律性，有必要先明确社会主义经济为什么是有计划的商品经济。

怎样认识社会主义经济，社会主义经济的本质和特征是什么？经济体制的改革、经济和社会发展战略的确定、现代化建设如何沿着社会主义方向前进，都取决于我们对社会主义经济的正确的、符合客观实际的认识。

传统的经济理论总是把社会主义计划经济同商品经济对立起来，把价值规律看成异己的力量。根据这种理论，许多社会主义国家都建立起高度集中的、以行政管理为主的、排斥利用商品货币关系的经济管理体制。长时期以来，这甚至被认为是社会主义经济的唯一可行的模式。但是，在几十年的实践中，人们越来越深切地感到，这种管理体制不完全符合社会主义经济发展的客观规律，存在种种弊端，特别明显地表现在整个社会经济活动缺乏生机和活力，经济效益不高等方面。因为排斥商品货币关系，否认企业是相对独立的商品生产者，一切经济活动几乎都听命于上级领导机关特别是计划机关的指令，自然压抑了数以十万计的企业和数以千万计的劳动者的积极性，使社会经济不能生气勃勃地灵活运转，同时，不通过市场这个纽带，就很难了解社会和消费者的需要及其变化，信息不灵，也往往使计划脱离实际，货不对路，一方面大量产品积压，另一方面又有许多产品短缺，造成比例失调和社会劳动的浪费。所以，当社会主义经济发展到一定阶段，特别是要求生产的发展更好地符合社会多方面的需要、社会经济更加重视提高效益和保持灵活运转的时候，必然要求对原有的过分集中的经济体制进行改革。这种改革的主要内容，我认为就在于充分利用商品货币关系和市场机制，来改善我们的经济组织和管理工作。中共十一届三中全会以来，党中央关于改革经济体制的一系列卓有成效的决策，就在于充分认识到社会主义计划经济必须大力发展商品生产和商品交换，更好地利用市场机制和市场调节，坚决抛弃那种把计划经济和商品经济对立起来的自然经济或半自然经济的观点后作出的。

社会主义经济是计划经济，这是必须肯定的。但是，这并不一定就要否定社会主义经济也是一种商品经济。为什么社会主义经济还具有商品经济的性质呢？一方面，社会主义经济存在广泛的社会分工，这是商品经济存在和发展的前提条件。另一方面，在社会主义社会，不仅还存在全民所有制和集体所有制，它们之间需要通过商品交换来建立彼此的经济联系；而且在全民所有制经济内部，由于还要承认不同劳动者的能力是"天然特权"，因此，人与人之间、企业与企业之间，仍然存在根本利益一致前提下的经济利益差别，即每个劳动者和企业，都有自己相对独立的经济利益，其中劳动者的利益在相当程度上是同企业的利益结合在一起的，这就决定了在全民所有制经济内部，在国有企业之间，不能不采取以等价交换为基本特征的商品关系，来调节他们之间的经济利益矛盾。

社会主义经济中不仅具有保留商品关系的客观必然性，而且整个社会经济活动的绝大部分，仍然要通过商品货币关系来进行。例如，工农业产品，除少数自给部分外，都要作为商品进入流通过程；作为社会主义经济细胞的企业，都是相对独立的商品生产者和经营者；国民经济平衡不但要有实物平衡，还要有价值平衡；按劳分配要通过商品流通来实现；各项经济活动效果要运用价值（通过价格）这个社会共同的尺度来衡量和评价；等等。因此，社会主义经济从总体上看，仍然是一种商品经济。

承认社会主义经济既是计划经济，又是商品经济，这就要求我们既按计划原则，又按商品经济原则，来组织整个社会的经济活动，力求在大的方面管住管好，小的方面放开放活，在保证客观经济协调发展的前提下，活跃城乡经济，讲求和提高经济效益，这正是经济体制改革的重要内容，并已在实践中收到了良好的效果。今后，我们的任务就是很好地寻找计划经济和商品经济的结合形式和结合点，使社会主义经济制度的优越性充分发挥出来。

虽然社会主义经济仍然是一种商品经济，但是，它既不同于小商品经济，也不同于资本主义商品经济，而是具有社会主义特征的商品经济。中共八届六中全会决议在谈到社会主义商品生产和交换时说："这种商品生产和商品交换不同于资本主义的商品生产和商品交换，因为它仍是在社会主义公有制的基础上有计划地进行的，而不是在资本主义私有制的基础上无政府状态地进行的。"我认为，这是对社会主义商品经济特征的科学概括。因此，把社会主义商品经济，从而把社会主义经济表述为有计划的商品经济是合乎逻辑的、正确的。

过去有的同志说，提社会主义经济是有计划的商品经济，落脚点仍然是商品经济，计划经济被抽象掉了。其实，所谓计划经济，是指在国民经济中有计划地分配和调节社会劳动，或者说有计划地组织、管理和调节社会经济活动的一种社会经济制度。这里，有计划地组织、管理和调节，必须落脚到社会经济活动上。问题是这种经济活动是自然经济活动，还是商品经济活动，或是产品经济活动。落脚到自然经济活动上的计划经济，必然窒息生机和活力，忽视经济效益；落脚到产品经济活动上的计划经济，则是脱离实际，现阶段往往成为落脚到自然经济活动上的计划经济的变种。只有落脚到商品经济活动上的计划经济，才反映了社会主义经济发展的客观要求和必然趋势。

社会主义商品经济的特点，表现在以下两个方面：第一，社会主义商品经济是建立在公有制基础上的，没有资本家参加的商品经济。当然，社会主义社会，由于存在多种经济成分，包括利用外资，因此在少量非社会主义商品经济中，还有资本家参加，但他们是在无产阶级专政的国家管理和监督下活动的。社会主义商品经济所体现的生产关系，是社会主义劳动者之间互相合作和平等互利的关系，而不再体现雇佣劳动制度下的剥削和被剥削的关系。社会主义商品经济是在劳动人民当家做主的前提下，为满足劳动人民不断增长的物质和文化生活的需要服务的。同时，在我国社会主义制度下，商品经济的范围已受到一定的限制，如劳动力不是商品，土地、矿山、铁路等一切国有资源也都不是商品。所有这些，都决定了社会主义商品经济的发展，不可能引导到资本主义，只能够有效地为社会主义现代化建设服务。

第二，社会主义商品经济是在国家计划指导下有计划地发展的。前面说过，计划经济同商品经济不是对立的。计划经济的对立面是生产和流通的无政府状态，商品经济的对立面是自然经济。必须认识，商品经济的充分发展，是社会经济发展的不可逾越的阶段，是实现我国经济现代化的必要条件。只有商品经济的充分发展，才能彻底打破自然经济的格局，大大提高劳动和生产的社会化水平，从而大大提高劳动生产率。在社会主义条件下，我们必须使商品经济的发展，纳入计划的轨道。可以说，社会主义计划经济的重要内容，不是别的，正是计划商品生产和商品交换，或者说，使社会主义商品经济的发展，置于国家计划的指导之下。为此，国家必须自觉地依据和运用价值规律，按照价值规律的要求，有计划地做到在社会总劳动时间中，只把必要的比例量使用在不同类商品的生产和流通上，实现国民经济按比例的协调发展。

在这里，有必要把社会主义有计划的商品经济同那种完全由市场调节的市场经济，即资本主义商品经济区别开来。在资本主义市场经济中，市场是至高无上的，整个经济的运动都受市场的支配，自发势力统治着一切。资本主义国家虽然也能运用一些经济杠杆和行政手段，对某些经济活动进行引导和调节，但是不能对宏观经济进行自觉的引导和调节，不能实现国民经济的协调发展。因此，生产和流通的无政府状态是资本主义经济永远摆脱不了的。社会主义经济与此不同。社会主义商品经济当然也离不开市场。社会主义经济活动要实行商品原则，在很大程度上也就是要实行市场原则。关键的问题在于：社会主义市场是可以由国家计划进行调节的。无论是商品（和劳务）市场，还是资金市场、技术市场、信息市场等，国家都要运用经济的、行政的、法律的力量,实行计划指导,参与市场调节,给市场活动规定一定的界限,尽可能限制其自发性,不让其对计划经济产生巨大的冲击力,保证重大比例关系比较适当,社会主义经济大体按比例地协调发展,避免资本主义市场经济必然带来的周期性的经济危机。

认识社会主义经济是有计划的商品经济,是我们改革经济体制,对内实行搞活经济,对外实行开放的根本出发点。有计划的商品经济要求在计划经济中充分利用市场机制,对只占国民经济一小部分的计划外经济活动实行市场调节,自觉地利用价值规律,合理调节社会劳动在国民经济各部门的分配,推动技术进步和社会生产力的提高,克服过分集中统一计划常常容易产生的比例关系失调、产品不能适销对路、经济增长速度减慢等弊病。而在微观经济活动中,真正承认各个社会主义企业的相对独立的商品生产者和经营者的地位和权益,成为自主经营,自负盈亏的经济实体,参加市场竞争,使它们既有内在的动力又有外在的强制力,努力改善经营管理,提高经济效益。要发展有计划的商品经济,就要发展对外经济技术交流,充分利用国外的市场、资金、技术和经营管理方法,以便挖掉民族经济的孤立性和闭塞性这一自然经济的根基,冲破生产社会化的国界,参加世界市场的竞争,以促进我国社会主义现代化建设事业的发展。

二 传统经济体制下的价格

在社会主义制度下,价格在社会经济活动中的地位和作用,取决于当时的社会主义经济模式和与它相适应的经济体制。现行的价格体系往往是当时的经济模式运行的综合表现,也是价格在国民经济中的地位和作用的反映;现行的价格体制则是当时的经济体制的重要组成部分。

所谓价格体系,一般指的是国民经济中各种价格和它们之间的比价、差价等关系及其变动的总称。有时人们还把各种价格形式和结构也包括在价格体系中。价格体系首先包括国民经济各部门产品的价格，如农产品价格、工业品价格、建筑产品价格、交通运输价格、各种服务收费等。其次，还包括各种产品的比价关系，如工农产品比价，原材料、能源同产成品比价，新老产品比价，整机和零部件比价，消费品同各种服务收费比价，工业品内部比价，农产品内部比价等。再次，还包括各种差价关系，如质量差价、季节差价、批零差价、地区差价、购销差价、城乡差价等。最后，价格体系还包括各个时期价格总水平和各种主要产品价格水平的控制机制与变动趋势。

所谓价格管理体制，指社会主义国家采取的价格形式及其关系和价格管理权限等的规定。例如我国当前采取国家统一定价、浮动价格、工商企业协商定价、议价和集市贸易价等形式，其中以国家统一定价和浮动价格为主；在价格管理方面则实行统一领导、分级管理的原则，关系国计民生的一些重要商品价格和服务收费，由国务院、国家物价局和国务院业务主管部门制定，其他产品则让地方和企业享有一定范围和一定程度的定价权和调价权；属于三类的小商品和允许上集市的商品，其价格则让价值规律自发调节。

与价格在国民经济中的地位和作用取决于经济模式相类似，价格体系在很大程度上取决于价格管理体制。我国不合理的价格体系，在很大程度上是由僵化半僵化的价格管理体制决定的。随着我国社会主义经济逐步向有计划的商品经济转移，必须对原来不合理的价格体系进行根本的改革，而这又要求与价格管理体制的改革相配合。

传统的经济体制必然人为地降低价格在国民经济中的地位和作用。

过去，我国基本上实行中央集权制计划经济模式，其经济体制是一种高度集中的、以行政管理为主的体制。这种模式和体制把社会主义计划经济看成是与商品经济完全对立的自然经济或半自然经济，认为商品货币关系是外在的（在纯粹的社会主义经济中不存在的）、暂时的（在集体所有制经济存在的一段时间内）东西，更谈不上承认社会主义经济同时也是一种商品经济；只承认有计划发展规律的作用和计划调节，不承认价值规律的调节作用和利用市场机制的必要性；实行按行政系统自上而下下达各项指令性指标，否认生产企业的自主权和相对独立商品生产者的地位，否认企业有相对独立的经济利益；等等。

这种传统的经济模式和经济体制，必然降低价格在社会经济活动中的地位和作用。

首先，传统体制麻痹了或者扭曲了价格作为评价经济活动效果的经济职能。在全民所有制经济内部，人们并不怎么关心价格体系是否合理。这是因为，对全民所有制经济来说，如果是生产资料，那么无论是生产者还是消费者，都不太关心交换价格的高低，反正大家吃大锅饭，盈亏一个样，基本上不影响他们既得的经济利益（尽管在某种程度上对生产者的积极性也有相当的影响）；如果是消费资料，价格太高造成积压就增加库存，价格太低造成脱销则或者听之任之，或者凭票供应（叫计划供应），市场供求信息很难反作用于生产和定价上。为什么一些矿石和煤炭价格长期明显偏低，中厚板钢材价高利大而小型材和线材价低利小，都可以一二十年不予改正而维持下来，就是这个原因。大家知道，由于国家定价缺乏充分的经济根据，造成我国各部门、各行业和各种产品的利润率（无论是资金利润率还是成本利润率）高低相差悬殊。在这种情况下，价格就难于成为评价劳动及其成果的标准。价格高的，不一定社会劳动消耗高；价格低的，不一定社会劳动消耗低。价格高低，从而盈利高低，不能反映人们经济活动效果的大小。

其次，传统体制大大抑制了价格对社会生产和流通的调节作用。在旧体制下，社会生产和流通的绝大部分，都是按国家的指令性计划进行的（即使在经济体制进行了初步改革的 1983 年，按国家指令性计划生产的工业品，仍占全部工业品的 90% 以上），市场因素，供求关系对生产和流通的作用微不足道，价格对社会生产和流通的作用范围很窄，程度很低。所以，过去人们常常强调价格只是经济核算的工具，忽视或不承认价格也是社会经济生活的调节手段。另外，排斥市场机制下形成的价格体系，往往既不反映社会劳动消耗，又不反映供求关系，价格对社会生产和流通的有限的调节作用，在许多情况下反而成为逆调节。例如，长期以来，煤炭是工业的粮食，煤炭产量不足是制约我国经济发展的极其重要的因素。但是，这个最重要的、最急需发展的产品，价格却一直偏低，不但不能刺激反而限制了它的发展和节约代用。其他原材料等初级产品价格也有类似情况。与此相反，不少加工工业产品是长线产品，库存积压不少，但是价格却一直偏高，这是造成这些产品生产盲目发展、经济效益下降的一个原因。

最后，国家常常滥用价格作为再分配国民收入杠杆的作用。因为既然在经济管理中基本上排斥市场机制，也就不存在价格同社会劳动消耗相适应、同市场供求状况相适应的内在的要求。这样，价格就往往被国家广泛用于再分配国民收入。特别是中央集权制计划经济的重要特点之一，是经常要集中全国人力、物力和财力，用于解决国民经济发展中最紧迫的任务，而滥用价格作为再分配的工具。比如苏联在头三个五年计划期间和我国二十多年来，为了集中力量发展需要很大投资的重工业，于是就从农业和农民身上打主意，把农产品价格定得远远低于其价值，保留有时甚至扩大工农业产品价格的剪刀差，从而把农民创造的剩余产品大部分或全部集中到国家手里。高度集中、以行政管理为主的经济管理体制，更便于国家做到这一点。正如有的同志说的，社会主义国家往往使价值和价格背离得比资本主义国家还厉害。资本主义国家在价格背离价值的时候，价值规律就会自动出来调节，使价格朝着价值的方向摆动。而实行上述经济体制的社会主义国家，价格一般是由国家规定的，基本上实行单一的计划价格体制，当出现价格背离价值的时候，即使市场上出现供求不平衡的状态，价值规律也不能自发调节价格。

在传统体制下,不合理的价格体系和价格体制,必然对国民经济的发展,带来种种不良的后果。

首先,妨碍经济的顺利发展。

世界银行《1983年世界发展报告》对价格偏差(或扭曲)同经济增长的关系有这样一个估计:关于经济增长率和偏差指数的数字表明,偏差较高(属于最高的三分之一)的国家的经济增长率比平均数(每年约增长5%)约低两个百分点,偏差低(属于最低的三分之一)的国家比平均数约高两个百分点。报告还指出,经济增长率差别的原因,需要考虑其他许多因素,不仅起码要考虑自然资源的禀赋,还要考虑其他经济、社会、政治和体制等因素,才能较全面地说明问题。但是,价格偏差能对经济增长情况的差别说明大约三分之一的问题。根据我们的经验,价格偏差,一方面必然使价格偏高的产品大量积压,另一方面又使价格偏低的产品短缺,造成社会劳动的不合理分配和影响各部门的协调发展。偏差的价格还给生产、技术改造、采用代用品、外贸、消费等带来错误的信息,从而导致社会劳动的严重浪费。可见,价格体系不合理,对社会经济的发展有着重大影响。

其次,不利于社会生产和流通的有计划按比例的发展。

社会主义经济是社会化程度很高的经济。产品种类繁多,有的国家达几百万种,甚至上千万种。而且随着科学技术的飞速发展,产品的品种将越来越多,质量将越来越好,更新换代越来越快。与此相适应,人们对各种产品的需求也将日益提高,需求结构千变万化。在这种情况下,光靠计划把一切都安排得尽善尽美是不可能的。如果只靠计划事前调节一种手段,不同时采用价格调节手段,要么需要大量的后备力量经常补充计划的不足,要么不顾一方面大量产品脱销、另一方面大量产品积压,这些,都必然带来比例失调。因为不通过价格的某种自由浮动(这种浮动反映着社会供求关系的弹性变化)对社会生产和流通的调节,就不可能使社会生产适应复杂多变的社会需要，并使两者紧密联系起来。而在价格管理方面过分集中的、僵化半僵化的体制，自然排斥价格的自由浮动，不允许地方和企业根据市场供求变化有一定的定价权和调价权。

从宏观经济来看，价格体系是否合理，对整个社会生产是否按比例地协调发展，影响甚大。一般说，价格结构由生产结构决定反过来又决定着生产结构，因为生产结构常常是在一定的价格结构提供的信息下形成和变化的。价格体系不合理，必然给社会生产提供错误的信息，不利于社会生产按比例地协调发展。而过分集中的、僵化半僵化的价格管理体制，使不合理的价格体系不能及时得到调整和纠正。而且有时情况甚至相反，某种重要产品价格不合理（譬如偏低），但是为了特定需要，无法及时调整，于是硬性维持不变，时间长了积重难返，只好求助于行政手段，一方面冻结价格，另一方面下达指令性生产计划来维持生产，并采用计划供应或凭票供应的办法来限制供应，于是价格体系在这种僵化半僵化的管理体制下越来越不合理。总之，价格偏高偏低，必然使产业结构和经济结构向畸形方向发展，这也是造成整个国民经济比例失调的一个重要原因。

最后，不利于社会经济效益的提高。

从微观经济活动来说，如果排斥价格的某种自由浮动，各个企业就不会受到市场的压力，不懂得如果出售坏的或质次的产品会陷入经济困境，甚至发不出工资和奖金，影响企业留利。这就是说，如果价格管理体制排斥价格竞争，就不能迫使企业的生产符合社会的需要，努力了解和掌握市场信息，采用先进技术，改善经营管理，降低成本，提高劳动生产率，一句话，不利于企业努力提高经济活动的效果。

从宏观经济活动来说，价格体系不合理，生产比例失调，必然带来社会劳动的浪费，大大降低社会经济效益。同时，过分集中的、僵化半僵化的价格管理体制，使价格不能很好地发挥其调节经济生活的职能和作用,这样,就必然带来如下结果:首先,必须有大量的储备,才能防止某种商品(价格低于社会劳动消耗的商品)完全脱销。而这对社会来说,意味着要积压资金、增加仓库投资和支付大量储存费用等。其次,必然有另一部分质次价高和价格高于社会劳动消耗的商品过剩和积压,这也同样会降低社会经济效益。

三 新经济体制下的价格

新经济体制以确认社会主义经济是有计划的商品经济作为基础和根本出发点,要求大力发展社会主义商品生产和商品交换,必然大大提高价格在社会经济活动中的地位和作用。

肯定社会主义经济是有计划的商品经济,要按照商品经济的原则组织社会经济活动,就必然大大提高价格在社会经济活动中的地位和作用。

第一,价格开始充分显示了它作为评价各项经济活动效果标准的作用,并受到人们普遍的重视。在社会主义商品经济中,各项经济活动效果,都要用价值这个社会共同的尺度来衡量。但是,价值要通过价格才能成为现实的衡量尺度。价格作为评价经济活动效果标准的作用,在吃大锅饭的体制下,特别是在全民所有制经济内部,由于普遍不重视经济效益而显得并不重要,也不为人们所关注,顶多只是作为核算的工具。但是,在承认社会主义经济是商品经济,各个企业是相对独立的商品生产者,企业和职工的物质利益要同企业的经营成果紧密挂钩的新体制下,价格作为评价经济活动效果标准的作用,自然就显得非常重要,并为人们深切关注了。各种产品价格的高低贵贱,已经越来越成为人们进行经营决策和从事各项经济活动核算的中心。

第二,价格及其变动是实现价值规律对社会经济生活的调节作用的形式。确认社会主义经济是商品经济,意味着价值规律在社会主义经济中发生广泛的调节作用,而价值规律的这种调节作用是通过价格及其变动来实现的。商品价格的高低,直接影响供应和需求的关系。一种商品,提高价格,或者价格高于社会劳动消耗,就会减少对它的需求,销量下降,容易出现供过于求。相反,商品降价,或者价格低于它的社会劳动消耗,就会增加对它的需求,销量上升,容易出现供不应求。价值规律对生产的调节也是通过价格及其变动来起作用的。由于企业是相对独立的经济实体,是自主经营、自负盈亏的社会主义商品生产者和经营者,他们自然要围绕利润这个中心来确定生产经营活动,愿意生产和增产销路好、价高利大的产品,而不愿意生产和增产销路不好、价低利小的产品,因此,价格成为企业生产经营的重要指示器。

第三,价格是国家组织、引导和调节社会经济活动的最重要的杠杆。由于确认社会主义经济是有计划的商品经济,要按照商品经济的原则组织社会经济活动,国家在进行计划管理时,要逐步缩小指令性计划的范围,逐步扩大指导性计划和实行市场调节的范围。这样,价格就成为国家自觉依据和运用价值规律,组织和引导各企业、部门和地区经济活动纳入有计划发展轨道的最重要的杠杆。因为无论是在计划经济中运用市场机制,还是在计划范围外实行自发的市场调节,以及开展社会主义竞争,都要通过价格及其运动来实现。可见,价格是国家调节社会劳动在各部门之间分配,实现国民经济协调发展的最有力的杠杆。价格日益成为正确指导生产和消费、搞活流通、合理调节各方面经济利益的最重要手段。价格体系是否合理,制约着整个国民经济的发展。

研究社会主义经济中价格形成问题,首先要确定社会主义理论价格。

所谓理论价格,就是基础价格。它回答的是社会主义价格形成的客观基础是什么的问题。有人把社会主义理论价格多元化,认为既包括基础价格,又包括供求价格和决策价格或目标价格,这样做,必然把理论价格同计划价格或实际价格相混淆,理论价格就不成其为理论价格了。

社会主义理论价格是什么？在国内外，在理论界和实际部门中，长时期都有争论，而且分歧较大。

我认为，社会主义理论价格，就是生产价格，即相当于产品成本加上按平均资金盈利率确定的利润额。在社会主义有计划的商品经济中，生产价格绝不是人们的主观杜撰，或者某种理想化的愿望，而是不以人们的主观意志为转移的客观经济过程的内在要求和产物。生产价格是社会主义商品价值的转化形态。在价值规律的作用下，生产价格正在日益为自己开辟越来越广阔的活动场所。

社会主义实际价格不同于理论价格。理论价格只回答价格形成的基础问题，而实际价格除了要反映理论价格（按照上节所谈的，就是生产价格）外，还要反映其他因素，其中最重要的，就是供求关系。

这是因为，在商品经济条件下，商品价值及其转化形态生产价格决定的规律性，同价格决定的规律性，是不一样的。

商品价值决定于商品生产过程中的劳动耗费。商品价值的转化形态生产价格决定于商品的社会成本加平均利润。与此不同，商品的价格除了要以价值或生产价格为基础以外，还受其他因素的影响，包括交换和分配的因素的影响。在这些因素中，交换过程中供求关系的变化对价格的形成的影响特别显著。

马克思说："价格和价值量之间的量的不一致的可能性，或者价格偏离价值量的可能性，已经包含在价格形式本身中。"① 列宁也说过相同意思的话。他说："价值（社会的）转化为价格（个别的），不是经过简单的直接的道路，而是经过极其复杂的道路。"② 马克思和列宁的话，是适用于社会主义商品经济的。

我国现行价格体系，除了不反映价值及其转化形态生产价格（这是主要的）外，也不反映供求关系。僵硬的单一的计划价格，

---

① 《资本论》第一卷，人民出版社 1975 年版，第 123 页。
② 《列宁选集》第二卷，人民出版 1972 年版，第 595 页。

常常使价格固定化，实际上被冻结起来，不能及时根据供求关系的变化而及时加以调整。产品供过于求时，价格也不降低，价格不能起到限制生产和刺激需求的作用，结果产品积压，这也是造成我国工商业部门流动资金占用过多（一般发达的资本主义国家，社会产品总库存额只占年国民收入的四分之一到三分之一，而我国则同年国民收入差不多）的一个重要原因；相反，产品供不应求时，价格也不上调，价格起不到刺激生产限制需求的作用，结果只好运用行政措施，实行计划供应或定量供应，使产品任其短缺下去。显然，这不但不利于生产的按比例发展，也不利于满足社会及其成员的需要，违背了社会主义生产目的的完满实现。

今后，为了使社会主义有计划的商品经济能够健康地正常运转，价格必须很好适应市场供求关系的变化，使之成为有效调节生产和需求的杠杆。绝不要再走过去那条物资一短缺就统，越统越短的老路，因为这已被实践证明是不成功的，不利于社会主义经济顺利发展的笨办法。

社会主义价格要考虑供求关系及其变动，不等于价格完全自发地由供求关系决定。至于西方资产阶级均衡价格的理论，那更是错误的、不可取的。

马克思主义历来认为，在商品经济条件下，商品的价格是围绕价值或其转化形态生产价格上下波动的。价值或生产价格是价格运动的中心。供求关系能够影响价格是高于价值（如在供不应求的条件下）还是低于价值（如在供过于求的条件下），但是不能最终决定价格是高还是低。决定价格高低的，最根本的，还是价值或其转化形态生产价格。不管供求关系发生什么变化，一吨合金钢的价格，总是比一吨生铁的价格高；一斤棉花的价格，总是比一斤小麦的价格高；等等。供求价格或均衡价格更不能解释在商品供求平衡条件下，为什么有的商品价格高，有的商品价格低，各种商品价格参差不齐。

从商品交换的表面现象看，似乎价格和供求存在着互相作用、互相决定的关系。一方面,价格决定着供求关系,价格高了,需求减少,供应增加;另一方面,供求关系又决定价格,供不应求时价格上涨,供过于求时价格下跌。但是,如果由此就得出价格由供求关系决定而同时供求关系又由价格决定的循环结论,那就错了,因为这只是表面现象。如果我们从现象进入本质,就能进一步发现,无论是供求关系还是价格,归根结底都是由商品价值及其变动决定的,即商品价值及其变动既调节着商品的价格,又调节着供求关系。

关于商品的价值及其变动决定着商品价格及其变动,上面已经说过许多。这里需要进一步说明的是,引起市场价格变动的供求关系的变化,最终也是由商品价值及其变动决定的。正如马克思说的:"如果市场价值降低了,社会需要(在这里总是指有支付能力的需要)平均说来就会扩大,并且在一定限度内能够吸收较大量的商品。如果市场价值提高了,商品的社会需要就要缩减,就只能吸收较小的商品量。"① 现实经济生活充分说明了这一点。

总之,商品价格及其运动,最终是由价值规律的作用决定的,而不是像有的经济学家所说的那样,是由供求关系决定的。

为了深入研究供求关系同价格形成的关系,需要区分两种不同类型的供求关系:一种供求关系同价值形成有关系,它制约着价值的形成,从而价格决定基础价格,另一种供求关系只同价格及其变动有关系,而同价值形成没有关系。

这个问题是在研究马克思在《资本论》第 3 卷提出另一种含义的社会必要劳动时间问题时提出来的。马克思说,不仅在每个个别的商品上要只使用必要的劳动时间,并且在社会的总劳动时间中,也要只把必要的比例量,用在不同各类的商品上。又说,商品价值不是由某一个个别的生产者生产一定量商品或个别一些商品所必需的劳动时间决定,而是由社会必要劳动时间决定;由这种劳动

---

① 《资本论》第三卷,人民出版社 1975 年版,第 202 页。

时间决定,那是在社会生产条件一定的平均下,把市场上现有的某种商品的社会必需总量生产出来所必需的。"假设有过大量的社会劳动时间被用在一个部门了,那也只会被支付以这样多的代价,好像所用的量恰好相当一样。(一个部门的)总生产物——即总生产物的价值——在这场合,将不等于其内包含的劳动时间,只等于其总生产物与其他部门的生产保持比例时,比例上应使用的劳动时间。"[①] 马克思以上几段话,说明社会供给与社会需要的关系,在有的情况下,并不是只影响价格,而是影响价值决定和社会必要劳动时间的形成。这就要求我们正确地区分两种不同的供求关系。

在一般情况下,影响价值决定和社会必要劳动时间形成,指的是在比较长时期内稳定存在的社会供给与社会需要的关系,即在生产领域内起作用的供求关系;而影响价格在价值上下摆动的,是经常发生变化的转瞬即逝的社会供给与社会需要的关系,即在流通领域影响市场价格变动的供求关系。大家知道,马克思比较充分而详细地阐述社会供需关系影响价值决定和社会必要劳动时间形成的观点,是在分析资本主义地租问题的时候,这是容易理解的。因为在资本主义条件下,存在资本主义的土地经营垄断,比较长期稳定的特定的社会供需关系决定着农产品的价值由劣等地的劳动耗费决定。马克思论述有关市场价格等问题时,则主要说明社会供需关系只影响价格。在正常情况下,只要不存在对生产条件如经营垄断和其他特殊情况,社会供需是大体均衡的。这时,产品的社会必要劳动量就是由产品的平均劳动消耗量决定的。但是,如遇到社会供给和社会需要在比较长的一段时期内脱节时,或者遇到某种生产条件受到经营垄断,并且这种经营垄断会带来人与人之间的物质利害关系时,这种供需关系就制约着价值的形成,而且一般是通过产品的社会必要劳动量是按优等、中等或劣等生产条件的耗费来确定而贯

[①] 马克思:《剩余价值学说史》第 1 卷,生活·读书·新知三联书店 1957 年版,第 220 页注 33。

彻的。

这样，我们研究社会主义商品经济中价格形成问题，对于供求关系，也要区分两种不同的情况，一种是影响产品价值形成的，我们要在制定价格时作为较长期起作用的因素加以考虑，要求价格较稳定地反映它；另一种是影响产品价值实现即价格的，我们在制定价格时可作为暂时起作用的因素加以考虑，供求关系发生变化后，价格也可随之变化，反应需尽可能灵敏些。

四 发展有计划的商品经济要求改革现行价格体系和价格管理体制

从传统模式到有计划商品经济模式的过渡，需要进行价格改革。国内外一些经济学家都指出：社会主义经济体制改革的根本点在于确定合理的有经济根据的价格体系，以便建立合理的或最优的生产和消费的模式与结构。价格引导着社会的生产和消费。在商品经济条件下，价格体系合理，就能使社会的一切资源得到最有效的利用，建立合理的生产结构；同时，也能使社会消费是最节约的，即能做到花费最少的自然资源和劳动而充分满足人们的物质和文化生活的需要。一句话，能够取得最优的社会经济效益。

要进行价格改革，建立合理的价格体系，首先要确定价格改革的目标模式。目标模式不确定，改革的方向就很难把握住。

那么，究竟什么样的价格模式才能发挥价格的这种重要职能和作用呢？原来单一的计划价格模式（主要是国家统一定价）已经不适应社会主义有计划商品经济的发展，这点大家分歧不大。但是，对于究竟采取哪种模式为好，则有不同意见。

有的同志主张采用供求平衡指导价格模式。这种模式有许多可取之处，如价格形成需充分考虑供求因素等。但提出者往往缺乏充分的马克思主义理论论证，忽略了价格的自发调节容易使市场物价总水平失去控制，而且这种价格机制实现的资源配置也带有严重的破坏性（如在资本主义商品经济中那样），因此，其合理性和科学性引起一些同志的怀疑，也就不足为怪了。

与此相类似，有的同志主张，在对宏观经济进行有效调节，包括严格控制货币供应量的条件下，采取以自由价格为主，部分产品仍实行国家统一定价和浮动价格，不会使市场物价总水平失去控制，也不会引起生产无政府状态和经济危机。比如，有的经济发达国家就实行控制货币供应量而放开价格，多年来物价总水平的上涨率一直维持较低的水平。我们是社会主义国家，有条件在全社会范围内实行计划调节，保持宏观经济比例的大体协调，这不但能避免物价总水平失去控制，还能避免资本主义的生产无政府状态和经济危机。

有的同志则认为，上述方案也许可以作为一种远景目标。但是在可预见到的期间内，我国还很难具备实行以自由价格为主的条件。因为长期以来，伴随着"投资饥饿"和"消费饥饿"而来的，是物资的短缺，许多商品处于卖方市场态势。在实施经济体制改革，买方市场出现以后，部分产品的卖方市场还会存在。在这种情况下，大范围地实行自由价格，有可能使物价总水平难以有效控制。同时，我们实行的是有计划的商品经济，既要实行商品经济的原则，又要实行计划原则。价格形成也不例外，也要进行有计划的调节。因此，作为中期目标，以计划幅度价或浮动价格为主，部分产品实行国家统一定价和自由价格，是比较恰当的价格模式。因为浮动价的实行范围、基准价和浮动幅度，都是由国家计划规定的，体现了计划调节；而企业（和部门、地方）根据劳动消耗和市场供求关系的变化，在规定的幅度内自行定价和调价，则体现了市场调节。这样，浮动价格就成为计划调节和市场调节的结合点，既能体现计划原则，又能体现商品原则。显然，这个问题的深入研究和讨论，对于价格改革具有深远的战略意义。

与此相联系，在改革现行不合理的价格体系时，究竟是应以调为主还是以放为主即由国家有计划地调整计划价为主，或是把许多产品价格放开为主呢？主张自由价格模式的同志，自然赞成以放为主。而主张浮动价格模式的同志，则一般倾向于调放并重、有机结合。比如，物资比较丰富的产品价格实行放开，物资比较短缺的产品价格实行调整；鲜活商品价格逐步放开，非鲜活的重要消费品实行调整；小商品价格实行放开，重要的大宗商品价格实行调整。又如，同一种产品，计划收购部分的价格实行调整，自销部分的价格实行放开；收购价格实行放开，销售价格实行调整。再如，在宏观经济比例尚未很好协调时较多地实行调整价格的办法，在宏观经济比例比较协调时则较多地实行放活价格的办法。如此等等。从这里可以看出，改革价格管理体制，同改革价格体系，是密切结合在一起的。而且，如何掌握调和放的范围、比重和步骤等，不仅是重大的理论问题，本质上是价格形成中市场因素的估计和利用程度问题。而且是重大的实际问题，值得认真探索，寻找最优方案。

关于价格改革与稳定市场物价的关系问题。这是一个有较大争议的问题。有的同志认为，现在改革价格体系，是对价格实行结构性调整，物价上涨是不可避免的，不必再强调稳定物价。而且过去人们常常把稳定物价理解为冻结物价，强调稳定物价势必束缚人们改革物价的手脚。还有，世界上一些国家在经济起飞时，都伴随着物价上涨，我国看来也难例外。

有的同志则认为，进行价格改革，也要保持物价的基本稳定。我是主张这个看法的。我认为，前一种意见是不完全的。市场物价的基本稳定，是保证经济稳定和协调发展的需要，是社会主义经济有计划发展的客观要求。物价问题很敏感，牵连千家万户，同人民经济利益息息相关，必须采取十分慎重的态度。中国社会科学院1984年9月至10月组织了一个经济学家代表团应邀访问美国时，美国联邦储备银行的官员告诉我们：20世纪70年代末80年代初，美国经济处于滞胀状态，通货膨胀和失业率均达到两位数的高度，尤其是通货膨胀率，使人民怨声载道。所以他们认为，当务之急是降低通货膨胀率，为此必须严格控制货币的供应量，紧缩银根。这样做，可能要提高失业率，但只要把通货膨胀率降下来，加上其他鼓励私人投资的措施，就有可能使经济慢慢复苏，而在经济复苏的基础上，失业率自然会降下来。美国这几年的经济，大致是按他们的估计发展的，当然这里也有周期的因素。既然连资本主义市场经济国家都要尽力保持物价基本稳定，不让其上涨率达到两位数，那么，对于社会主义计划经济国家来说，保持物价基本稳定就显得更为必要和重要了。还有，我们现在对物价进行结构性调整，顾名思义，结构性调整应是在总水平没有大变化条件下有的产品价格上涨有的产品价格下降，而不是普遍涨价。因此，对物价进行结构性调整同保持物价基本稳定应该是不矛盾的。既然价格体系的改革要在保持市场物价基本稳定的前提下进行，这就意味着价格体系的改革，包括各种商品比价和差价的调整，不能搞大调，只能搞微调或中调，不能企求在短时期内完成，而要经历若干年时间。也就是说，要分步骤地进行改革，在市场不受大的冲击、人心安定的条件下，积小改为大改，这样既不会使物价问题久拖不决，而又比较稳妥可靠。同时，稳定物价并不是冻结物价，既不是一个个商品的价格固定不变，也不是物价总水平固定不变。今后物价总的趋势是会有一定程度的上涨。但是我们必须控制物价总水平的上涨幅度，比如每年2%—3%，最多不超过5%—6%，即相当于年平均利息率，这是物价上涨率的最高经济界限。同时，即使是每年百分之几的物价上涨率，也要通过各种办法，保证人民生活水平不致下降。

为了使价格改革能够顺利进行，我认为，除了需要具备其他条件，还有一个重要条件值得提出来说一说。这就是：宏观经济要比较协调，具有一定的后备力量。价格是国民经济状况的综合反映。宏观经济不协调，价格就必然波动。价格改革不能损害消费者的利益，不能使人民生活下降。这样，在改革期间，无论是保持物价基本稳定，还是为了保证人民生活而采取某些补贴措施，都要以国家具有一定的物资后备和经济调节力量为前提。而这又要由宏观经济的协调作保证。如果宏观经济不协调，财政很紧，国家后备力量不足，也就难以应对价格改革中可能出现的原来没有预料到的因素，就可能影响物价的稳定和人民的生活。这是不足取的。为了使价格改革能顺利进行，首先，要力求做到社会总供给大于总需求，建立一个供求基本平衡、供略大于求的买方市场，使整个国民经济不要绑得那么紧，而是要放宽一些，这就要舍得放慢发展速度，压缩投资，控制消费基金的增长速度，实现财政和信贷收支平衡，略有节余。其次，严格控制货币发行量。过去我们对货币政策重视得不够，一些发达的资本主义国家，主要是通过货币政策调节宏观经济的，并且积累了一套比较成熟的经验，有些经济学家还提出了简单的数量界限，如认为经济年平均增长率若为3%，货币供应量年增长率应为6%，这样通货膨胀率就能控制在人们一般可以接受的3%以下。因此，我们要研究在改革期间正常货币流通量的界限，研究为了保证经济稳定的正常发展，需要增加货币供应量的界限，并在实践中从严掌握，来保证价格改革的健康发展。这个问题，我认为经济学界包括实际工作者和理论工作者要反复阐发，以防止在大好形势下头脑发热，又来盲目追求高速度，然后过几年再来一次调整这种不应该出现的局面产生。

（原载《管理世界》1986年第3期）

论价格体制从直接管理向间接管理转变

一 经济体制改革要求国家对价格从直接管理逐步转变为主要进行间接管理

随着经济体制改革的进行,社会主义国家对经济的管理将会出现两个突出的变化。一是管理的对象从几乎无所不包变为主要管理宏观经济,其核心是有效地控制社会总需求的合理增长,同时合理地利用资源,有计划地增加社会的总供给,使社会总需求与社会总供给相一致,以保证国民经济比例关系大体协调,实现有计划的发展;而对微观经济活动则大部分或绝大部分放开,不再随便干预。二是从直接管理变为主要进行间接管理,从行政方法变为主要运用经济方法,即主要通过经济参数进行诱导和控制,使各项经济活动符合总的发展战略目标。

与此相适应,国家对价格的管理也将发生变化,从管得过多过死变为主要管宏观价格(如控制物价水平变动幅度、合理调节某些战略性价格和主要比价、差价关系等),从国家统一定价的直接管理变为主要进行间接管理。除极少数关系国民经济全局的产品和服务收费仍保留国家统一定价,一部分重要产品和服务收费由国家规定实行浮动价(包括最高限价、最低限价、中准价和浮动幅度)外,国家一般不再对各种具体产品价格和各项服务收费进行直接的行政干预,而只通过各种间接手段控制价格总水平和各种重要产品的相对价格水平,运用价格杠杆引导社会生产和消费结构合理化。

社会主义国家这种对价格管理制度的转变，是符合我们对社会主义经济的本性和特征的新认识的。中共十二届三中全会作出的《中共中央关于经济体制改革的决定》，确认社会主义经济是在公有制基础上的有计划的商品经济。按照我的认识，所谓有计划的商品经济，是指社会主义经济从总体上说，是商品经济，商品经济活动是整个社会经济活动的基础；国家通过自觉地组织、调节和控制，引导商品经济活动纳入有计划发展的轨道，避免资本主义商品经济那样的无政府状态和经济危机。

根据社会主义经济是有计划的商品经济的本性，在经济运行方面，自然更多地要实行市场协调而不是行政协调，而这就意味着在价格形式上要更多地采取市场价格或以市场价格为主。当然，为了保证社会主义商品经济发展的计划性，市场协调和市场价格都要以国家对宏观经济的有效管理和控制为前提，即要以计划为依据，实现宏观经济比例协调，主要是实现社会的总需求和总供给相一致，对增加货币供应量实行严格的控制，以及对一部分产品实行国家统一定价或浮动价，国营物资和商业部门参与市场调节等。这样，就能使市场价格不因由于垄断、投机、群众市场心理变态或外来因素等带来的短期供求关系的变动而波动太大，暴涨暴跌，同时防止短期供求关系的变化对生产和消费的错误引导带来的破坏和经济危机。

这样，一方面，价格将及时和灵活地反映社会劳动消耗和供求关系的变化，并存在一种自动调节比价和差价关系使它们经常合理化的内在机制，从而给生产和消费提供比较准确的信息，促进生产和消费模式合理化；另一方面，价格又不是盲目地受市场自发势力的摆布，变幻无常，而是存在着国家直接和间接的管理，并以间接管理为主，以尽力避免或减轻其盲目性及由此带来的不良影响。

有人主张，社会主义商品经济条件下理想的价格模式是自由价格或供求平衡价格，国家应当放弃对价格的干预和管理，包括间接管理。这种主张并不可取。因为这意味着价格完全受市场供求关系的制约而经常波动,特别是受短期的市场供求关系(不属常态)的变动而给生产和消费带来不那么真实的信息,容易引起生产和流通的无政府状态。同时,在社会总需求不能得到有效管理的条件下,还必然导致物价总水平失去控制。显然,这是不符合社会主义经济是有计划商品经济的本性,不符合社会主义商品经济有计划发展的要求的。事实上,现在几乎所有发达的资本主义市场经济国家,也没有完全放弃对价格的干预,包括直接干预和间接干预,以企求减轻市场自发势力对社会经济生活的破坏作用。但是,由于资本主义市场经济是以私有制为基础的,难以做到宏观经济比例协调,难以对市场进行有效调节,因而市场价格的引导不可避免地会带来生产的无政府状态和经济危机。

与上述意见相反,有人主张,社会主义经济理想的价格模式仍是以国家统一定价为主,国家对价格仍应广泛实行直接管理,以保证对市场的有效控制和社会经济发展的计划性。这种主张也不可取。国内外社会主义经济实践证明:对价格的广泛直接管理是高度集权计划经济模式的产物,存在种种弊病,主要是不能灵活而及时地反映社会劳动消耗和供求关系的变化(有人计算过,国家调整各种产品的价格,从搜集数据资料、调查研究到提出方案层层审批,最后作出决策,需要经历长达四五年的时间,调价方案出台时早已时过境迁),因而常常给生产和消费带来不准确的错误的信息,导致生产和消费结构不合理,造成各种浪费和损失,不但影响微观经济效益,而且影响宏观经济效益。经济体制改革包括价格改革的目的,就是要打破这种僵化的价格形成模式,发挥市场机制的作用,使社会主义经济充满生机和活力,不断提高经济效益。如果坚持对价格广泛实行直接管理,就会继续把价格管死,同经济体制改革的进程不协调,拖改革的后腿。同时,既然我们承认社会主义经济是有计划的商品经济,要按商品经济原则办事,充分利用市场机制,让生产者和经营者的眼睛主要盯住市场,以便使自己的生产经营活动更好地符合社会的需要,就必须把大部分产品的价格放开，由市场去决定它们的相对价格水平，让价格自动而灵活地调节各项经济活动，使企业在同等条件下开展竞争，以推动技术进步和社会生产力的发展。

需要指出，国家对价格从直接管理转变为间接管理是逐步完成的，需要经历一段相当长的时间。这是因为，国家对经济的管理从直接管理到间接管理需要逐步过渡来完成。即使是资本主义国家，也不例外。英国在第二次世界大战后，从统制（配给）经济过渡到主要从宏观上控制社会总需求的间接管理的经济体制，大概花了九年的时间，而对外汇的控制一直延续到1979年才取消。我们是社会主义国家，在进行经济体制改革前，几十年来一直实行直接管理经济和价格，因此要实现从直接管理向间接管理的过渡，要比资本主义市场经济国家困难得多、复杂得多，经历的时间自然也要长一些。在过渡阶段，直接管理和间接管理将是同时并存、互相补充，而随着改革的推进，逐步缩小直接管理的范围和程度，扩大间接管理的范围和程度，从而完成模式和体制的转变，从双轨制向单轨制转化。

在对价格的管理上，也是如此。在从直接管理向以间接管理为主的过渡阶段，将出现如下几种情况。

第一，逐步缩小国家统一定价的范围，扩大市场价格的范围。与此相适应，定价权和调价权逐步下放给直接的生产者和经营者，最后国家只保留少量必要的对价格的直接控制和管理。这是就不同产品来说的。

第二，对于一些同种产品来说，则逐步从单一的计划价格向双重价格或双轨价格过渡，然后再过渡为有指导的市场价格。所谓双重价格或双轨价格，是指除计划价格外，承认非计划价格的合法性并允许其普遍存在。后者既不同于黑市价，也不是一般的物资协作价。实现从双轨价格向单一的、有指导的市场价格过渡的关键，在于缩小国家牌价和市场价的差距。

第三，在体制转换过程中，可以较多地采用计划和市场有机结合的过渡形式。浮动价格可以说是这方面非常有益的创造。它可能有助于调节双重经济体制特别是其中双重计划体制、物资分配体制并存带来的种种矛盾和弊端，从而有助于摸索对价格从直接管理过渡到间接管理的形式、方法和步骤。浮动价格在体制转换时期大有用武之地。

二 国家对价格进行间接管理的内容

社会主义国家对价格的间接管理，包含哪些内容？我想最少包括如下几个方面。

（一）控制物价总水平

任何一个国家，要保持经济持续稳定的增长，都不能对物价总水平失去控制，都要力求实现市场物价总水平的基本稳定。所谓基本稳定，不同的国家有不同的标准，有的国家如联邦德国要求较高，认为年平均上涨率不能超过2%—3%；有的国家如美国、意大利要求低一些，认为年平均上涨率达到3%—4%也算基本稳定，等等。一些发达的资本主义国家，多年来一直把稳定币值、争取物价的基本稳定作为重要的战略目标。比如，一般发达资本主义国家中央银行的货币政策的目标有四个，即保持物价稳定、充分利用资源、经济增长和国际收支平衡。但各国的重点有所不同，其中联邦德国、日本、美国都以实现物价稳定或基本稳定作为主要目标，联邦德国更认为如果其他目标同稳定币值目标矛盾时，要服从稳定币值这个主要目标，他们还提出"保卫马克"的口号。

我国是社会主义国家，要实现国民经济的有计划按比例发展，就更要求国家有效地控制物价总水平，争取价格总水平的稳定或基本稳定，而不要出现大的波动。物价不稳定，既是经济不稳定的反映，又会反过来影响经济的稳定协调发展，经常打乱各部门的正常比例关系。因此，控制物价总水平不是权宜之计，而是社会主义国家需要长期坚持的战略方针。

控制物价总水平不等于冻结各种产品的价格和服务收费。在价格总水平稳定或基本稳定的前提下，各种产品价格和服务收费有升有降是自然的现象。同时，有必要把结构性物价变动引起的价格总水平的上升，同通货膨胀加以区别。在一般情况下，物价上涨同通货膨胀是很难区分的，但有时也会出现特殊的情况。只要不是因为货币发行过多，而是由于社会经济生活中的某种压力而促使物价上涨，就不是通货膨胀。如某些产品价格和服务收费长期偏低，需要作适当提高；粮食和其他农产品因歉收而引起的价格上涨；国际市场价格波动，国内出现连锁反应而使价格上涨，等等。我们在价格改革过程中，在逐步实现对价格以间接管理为主的过程中，更要着重控制和避免由于通货膨胀而引起的物价总水平的上升，至于对因价格的结构性调整引起的物价总水平的上升则不必大惊小怪，过多干预，而要因势利导，把物价总水平的上涨幅度分解在若干年内实现，避免一时上涨率过高，影响社会经济的正常运行。

（二）影响某些产品的相对价格水平

各个国家为了实现各自的经济发展战略，都对一些产品的价格进行某种干预和管理。最常见的，有对某些农产品实行定额优待收购价，这实际上是对生产者的保护价；有对某些短缺产品实行最高限价，这实际上是对消费者的保护价；有对某些基本生活消费品通过在流通环节进行价格补贴低价出售；有对出口商品进行特殊补贴，等等。其中对农产品进行财政补贴，是各国普遍存在的经济现象。据联合国粮农组织对 57 个国家和地区调查，就有 53 个国家和地区实行补贴。

社会主义国家为了保证国民经济的持续、稳定、协调的发展，为了保障人民生活并使之逐步提高，也需要对某些产品的相对价格水平进行管理和控制。其中特别突出的是经常对人民基本生活消费品的大量价格补贴。苏联长期实行主要农产品（特别是肉类、奶类、马铃薯和某些蔬菜）购销价格倒挂的价格补贴，1983 年达 425 亿卢布，比 1961—1965 年平均每年补贴额增加 23 倍，占国家预算支出的 12%。波兰对基本食品的价格补贴,1978 年为 1250 亿兹罗提,1980 年增为 2000 亿兹罗提,增长 60%,占国家财政支出的 16%。我国长期实行逐步提高农产品收购价格和稳定消费品零售价格的方针,以保证人民生活的安定。但是,流通环节价格补贴的范围越来越大,金额越来越多。实行补贴的消费品,由 20 世纪 60 年代初期的粮、油、絮棉等 5 种,逐步扩大到现在的 35 种左右,1978 年直接用于城乡人民生活的价格补贴为 56 亿元,1983 年增至 342 亿元,如果包括房租和其他公用事业亏损补贴在内,高达 400 亿元以上,占国家财政支出的 20% 以上。随着价格体系改革的进行,需要逐步减少补贴的金额,把一些不合理的补贴逐步取消。例如,随着房租改革的进行,房租补贴就将大大减少。

过去我们研究价格及其变动,常常局限于物质产品的价格以及各种服务收费,而对其他方面的价格经常忽视或注意不够。随着社会主义商品经济的发展,随着资金、土地、住房、劳务等的商品化,它们的价格如利息、汇率、地租、房租、工资等已开始引起人们的重视。国家对这些价格水平的管理,是进行宏观经济管理的重要内容,也是控制物价总水平的有效手段。国家只要合理控制货币供应总量,控制那些战略性价格,就可以把一般的物质产品价格和服务收费放开,并不会引起价格的全面上涨。

(三) 控制某些产品价格的变动

价格是最重要的生产和消费的信号。在其他条件不变时,商品价格提高,就能增加利润;相反,商品价格降低,就会减少利润。而追逐利润正是商品经济中生产和经营单位从事经济活动的主要动机。另外,商品降价,同量的货币就能买到更多的商品;相反,商品提价,同量的货币只能买到较少的商品。正因为这样,价格的变动对供和求同时发生作用。价格提高,可以刺激生产,增加供应,同时限制需求和消费。相反,价格下跌,可以刺激需求和消费,同时影响生产,减少供应。所以,价格及其变动调节着人们的生产和消费,调节着生产要素在国民经济各部门之间的分配比例,体现着价值规律对商品经济的调节作用。

价格的这种职能,使它常常成为各国作为实现某种经济发展目标的有力工具。例如,当投资的资金需求大大增加而资金供应不足时,可以通过提高资金的价格,例如通过调整(提高)中央银行的再贴现率的手段,提高利息率以鼓励储蓄,增加资金的供应,同时抑制对资金的需求。在能源危机时,国家往往采取鼓励节能产品的政策,如对节能产品实行保护价等。对于本国资源短缺的产品,则让其价格偏高,以便适当抑制需求和消费。如此等等。

在我国,经验证明,对短线产品实行价格鼓励和对长线产品实行价格歧视的政策,对于鼓励短线产品的增产和限制其需求,对于限制长线产品的盲目增产和刺激对其的需求,能够取得明显的效果。价格的这种对生产和消费的导向作用,对于提高社会和长期的经济效益,是至为重要的。

三　国家如何通过货币政策和财政政策控制物价总水平

国家可以通过多种手段,实现对价格的间接管理。其中通过货币政策和财政政策控制物价总水平具有决定性意义。

货币政策。价格问题的实质是币值问题。物价上涨,说明通货贬值;物价下跌,说明通货升值。马克思主义纸币流通规律告诉我们,纸币的币值代表流通中需要的货币商品(金)的价值。如果商品流通量和纸币流通速度不变,纸币比以前增加一倍或减少一半,那么,每单位纸币(元)所代表的价值就减少一半或增加一倍,物价就上涨一倍或下跌一半。所以,调节货币供应量被广泛地用来控制物价总水平。连西方经济学著作都提出了如下的经验数据:年货币供应量增加6%,如果年平均国民生产总值(GNP)增长3%,那么,物价总水平的上升就可以控制在3%以内,因为6%的货币增加量有3%被生产和流通的扩大所吸收。这里需要说明两点。第一,以上推论,要以商品经济已经相当发达,纸币流通速度不因社会经济的货币化而减慢为前提。第二，货币供应量中货币的范围要相对稳定，即使在信用制度比较发达的国家，也主要指基础货币（西方国家主要指 M_1，即现金、支票存款和活期存款，在我国指现金和相当于现金的中央银行负债）。

在控制货币供应量方面，我国目前存在相当复杂的情况。这主要是我国近几年出现货币流通速度减缓的状况。因为这几年正值我国农村由自给半自给经济向大规模商品经济转化过程中，原来的实物经济逐步向货币经济转化，需要吸收越来越多的货币，同时，在所有制结构调整中非现金结算范围缩小和现金流通范围扩大，以及居民手持货币增加引起的货币流通的沉淀，等等。这种情况，决定着我国货币供应量可以超前增加，但是究竟可以超前到什么程度，其合理的经济界限在哪里，需要很好地研究。目前我国应掌握的基础货币是什么，在经济界和理论界也有争议。看来，似应以现金和可直接用于购买商品的各项存款（如企业存款、基本建设存款、机关团体存款、不包括个人储蓄的农村存款等）为准，而同西方国家的 M_1，有相当大的差别。因为我国目前基本上不存在支票存款，居民存款需要从银行取出现金后，才能成为现实的购买力。

利息本身是资本（资金）的价格，利息率又是实现货币政策的重要杠杆。利息率高低是一个国家实施紧的还是松的货币政策的重要标志。中央银行根据发展国民经济的需要和市场货币（资金）供求状况确定统一的再贷款利率（或再贴现率），以影响整个社会的利率水平。例如，为了控制社会总需求的膨胀，抑制需求拉动型的物价上涨，中央银行可以提高再贷款（或再贴现）利率，使整个利率水平提高（当然这以国家对商业银行的存贷款利率不进行行政干预为前提），这样就可以抑制投资，刺激储蓄；而为了刺激社会总需求的增长，活跃国民经济，则可以降低再贷款（或再贴现）利率，使整个利率水平下降，这样就可以鼓励投资，增加对货币（资金）的需求。

为了发挥利率的杠杆作用，第一，必须使名义利率不低于通货膨胀率，否则实际利率会是负数，人们将不愿意存款，而贷款者则由此受到鼓励和刺激滥用贷款。我国 1985 年的实际利率就是负数（物价上涨率高于名义利息率），这是不利于发挥利率对资金供求的调节作用的。第二，各个生产经营单位要对利率的变动作出灵敏的反应。在资本主义市场经济国家，利息率哪怕是 0.5% 的变动，都会引起资金供求关系的重大变化，直接影响到企业的投资和经营决策。如果社会主义企业对资金使用不负经济责任，利息负担对企业实际利害影响不大，利率的变动就难以对企业行为产生重要影响。因此要发挥利率的杠杆作用，还需要使企业的财务预算约束硬化，打破资金"大锅饭"。

财政政策也是国家管理价格的重要手段。采取紧缩的财政政策，实现财政收支平衡，是控制社会需求，控制货币发行和稳定物价的基础。对于商品经济不够发达的国家，更是如此。因为没有资金市场的国家，政府的财政赤字只有靠发票子而别无其他方式弥补。如拉美国家财政赤字有多大，货币发行就有多大，这是许多不发达国家长期遭受通货膨胀的原因，因此这些国家实现财政收支平衡对于控制物价总水平显得更加重要。不仅如此，有的发达资本主义国家有时也重视运用财政政策来控制价格总水平。英国在第二次世界大战后，为避免过度需求和控制通货膨胀，就没有使用货币政策，因为这需要利率有较大变动，同时利率变动反映到投资和物价上有一个"时差"，而财政预算一旦出现盈余，整个局面就能明显好转。

在财政政策上长期有争议的问题是要不要实行一定程度的赤字预算，以刺激需求和投资的增长。有人竭力主张用一定数量的赤字预算来扩大建设规模，认为这是加速经济增长的灵丹妙药，而由此带来的通货膨胀和物价上涨则是为经济腾飞付出的必要的代价。当然，对有些发展中国家来说，由于需求不足，会有一些部门生产能力利用不充分，因此有一定的通货膨胀，可能有助于生产能力的充分利用。但是，我们是社会主义国家，我国几十年社会主义建设的经验表明，我们这里一般不存在需求不足的问题，而是常常出现需求膨胀难以控制的状况，如果再加上通货膨胀的刺激，就等于使患失眠症的人喝大量的咖啡，有害无益。正确的做法，似乎应是在长时期内实行紧缩的财政政策，争取财政收支平衡，从根本上防止货币的超前发行和过量供应，这是国家控制物价总水平的有力手段。

还有，随着社会主义商品经济的发展，即使出现财政赤字，也不能以向银行透支（即银行发票子）的办法来弥补，而应通过国内的债务（或证券）市场来筹集资金，弥补赤字。有的发达的资本主义国家，如美国，多年来，一直存在大量财政赤字（近年来财政赤字高达2000亿美元），但是靠发行国债弥补，而同时对货币供应量的增加仍然严加限制，做到在财政赤字很大的条件下遏制通货膨胀率，并保持了经济的一定幅度的增长。当然，美国有其特殊条件，这就是投资环境较好，利润水平较高，因此吸引着大量的欧洲美元、中东石油美元的流入，有力地补充了投资的需要。总之，为了减轻通货膨胀的压力，财政赤字不能靠发票子弥补。同时，一旦当财政出现盈余时，也应用于回笼市场上已经过多的票子。

比较复杂的是财政政策和货币政策的互相配合问题。

社会主义国家在调节社会总需求，实现社会总需求和总供给的平衡，以便控制物价总水平时，单纯运用财政政策或货币政策是难以达到预期的目的的。特别是主要靠间接调节控制经济运行时，更有必要实行财政政策和货币政策的配合，以便取得较好的效果。而它们之间的良好配合关系又以中央银行和财政部门各自独立为前提，特别是如果中央银行处于依附于财政或软弱无力的地位，货币政策就很难发挥效力。

目前在我国存在过度需求、通货膨胀压力很大的情况下，一般认为，为了有效地控制物价总水平的上升，需要采取紧缩的财政政策和紧缩的货币政策相配合。所谓紧缩的财政政策，就是政府的财政预算要做到收支平衡，力争有盈余，并将盈余冻结起来，不应作为银行信贷资金的来源。在货币政策上应同时控制贷款总额，提高利息率，以控制和紧缩社会总需求，防止需求拉动型物价上涨。

从长期来看，也许实行紧缩的财政政策和比较松弛的货币政策相配合，可能既有利于控制总需求，控制物价总水平，又有助于把经济搞活。紧缩的财政政策可以避免需求过度、消费过热，从而避免通货膨胀的压力。松的货币政策有助于鼓励投资，促进经济的增长。这种选择同西方国家如美国多年来的做法是相反的。西方国家通常用松的即扩张性的财政政策来避免萧条，因而赤字很大，债台高筑；同时又用紧缩的货币政策来反对通货膨胀，出现高利率、本国通货升值，不利于出口。结果出了许多问题，至今没有找到好的出路。

四　防止和克服工资与物价轮番上涨

过去，我国历来执行平均工资的增长速度慢于劳动生产率增长速度的政策，因此不存在单位产品成本中工资含量增加的问题。反映在理论上，长期以来经济学界不承认我国存在工资（成本）推动型的物价上涨。

与此不同，在第二次世界大战后，许多资本主义国家却普遍存在工资（成本）推动型的物价上涨。因为在他们那里，需求长期不足，一般不存在需求拉动型物价上涨，但是，却存在要求不断提高工资的强大压力，而一旦工资的增长超过劳动生产率的增长，就会出现工资（成本）推动型物价上涨。有的经济学家还提出一个公式：假设其他条件不变，物价上涨率就等于名义工资增长率和劳动生产率增长之间的差额。还有，工资和价格相比，还具有不同的特点。提高某一种商品（只要它不是基础产品）的价格，就不一定会引起物价的全面上涨，不一定会蔓延到全部商品。但是提高一部分人的工资，会影响到另一部分人的工资趋向大体相似、彼此相称的水平。工资增长还具有刚性的特点。一旦工资推动的通货膨胀出现，就很难扭转，容易引起工资和物价的螺旋形上升。

我国开展经济体制改革以来,也出现工资增长过快和工资(成本)推动型物价上涨。实际情况迫使我们认真研究工资和物价的关系问题。1984年,全民所有制单位职工平均工资为1034元,比1980年的803元增加29%(扣除职工生活费用的价格变动因素后,实际工资增长18%)。同一期间,全民所有制独立核算工业企业全员劳动生产率(按1980年不变价格计算),只增长16%。由于工资增长快于劳动生产率增长,加上生产资料价格有所上涨等因素,使得"六五"期间前四年可比产品成本,虽然年年要求降低,实际上除1983年降低0.24%以外,年年都是上升的,1981年上升1.17%,1982年上升0.38%,1984年上升1.97%,1985年前8个月又比上年同期上升5%。产品成本上升,必然推动产品价格上涨。

针对上述情况,我们要控制物价总水平,除了要采取正确的财政政策和货币政策,以控制社会总需求,防止和克服需求拉动型物价上涨以外,还要采取正确的收入政策相配合,以防止和克服工资(成本)推动型物价上涨,即防止和克服工资和物价的轮番上涨。由于当前我国面临通货膨胀、需求过度、外贸逆差、建设资金不足等情况,工资的增长速度就不但不应超过,而且应当低于劳动生产率的增长速度。这里有一个正确宣传体制改革的问题。应当向群众反复讲清楚,进行经济体制改革能够解放生产力,加速经济的发展,从而有利于提高人民生活水平。但是,不能期望每年、每季、每月的生活水平都提高,而且都能大幅度提高。相反,在体制改革时期,控制工资水平,不让其增长过快,正是保证体制改革顺利进行的关键之一。如果体制改革一开始,就给人民许诺过多,一旦种种原因实现不了时,反而会造成不良后果。

还有一个问题,就是如何评价工资增长与税利挂钩的做法。在1985年宏观经济管理国际讨论会上,许多外国专家都认为,对国营企业实行工资增长与税利挂钩不一定是好办法。因为国营企业税利的增长,受许多客观条件的制约,包括投资的多少、资源条件的好坏、原来的税利水平，特别是还受目前不合理的价格因素的影响。如果工资增长紧密同税利挂钩，使一些企业的职工由于拥有较好的客观条件而获得较多的工资或者工资增长较快，其他企业的职工就会认为是不公平的，就不可避免地会蔓延到其他企业，互相攀比，造成平均工资的全面提高，推动物价上涨，并成为要求进一步提高工资的理由。世界各国的经验证明，这种工资和物价的交替上升，是很难克服和扭转的。所以，为了保证经济体制改革顺利进行，为了有效控制物价总水平，需要采取切实措施，避免工资增长过快和失去控制。

五　用直接管理和间接管理的办法影响某些产品的相对价格水平

社会主义价格管理体制改革实现以后，即过渡到以间接管理为主的体制以后。国家对价格总水平的控制基本上将采取间接手段，主要通过货币政策、财政政策等进行。与此同时，对于各种产品的相对价格水平，绝大部分是放开的，即实行自由价格。但是也有一部分产品的价格需要管理，包括直接规定限价或管制，以及通过间接手段影响其相对价格水平。

对某些产品包括工业品进行价格管制，即使是资本主义市场国家也不例外。报载，1985年12月23日，法国政府宣布撤销部分工业品的价格管制，这些产品的年销售额总计1000亿法郎以上。法国发言人说，这项措施生效后，在法国销售的制造品将有85%不受价格管制，在此之前约为80%。这次撤销价格管制的产品包括某些家用电器、录像机、录像带、某些烈酒、报纸杂志、香水、巧克力、炼乳以及某些汽车零件。价格仍受政府管制的产品包括医药产品、汽车零件及某些专卖性食品等。

因此，即使实现价格管理体制转轨后，社会主义国家对某些产品实行直接管理仍然是需要的，特别是对于某些关系民生而又在一个时期内供不应求的基本生活消费品，以及对某些需要进口的产品等，进行直接的价格管理，是不可避免的。对这些产品价格的管理，也在一定程度上影响价格总水平，管理的产品越多，对价格总水平的影响就越大。看来，随着价格体制改革的进行，对生产资料将较快地实现间接管理，而对消费资料可能要保留较多的直接管理和干预，因为生产资料价格变动不会直接影响市场物价水平，容易推行间接管理，而消费资料价格的变动则会直接影响市场物价水平，因此保留直接管理的时间要长一些，品种可能要多一些。

对某些产品价格水平的影响，除了第二节说及的实行财政补贴以外，可以通过制定和实施产业政策、税收政策和信贷政策等实现。例如，某种重要生产资料，关系国民经济全局，但因生产周期长、投资大，长期供不应求，价格居高不下。这光靠放开价格，并不能实现一放就涨、一涨就多、一多就降的良性循环。而要通过实施扶植这种产品生产的产业政策，并通过其他政策配合，把生产搞上去，才能增加供应，稳定其价格水平。至于一些重要的服务收费，为铁路客运价、地铁票价、公共汽车票价等，由于这些基础设施投资都很大。成本很高，许多国家都采取优惠办法，维持较低的收费标准，以保障群众的生活安定。与此相反，对于某些需要限制消费的进口产品，则可以通过关税政策，收取较高的进口税，让价格水平高一些，以限制对它的需求和消费。

比较常见的还有，国家为了合理调整产业结构，对某些行业和产品制定和实施优惠的信贷、税收等政策，扶植和鼓励其发展；而对另一些行业和产品则制定和实施歧视的信贷、税收等政策，以限制其盲目发展，从而影响它们之间的比价关系，影响它们的相对价格水平。许多国家的经验证明，国家有必要也有能力直接掌握大量的信贷资金，以低于市场利息率水平的优惠利率向新兴工业部门和生产出口产品的企业提供贷款，以保证资金的最有效使用和生产资源的最优配置，这也是保持合理的价格结构的重要措施。

随着社会主义商品经济的发展和经济体制改革的进行，越来越多的产品将实行企业定价，企业的价格行为越来越重要。上述国家的政策要求，最后都要落实到企业的价格决策上。国家要影响各种产品的价格水平，都要通过正确引导、控制企业的价格行为来实现。因此，企业价格行为合理化，是国家对价格实行间接管理的重要内容。

国家还要加强对物价的监督和检查。对违反国家有关政策法令乱涨价和变相涨价，以欺骗和坑害消费者的行为，要依法制裁，严厉惩罚。这种监督和检查要经常化、制度化、群众化，不要只是出了问题以后才重视，平时则放松。这种行政手段和立法手段的运用，是对经济手段的必要补充，需要加以重视，把它作为国家实现对价格管理的重要方面。为此，要尽快制定《价格法》《市场法》《反垄断法》等经济法规，用法律形式明确各管理部门和企业等在价格方面的权利和义务。

社会主义国家要实现对价格的间接管理，必须具备一系列重要条件。首先，要防止经济过热和出现过度需求。其次，企业要能真正自主经营、自负盈亏。最后，要建立和完善社会主义市场体系。显然，这不是一朝一夕就能做到的。在条件尚未具备时，许多直接管理方法不能放弃。即使条件具备后，也仍需保留某些直接管理，虽然这种管理只有从属的意义。

（原载《财贸经济》1986 年第 7 期）

稳定经济和深化改革的双向协同构想

改革九年，成效卓著。与此同时，国民经济高速发展，人民收入水平也有较大提高。但当前的经济形势仍然比较严峻，突出地表现在经济存在不稳定因素和改革难以全面深化这两个紧密关联、相互制约的问题上。有鉴于此，我们提出这一双向协同的构想。

一 稳定经济、深化改革必须同时兼顾

从现实情况看，经济在高速发展中不够稳定。这种不稳定对深化改革带来了一些干扰，主要表现在：

——社会供给与社会需求的总量失衡和结构失调状况，未能得到有效改善。我国国民收入增长率、固定资产投资增长速度、职工工资增长速度三者之间的对比关系，1984年为13.5%、24.5%、21%；1985年为12.3%、41.8%、22%；1986年为7.4%、15.3%、14%；1987年的情况大体相当。这说明，新增财富增长速度远远低于投资增长和居民收入的增长速度。这是造成财政赤字和货币过量发行的根源。这种供给与需求、国民财富实际增长与消费增长之间的失衡情况，使宏观经济调控机制、市场机制、竞争机制、资源有效配置和约束机制、企业经营机制等方面的改革缺乏良好的社会经济环境。特别是为关系改革成败的价格改革设置了严重障碍，市场体系的建立和健全也因总供给与总需求之间的矛盾而遇到了困难。

——连续几年接近两位数的通货膨胀率，恶化了发展和改革的

环境，增加了改革的难度和阻力，引起了一定的社会震动和对改革的逆反心理。按全国零售物价总指数计算，1985年物价总水平比上年提高8.8%，1986年比上年提高6%，1987年又比上年提高7%或多一点。三年平均的年上涨率超过7%，高于同期的年平均利息率，即出现了负利率的局面。而且上述按零售物价总指数计算的物价水平上涨率还是偏低的，因为这几年生产资料价格的上涨幅度高于消费资料。据估计，1985年和1986年我国生产资料价格水平分别比上年上升16%和10%，比全国零售物价总指数上涨率（8.8%和6%）高近一倍之多。物价上涨造成了相当一部分人实际收入水平的下降。根据有关部门的典型调查，由于物价上涨，1986年有20%左右靠工资收入为生的居民实际收入水平下降，1987年更要超过这个比例。轮番的价格上涨是由通货膨胀引发的。从1978年到1986年（按年底余额计算），货币平均年增长率为21.5%，同期社会总产值平均只增长10.3%，零售物价总指数平均提高3.9%。货币增长速度大大超过一般估计正常的13%—15%的数字，而且这种过量发行还未被物价上涨完全吸收，目前仍然存在着相当大的通货膨胀压力。

——近几年农村经济虽然有很大增长，但总的来说主要是由于联产承包责任制的推行和提高农产品收购价格所引起的长期积蓄的生产力能量的短期释放，并没有实现农村经济发展阶段上的超越，我国落后的传统农业还未得到实质性的改造。这种状况是我国经济发展和经济结构现代化的严重障碍之一，也是造成人均国民收入水平较低的一个重要原因。当前作为国民经济基础的农业现状不佳，后劲不足，农副产品供给量的增长赶不上消费量的增长，农业投入减少，土地经营规模效益差，缺乏集中机制，农业技术改造进展不快，农田水利设施落后，农村剩余劳动力的转移亟待解决，农产品流通、深度加工和价格等方面的问题亦比较突出，粮食、生猪的供不应求和今后的发展态势令人担忧，如此等等，都在很大程度上制约着我国的经济改革进程和整个国民经济的发展。长期的社会主义建设实践已经反复证明,在我们这样一个十亿人口、近八亿农民的经济落后大国里,农业的状况及其基础地位如何,是一个关系全局、生命攸关的大问题,丝毫不能有半点疏忽。城市经济改革的快慢与成效,总是与农村改革的推进和农业基础地位的巩固息息相关、休戚与共的。

——与粗放式经营密切相关的工业超高速增长(1984年增长14%,1985年增长18%,1986年增长8.8%,1987年增长14%以上)和难以遏制的惯性作用,不仅使国民经济连年处于少弹性、多缺口的紧张状态之中,改革的风险承受能力显得十分脆弱,而且增加了在完善宏观经济调控手段、改善经济运行机制和有效进行结构调整等方面的困难。

——社会经济效益差,提高缓慢,企业、外贸的亏损面和亏损额相当大,财政经济的紧张状况难以缓解,货币的非经济发行难以消除,从而不仅在一定程度上冲淡了以提高经济效益为中心的改革效应,而且使新的改革措施的出台,往往因效益考虑或效益牵制而处于两难境地。

——从20世纪90年代开始我国将进入归还内外债的高峰期,国民收入的可使用额将小于生产额,改革的承受能力和经济的发展也会受到相应的影响,因此经济的稳定更显得十分紧迫而重要。到1990年我国内外债还本付息额就将达到一个相当数字,从而陡然增加财政的还债压力。南斯拉夫就是自20世纪80年代进入还债高峰期以后,由于事先准备和估计不足,经济增长立即受到了债务的严重冲击,并同时引发了恶性的通货膨胀,迄今没有摆脱经济危机的阴影。我们的债务问题当然没有南斯拉夫那么突出,但其沉痛教训则是必须吸取的。

理论和九年来的改革实践都充分证明,具有活力和效益的社会主义商品经济,一方面固然要靠兴利除弊、审时度势的改革来促成;另一方面,卓有成效的改革本身的顺利推进,也必须以经济的稳定和有效增长作为其必要的伴生性环境,否则就会遇到极大的困难。面临那种相互掣肘的改革、"滞改"的进退两难局面,近年来我们在改革中所出现的某些徘徊、反复,一些酝酿已久的改革方案(如价格、税制等)之所以迟迟不能出台,就与经济不稳定因素有着至为密切的关联。在改革与发展的相互关系问题上,从长期来看,尽管很难说在时序上有明显的先后之别,但在特定的社会经济条件下和改革的特定发展阶段上,无疑有一个相互创造条件,以及协调性的暂时"让路"问题。所以,发展与改革互为条件。同时兼顾,连环设计,始终是我们必须加以缜密考虑和充分顾及的。国内外的改革经验表明,经济的不稳定,非但会严重削弱改革的风险承受能力和人民对改革的信心,使改革的组织领导者决心难下、顾盼甚多。而且极易因诸多不稳定因素和物质基础的欠缺而导致改革的逆转及"滞改"现象的出现,使某些"中间"性或过渡性、阶段性改革因滞留期过长而延续其"阵痛"时间,致使未被根除的旧体制弊端和某些缺陷同时发生作用,使一些正确而必要的改革措施,也不得不迫于当前的经济不稳定态势而暂时"搁浅",甚至改弦易辙。因此,把改革与发展,特别是与经济的持续稳定有效增长紧密联系起来加以通盘考虑,就成了制定改革规划,扎扎实实地推进改革的一个前提因素。

二 近两三年稳定经济、深化改革的主要内容和相关对策

鉴于上述分析和现实情况,近两三年似应以稳定经济、深化改革的双向协同为主旨,或者说以稳定经济为主,进行环境治理,同时促进改革的局部深化,来规划和设计我们的改革纲要。

党的十三大报告明确提出,我国经济发展战略应该是注重效益、提高质量、协调发展、稳定增长。归根到底,就是要从粗放经营为主逐步转上集约经营为主的轨道。国际经验表明,商品经济、市场经济发展的最佳模式是稳定发展。在经济增长、经济稳定和经济效益的三者关系上,增长要服从稳定和效益。要在稳定中求发

展、求效益。这样做，有时从短期看，发展的速度不是很快，但从长远看，持续稳定的发展速度则是最快最好的。从我国长期的建设实践和当前的可能与现实需要来看，经济稳定的核心内容至少有两个方面。

一是控制和保持适当的经济增长速度。尤其是要防止和矫治三种不正常的工业生产高速度：（1）由片面追求产值增长动机而造成的攀比型（包括不可比、不合理的历史纵向攀比和地区之间、部门行业之间的横向攀比）高速度；（2）由于低效益而"拉动"起来的高速度，即在粗放经营、高投入低产出的情况下，为了取得一定的效益和收入而不得不维持的那种滚动式高速度；（3）不惜用货币过量发行和财政"超分配"来维系的高速度。因为这三种高速度都会破坏经济的稳定和协调发展，带来无穷的后患。什么是合适的经济增长速度？我们认为，应以不引起经济比例失调和通货膨胀为标准。美国一些经济学家认为美国的经济发展速度以3%为宜，南朝鲜经济学家认为他们的经济发展速度必须从两位数降到8%。他们认为，超过上述速度必然带来经济比例失衡、经济衰退提早出现和通货膨胀。适当的发展速度能够保持经济增长率、货币供应量增长率和投资增长率三者之间的适应性关系。从历史上看，战后以来，一些西方主要资本主义国家的投资增长率一般都接近或低于经济增长率，并致力于或保持了货币供应量增长与经济增长的相互适应。比如瑞士联邦政府在汲取了1978—1979年两年货币发行量过多的教训之后，近几年都把经济增长速度稳定在2%—3%，与此同时，货币供应量的增长除了1983年达到3.6%以外，其他年份都已控制在3%以下。投资的增长也有类似情况。比如在1973—1984年期间，美国国内生产总值的年均增长率与国内投资总额的年均增长率相比，前者为2.3%，后者为1.5%；联邦德国前者为2%，后者为1.3%；日本前者为4.3%，后者为3%；法国前者为2.3%，后者为0.4%；英国前者为1%，后者为－1%。某些发展中国家和地区也出现了两者接近的趋势。在上述同一时期内,南朝鲜前者为7.2%,后者为8.8%;中国香港前者为9.1%,后者为9.7%;新加坡前者为8.2%,后者为9.5%,等等。我们的情况如何呢? 1981—1986年,我国社会总产值的年均增长速度为10.8%,而固定资产投资额的年均增长率却高达16.7%。不下决心改变这种高速度低效益、高投入低产出的经济发展粗放式格局,以经济效益为中心的持续稳定增长和集约化经营的目标就始终不可能实现。种种分析和迹象表明,我国的经济增长速度在今后的一个时期(比如十年)内,似以控制在7%左右为宜,这个速度应当说还是相当高的,其中要特别下大力气加快农业的发展,并使投资和货币发行的增长逐步与其保持大体同步的关系。做到这一点,稳定经济的目标就可大体实现。

二是坚持抑制通货膨胀,保持物价总水平的基本稳定。物价是否稳定是经济是否稳定的集中表现。南朝鲜1980年确定稳定经济方针时,就提出了"不惜一切代价保持价格的稳定"的口号。我们过去历来认为,把物价年上涨率控制在2%—3%以内,可以算是保持了物价的基本稳定,超过这个比例就算温和的通货膨胀了。但是有的同志却把6%的年物价上涨率亦视为保持了物价的基本稳定,否认通货膨胀现象的存在,这是不利于经济稳定的。为了坚决抑制通货膨胀,可以设想第一步先把近几年过高的物价上涨率降至3%—5%,然后再降到3%左右。其主要措施,近期应在采取财政、货币(信贷)总量紧缩(把1990年消灭财政赤字,1988—1990年年货币增发数控制在10%,最多不能超过12%作为硬指标)。紧中求活,大力调整资金使用结构、提高使用效益的同时,促进供给的总量增长和结构改善,以便从有效地控制需求和增加有效供给两方面为平抑物价、制止通货膨胀创造必要条件。在当前,采取紧缩措施离不开行政手段。而只要有利于稳定经济,运用行政手段无可非议。当然,需要提高运用的水平,改进调控艺术,避免简单化的一刀切做法。事实上,无论是对投资膨胀,还是消费基金膨胀,都要采取具体分析的态度,其紧缩措施也要体现区别对待、结构性紧缩的原则。在总量膨胀的同时，投资和消费基金构成中，都既存在着结构性膨胀，也存在着结构性的相对萎缩问题。关键在于增长结构失调，相对膨胀或比较性膨胀的现象严重。比如，投资膨胀，主要是相对于能源、交通、原材料短缺，社会产业基础设施严重滞后，产业内部结构失调等而言；在消费基金方面，也是既有公教人员等工资完不成提高计划的问题，也有奖金、福利支出失控，行政经费和社会集团购买力增长过猛（一年用于购买小汽车的支出就高达数十亿元！）的问题。因此，必须采取结构性紧缩的财政、货币政策，着眼于通过改善总供给与总需求的平衡关系来抑制通货膨胀，保持经济稳定。

在大力稳定经济、治理环境的同时，关于深化改革的主要任务的确定，似应按照需要与可能相结合，改革的环境治理与改革本身协调配套相结合，前后期改革相互衔接、先点后面、先缓后速的原则来权衡考虑。针对当前的实际情况，这两三年的改革尤其要充分注意和顾及稳定经济、抑制和消除通货膨胀的紧迫需要。这样做，尽管近期的改革步伐可能会慢一点，但却为今后的大步改革奠定了良好基础，从而为尽快结束双重体制、二元经济运行机制并存所造成的摩擦和"阵痛"，缩短其过渡时间创造了现实的条件。基于这种认识，这两三年的具体改革内容，似可着重考虑如下几个方面。

——现实情况表明，改革的环境治理应当首先从农业和农村经济着手。为了尽快改善农业状况，切实加强其在国民经济中的基础地位和稳定性因素，必须继续推进和深化农村的经济体制改革。根据当前的迫切需要，这样三个问题似应着重考虑的：1. 有的同志提出，为了明确农民与土地的法律性关系，克服土地经营中的短期效应和不愿投入、害怕政策改变的心理，应该着手土地所有制的改革，即实行土地的国家所有、租赁经营办法，以提高经营者的积极性、规模效益和建立土地集中机制。我们认为这可能是一种可行性较强，震动和风险也较小的现实选择。2. 在继续改革农产品流通体制的同时，逐步完善农副产品的价格形成机制和价格管理体制。

在当前不可能取消农产品价格的双轨制的条件下，应尽可能使那些已经放开的部分不再回到国家计划定价的老路上去，并随着供求弹性的增加而继续扩大市场调节的比重。3. 在新的形势下，改革和完善国家对农业的投资方式和投资管理办法，适当增加对农业的投入。应当明确的是，正如国家必须为城市企业的发展创造必要的社会公共投资环境一样，国家财政、银行也应该为农业的发展提供这样的公共投资环境。1981—1982 年，我国的农业总产值年均增长为 11.6%，但国家对农业的基本建设投资却从"五五"时期的占 10.5% 降到"六五"时期的 5%。1985—1986 年只有 3.3%—3.4%。我们认为，在改革投资方式、保证投资效益的前提下，为了加强农业的基础地位，保证改革的顺利进行，不受农业状况的拖累和掣肘，今后对农业的投资似以不低于，甚至要略高于农业生产的增长速度为宜。在目前农业的自身积累能力十分有限的情况下，工业对农业的支援，国家的投资支援是十分重要、不可或缺的。

——在当前价格关系尚未理顺，国家财产关系未得到澄清，国家与企业的分配关系尚待进一步改革，即在企业还不可能实现规范化经营的条件下，承包经营责任制在国有企业的推行，不失为一种现实的有效选择。在既看到它在当前的适应性又看到它的过渡性的前提下，近期可通过不断完善的办法，来改善和加强企业的经营机制。完善的主要内容有二：一是防止和限制其在消费基金膨胀、推动物价上涨和企业短期行为等方面可能带来的弊病，并在增强企业激励机制、自我约束机制的同时，为切实缓解国家的财政困难作出贡献；二是做好由这种非规范化经营方式向规范化经营转变的过渡性或衔接性配套改革，诸如在财产关系、税制和企业制度等方面所进行的必要改革。对于全民所有制的大中型企业来说，股份制经营似可作为一种长远的重点选择。从承包经营过渡到股份制经营，其难度和阻力可能相对较小。

——在宏观上稳定经济、抑制通货膨胀、改善改革"大气候"的同时，加快进行从城市（诸如重庆、沈阳、武汉、大连等）到全省（如广东省、海南省）范围内的超前改革试点工作，使它们的改革步伐迈得更大一些，配套程度更高一些，市场机制的作用更大一些，市场体系的发育更充分一些。一方面使其释放出更大的改革能量，取得和发挥更大的改革示范效应，另一方面又为今后在全国范围内的大步、全方位配套改革提供典型经验。

——积极推进投资、物资、财税、金融等方面的改革。它们既是稳定经济的重要政策手段和调节杠杆，也是经济体制改革的重要内容。其中，投资体制改革应围绕发展战略的模式转换和产业政策的制定实施为中心，以社会总资金的统筹规划、综合运用、投资需求与投资品供给在总量和结构上的平衡，以及国家投资的有效利用与增值为重点；物资体制改革应以清疏分配流通渠道和逐步推行全面贸易制、发展生产资料市场、使物资企业成为自负盈亏的商品经营者为重点；财税体制改革应以力争在1990年之前完成分税制改革，调整、统一税种税率，实行利税分渠分流分管为重点；金融体制改革则应以加强宏观调控能力、扩展融资渠道、增加金融工具、改革利率体系、实行专业银行企业化和初步建立证券市场等为重点。住宅商品化和房租改革，可在几个城市试点的基础上，适当加快其面上推广的步伐。

——价格改革是一个绕不开也回避不了的重要课题，也是改变当前市场发育严重滞后状态的关键性环节。我们认为把改革价格体系寄托在完善计划价格体系上面是同发展社会主义商品经济的客观要求不相符的。今后价格改革仍然应坚持逐步放开，建立市场价格体制，走放调结合的道路。只要初步实现了稳定经济和总需求与总供给的大体平衡，消除了通货膨胀的恶性干扰，就能在价格改革方面迈出比较坚实的步伐，分批分类地逐步实现从双轨制价格向市场单轨制的过渡。这两三年除解决突出问题（如适当提高粮食收购价等）外，还应致力于能取得较大效益的生产资料价格改革，包括调高一部分原材料计划价格，放开一部分供求能大体平衡的生产资料（主要是中间产品和最终产品）价格等。

——适当加快党政职能分开、政府职能分解、权力下放、政府工作机构、干部人事制度、法制建设以及完善宏观经济调控体系等方面的改革步伐。这既是其他方面实行配套改革,诸如在各级政府的事权与财政相统一基础上的财政体制改革,解决中央银行相对独立性问题等的迫切需要,不要求国家财力的较大支持,又可望在不太长的时间内取得明显的社会效益与经济效益。

三 在稳定经济、局部深化改革的基础上,就能进行较大的后续改革

只要这两三年实现了稳定经济、局部深化改革的目标,宏观的改革环境得到了初步治理,以后的改革步伐就可以迈得更大一些,有计划商品经济体制的基本框架即可在一个不太长的时期里初步树立起来。其间可能进行的较大后续改革似可作如下的轮廓勾画。

——在社会总需求与总供给大体实现平衡,产业结构较为协调,中央与地方、国家与企业分配关系日趋规范和相对稳定,中央银行的宏观调控功能得以改善、加强,专业银行企业化进程初步完成的前提下,即可逐步改变目前财政、信贷多偏于运用行政手段来实现的"双紧"政策,转入仍以保持经济稳定为目标、以间接调控为主的新的运行轨道。根据多种经济形式并存、促进市场发育和提高商品化程度的需要,我国在经济稳定之后,似宜采取稳健的或较紧的财政政策(财政收支平衡、略有节余)和有控制的较"松"的信贷政策。前者是为了充分发挥国家财政在宏观经济发展中的"稳定器"作用,而后者则是充分发挥银行在筹集、融通社会资金中的重要作用,以及搞活经济、搞活企业、搞活市场的客观需要。

——初步建立起有调控和竞争性的社会主义市场体系雏形。除了少数关系国计民生的重要物资、商品品种以外,全面开放商品、物资市场,技术市场和房地产市场,在业已形成的短期资金市场的基础上,大力促进长期资金市场的建立,做好建立劳务市场和外汇

市场的准备和试点改革工作。

——在初步理顺财产关系，完善财政分配关系和统一税制的前提下，结束国营企业的承包经营过渡期，逐步转入规范化的、大中型企业以股份制经营为主要形式的企业经营轨道。对一切经营性企业，实行自主经营、自负盈亏、自我发展的完全经济核算制。

——全面推进价格体制改革，推进价格模式转化，逐步向市场价格形成机制转换。1990年以前做到农产品价格水平比较适当，工农产品比价趋向合理、剪刀差比1985年进一步缩小；与此同时，重点放开大部分生产资料价格（争取80%生产资料价格实行市场调节），促进生产资料市场的形成和发展。到1995年争取实现除了少数消费品（主要是少数农副产品）、国家专营产品和重要生产资料品种以外，全面放开市场价格，转入市场价格单轨制。

——在前几年完成房租改革的基础上继续推进住房商品化改革。在改革工资制度，放开消费品价格的同时，尽快取消居民的各种非规范化、名目甚多的生活性、商品性价格补贴，减轻国家财政在这方面的沉重补贴负担和由此产生的诸多矛盾。

(原载《财贸经济》1988年第3期)

中国价格改革的艰难历程与光明前景[*]

改革扭曲的价格体系和僵化的价格形成机制，是从1979年起中国经济体制改革的重要组成部分。由于改善了价格结构，逐步放开了近半数的产品的价格，发展了市场关系，使中国经济进入20世纪80年代以后日趋活跃，人民生活得到较快的提高和丰富。尽管中国经济改革包括价格改革过程中出现了一些失误，困难重重，但是，有计划指导和宏观控制的市场取向的改革，以价格改革为核心的整个经济运行机制的改革，还是应当继续向前推进。

一 价格改革——最重要而又最困难的改革

中国价格改革从1979年起到现在，已经历了近12年。这期间，价格改革由于受中国经济发展和改革的整体条件的变化的制约，大体可以区分为以下三个发展阶段。

第一阶段，从1979年到1983年，以有计划的调整价格为主。主要包括：1979年夏提高主要农产品（18种）收购价格，提价幅度25%；1979年末提高八种主要副食品销售价格，提价幅度30%；1979年和1980年分别提高原煤、生铁等能源、原材料价格，提价幅度30%左右；1983年全面调整纺织品价格，其中涤棉布降价31%，纯棉布提价19%；1983年（和1985年）提高了铁路、水路运价，提价幅度20%左右；有升有降地调整了工业消费品的厂销

---

[*] 这是作者1990年春参加一次国际研讨会提供的论文。

价格，总的来说是升多降少，但相差幅度不大；调整了各种差价，特别是规定和拉开了产品的质量差价，等等。

第二阶段，从1984年到1988年，较多地放开价格。主要包括：1984年对生产资料计划外部分实行加价20%的办法，1985年初改为计划外部分实行议价；1985年起，除粮食、食用植物油的合同定购部分及棉花、烤烟、糖料等少数几种关系国计民生的重要农产品的收购价格仍由国家制定外，绝大部分农产品价格放开；1985年放开了缝纫机、国产手表、收音机、电风扇等五种工业消费品价格（在此之前，从1982—1984年起分三批放开了小商品价格），1986年放开自行车、电冰箱等七种重要工业消费品价格；1988年放开了13种名烟名酒的价格，等等。

第三阶段，从1988年9月起，鉴于通货膨胀严重，放慢了价格放开的步伐，在一定时期内只能着重对突出不合理的价格进行适当的调整。主要包括：1989年夏起提高粮、棉、油的收购价格，其中粮食定购价格提高18%，棉花提价34%，是改革以来提价幅度较大的一年；1989年9月大幅度提高铁路、水路和航空客运票价，提价幅度一倍左右（铁路120%，水路、航空70%—80%），1989年11月提高食盐和盐制品销售价格；1989年年底调整人民币的汇率，人民币贬值21%；1990年3月提高铁路和水运货物运价（每吨公里提价0.05元），等等。

中国价格经过上述三个阶段的调整和改革，取得了有目共睹的成绩。

在价格形式方面，改变了单一的计划价格形式。到1988年，在全社会物质产品和劳务中，国家定价的比重已下降到大体占50%，其余50%的商品和劳务实行国家指导价和市场调节价。其中，农民出售的农产品总额中，属于国家定价部分降至24%，实行国家指导价格部分（生猪、大路菜等）占19%，其余57%由市场调节；在社会商品零售总额中，国家定价部分29%，国家指导价部分22%，市场调节价部分49%。重工业产品国家定价部分

60%，浮动价格、议价销售部分 40%。

与此同时，价格结构也有所改善，农产品和基础工业品价格偏低的状况好转了。1978—1988 年，农产品收购价格提高了 144.5%，比同期农村零售物价上涨率高 83.1 个百分点，比销往农村的工业品价格上涨率高 106 个百分点，同样数量的农产品可以多换 76.5% 的工业品；重工业产品出厂价格上升了 64.5%，其中采掘工业产品上升近 1 倍，原材料工业产品价格上升 72%，制造业产品价格上升 30%，显然，这对改善产业结构是有促进作用的。

无论是价格形成方面市场机制的迅速扩大，还是比价差价关系扭曲程度的缓解，都使中国经济的运行发生了奇迹般的变化：经济的活力增强了，利益刺激和竞争机制渗入社会经济生活的广阔领域，社会生产和社会需要的纽带紧密了，伴随着生产的加快发展各式各样的产品像泉水那样在各地市场上涌流出来。

二 中国价格改革经验的简单归纳

12 年的价格改革，使我们积累了丰富的经验。现简单归纳如下。

第一，价格改革不是一般的价格调整，也不只是简单的价格放开，而是整个价格模式的转换。它包括：1. 价格不应成为政府意志或计划的产物，而应反映价值和供求关系，反映资源的稀缺程度，因此要实现从行政定价体制到市场定价体制的过渡（即逐步建立少数重要商品和劳务价格由国家管理，其他大量商品和劳务价格由市场调节的制度）。2. 价格应在开放的、统一的、竞争的市场体系内并与其他经济杠杆密切配合下运行和发挥功能。3. 从价格结构畸形，比价差价很不合理，转变为建立合理的价格结构和比价、差价关系。

第二，价格改革不只限于物质产品和劳务价格的改革，还应包括各种生产要素价格如资金价格、劳动力价格、土地价格、外汇价格等的改革，即广义的价格改革。从物价改革发展为要素价格改革，是建立有计划的商品经济新体制的内在要求，是符合改革发展的内在逻辑的。

第三，发展有计划商品经济要求坚持和推进市场取向改革，而价格模式转换是市场取向改革的关键，既不能绕开，也不能推迟到改革后期进行。社会主义国家的经济体制改革，从本质上讲，就是要大力扩展商品货币关系，发展市场关系，充分发挥市场机制的作用。由于社会主义有计划商品经济的运行，要更多地依靠有宏观控制的市场协调或以市场协调为主，这就需要有价格模式的转换作保证。不推进从行政定价体制到市场定价体制的过渡，就无法扩展市场机制的作用。

第四，价格改革是整个经济体制改革中最困难的改革，要求的条件特别苛刻，对于像中国这样一个幅员广大、有11亿多人口、各地经济发展很不平衡的大国来说，不能企求在短期内闯关解决，搬用波兰和越南在一两年内把几乎全部产品价格放开的模式是不现实的，硬要推行"一次到位"的做法可能引起大的经济混乱。在改革期间，全部困难可以归结为，既要大胆推进改革，又要有效地控制物价总水平。看来，即使在比较集中改革时，年物价上涨率控制在不超过两位数，才不会有大的风险。

第五，在中国，价格改革只能渐进式地推进，价格双轨制很难避免。在逐步推进改革过程中，市场机制的扩大不会只局限于通过一种产品一种产品价格的放开来实现，而会伴随着企业自主权的扩大增加自销产品开辟更为广阔的途径。尽管如此，同一种产品实行两种价格弊端也很突出，往往成为投机和腐败现象的重要温床。因此，选择双轨制道路必须慎而又慎。严格选择和限制品种（自然垄断产品、供求大体平衡产品、小商品等应在排除选择之列），控制价差（市场价不能成倍地高于计划价），可以减少支付的改革"成本"和代价。

第六，价格改革有其自身固有的规律性，改革要按这些规律办事。比如，要走调放结合、先调后放的路子；仔细区分哪些产品价格可以放开，哪些产品价格不能放开仍需由国家直接管理，哪些产品价格可以先放开，哪些产品价格只能后放开；放活微观价格和控制宏观价格要有机结合，处理好理顺价格关系和稳定物价水平的关系；理顺价格关系要分步走和同价格内外改革配套进行；在价格改革过程中，要始终把防止和抑制通货膨胀放在重要地位，等等。

中国价格改革还在实践和探索中，经验还在不断积累，人们对改革过程和本质的认识也还有待一步步深化。可以想象，价格改革的经验将随着改革实践的深入而不断丰富和发展。

三　中国价格改革是怎样陷入困境的

中国价格改革，在 1987 年、1988 年陷入两难困境。价格改革不深化不行，要改革又苦于迈不开步伐和没有把握达到预期的目的。在市场的导向作用日益扩大的条件下，如果不继续推进价格改革，改善价格结构，当前不合理的产业结构就无法有效调整。比如运输、邮电、能源，一些重要原材料等价格不调整和改革，这些产业连维持都困难，更谈不上有大的发展，短线就会更短；如果农产品价格不动，种植业特别是粮食生产比较利益不断下降，农业的发展将更加受到影响，农业将更加落后于工业和国民经济的发展，使失衡状态加剧。但是，在当时，要继续推进价格改革，物价又更加稳定不了，物价上涨会加速，通货膨胀无法控制，财政也因收入有限而无法负担，真正是心有余而力不足。在对待双轨制价格问题上，同样面临两难抉择：马上取消双轨制主客观条件都不具备，如果硬要并轨，只并为计划轨等于恢复旧体制，葬送前期改革成果，而只并为市场轨或大部分并为市场轨将使物价上涨势头无法收拾；但是价格双轨制的存在，特别是双轨价差那样大（市场价一般比计划价高一倍左右），的确是各种"私倒""官倒"涌现和腐败现象滋生的温床。它破坏了正常的经济生活秩序特别是流通秩序，并引起社会的普遍不满，又到了非取消不可的地步。

中国价格改革是怎样走进困境的呢？

中国价格改革，在 1979—1984 年间进展顺利，成绩突出。1984 年下半年至 1988 年秋，由于经济建设急于求成，推行扩张性的宏观经济政策和通货膨胀政策，国民收入超分配严重[①]，各项货币指标的增长率都大大高于 GNP 的增长率[②]，造成物价的过大幅度的上涨，使价格改革的条件迅速恶化。结构性的价格调整变成为通货膨胀下物价的全面上涨。社会零售物价上涨率，1985 年为 8.8%，1986 年为 6%，1987 年为 7.3%，1988 年一跃成为 18.5%，1989 年为 17.8%。物价水平的这种过大幅度的上涨，主要是因为通货膨胀，而非起因于相对价格的变动即结构性价格调整和改革。

根据世界银行 1989 年一项研究报告的估计，1981—1987 年期间，物价上涨大概有 50% 纯属通货膨胀。由于 1984 年以后，我国货币超前发行加剧，可以认为，这期间我国物价上涨有一大半是由通货膨胀引起的，结构性价格变动引发的物价上涨只占一小部分。另据国家计委专家估计，1985—1988 年，社会总需求膨胀引起的物价上涨，占总物价上涨比例为 38.6%、53.3%、79.5% 和 58.4%[③]。

---

①

年份	中国国民收入超分配数（亿元）	差率（%）
1984	320	6
1985	1090	17
1986	910	12
1987	930	10.7
1988	1670	16

② 1984—1988 年平均 GNP 增长 11.5%，M_0（指流通中的现金）增长 32.1%，M_1（指 M_0 + 活期存款）增长 22%。

③ 参见许荣昌、张旭宏《澄清通货膨胀问题上的一些错误认识》，《中国物价》1989 年第 5 期。

有的同志认为，这几年物价总水平的较大幅度上涨总是要以投入流通的货币量过度增长为原因或条件，而分析的深入表明，这些货币现象主要是体制原因，是市场机制尚未形成或不健全导致的结果。具体说就是，在现有体制下，职工收入增长超过劳动生产率的增长，社会集团消费增长过快；无效投资过多，投资需求膨胀；双轨价格并存和流通环节过多，导致中间流失严重；市场价格制度尚未确立，长期造成的不同商品或要素之间的比价扭曲不能从根本上得到矫正；"铁饭碗"的劳动制度和"大锅饭"的工资制度；国有企业还没有根本解决企业经营者对资产的支配权与所有权界限不清等问题。总之，尚未完全破除的旧体制，才是物价上涨的深层原因。

我认为，上述分析不无道理。但是，不能因此而否定政策失误的因素。从1984年下半年，一直到1988年秋，用扩张性的宏观经济政策即通货膨胀政策，来支撑低效率的高速增长的倾向一直占据支配地位。总量膨胀和结构失衡互相推动，致使资源配置效益降低，企业微观效益也难以提高。其间，中央银行总是按照政府包括地方政府的意图，为固定资产投资和增补流动资金提供贷款，以及为弥补财政赤字而发票子。这就是造成货币过量供应和通货膨胀的直接动因。所以，比较全面的提法应当是，体制缺陷加政策失误，是中国物价加速上涨的深刻原因，从而也是通货膨胀干扰价格改革的深刻原因。

通货膨胀和物价的过大幅度上涨，不仅破坏了社会经济的运行秩序，加剧分配不公（1987年）有21%的城镇家庭纯因物价上涨造成实际收入水平下降，1988年这个比例增加到34.5%，而且逐步把国民经济拖入危机状态，1988年夏秋出现了全国性市场抢购和挤兑存款两大浪潮。与此同时，一些原定的价格改革方案无法出台，甚至造成原来不合理的比价复归，价格结构更加扭曲，这包括：粮食的合同收购价格又一次跌进价格体系的谷底：1985—1987年三年，工业品出厂价格上升22.4%，比前四年净上升17.2%，其中采掘工业产品价格净下降0.3%，原材料价格净上升10.5%，而加工工业产品价格净上升20.1%，从而使前四年稍微理顺的工业内部价格结构又朝扭曲方向发展。同一种产品计划价和市场价并存的"双轨制价格"，特别是双轨价差过大和价差幅度逐步有扩大趋势，助长了投机倒把等流通秩序的混乱，和以权谋私的腐败现象的迅速蔓延。原来我们估计，要理顺物价关系，可能导致物价总水平上升50%左右，现在物价总水平已上升50%以上（1989年比1978年，社会零售物价总指数提高了一倍），但是理顺物价的任务仍然很重，预计仍将推动物价上涨50%以上，如果加上理顺生产要素价格，可能导致整个价格总水平上升一倍。

总之，通货膨胀，物价上涨过快，是使中国价格改革陷入困境的主要原因。而通货膨胀并不是1988年才突然出现的，而是从1984年下半年以来逐渐发展和显露的。把价格改革的困境简单地只归因于1988年提出价格改革"闯关"的口号，是不全面的。"冰冻三尺，非一日之寒。"正是由于连续几年宏观经济条件的逐渐恶化，通货膨胀逐渐加剧，才把前期顺利发展的价格改革拖入困境。

四 治理整顿为价格改革开辟了光明前景

1988年9月，党和政府决定用三年或者更长一点时间，治理经济环境，整顿经济秩序。治理整顿主要是治理通货膨胀，恢复宏观经济的平衡。为此实施紧缩方针，收紧财政和信贷。经过一年多的努力，治理整顿已取得初步成效。经济开始降温，工业发展速度回落，投资规模得到控制，货币发行失控现象得到制止，特别是物价上涨势头明显趋缓。1989年1月，社会零售物价上涨率高达27%，到12月，已回落到6.4%。1990年第一季度，又降到3.9%。由于物价涨幅迅速回落，公众对通货膨胀预期明显下降，加上开办保值储蓄和几次提高存款利率，出现了从提款抢购转变为持币待购，部分商品主要是过去很抢手的家电等耐用消费品销售疲软、供大于求的现象。这种情况，为价格改革创造了非常有利的宏观经济条件和时机，也就是出现了我们过去一直期望出现而未能如愿以偿的价格改革的"黄金时期"，即在治理整顿之初我们没有预料到那么快到来的相对宽松环境。

在治理整顿初期，为了迅速遏制通货膨胀急剧发展的势头，政府不得不采取一些行政方法，加强对物价的直接控制，如冻结或半冻结部分重要生活消费品的价格，对原来已放开的计划外重要生产资料实行最高限价，关闭一些产品的市场，对一些重要商品实行国家专营等。这使一些人产生错觉，以为治理整顿就是恢复旧体制，使改革倒退了。事实上，上述主要是初期的应急措施。治理整顿的深入，要求更多地采取经济手段，从而迫切要求深化改革的配合，同时也为深化改革特别是价格改革开辟了光明的前景。

随着紧缩政策的实施，农业得到加强和发展，社会总供需矛盾的缓和，消费市场恢复平衡，一部分消费品甚至出现"买方市场"，向人们提示了一个极为重要的信号：加快价格改革的时机或许已经到来和成熟。政府并未随便放过时机。1989年9月起到年底，即采取了三个引人注目的行动。其一，9月份大幅度提高客运票价，改变客运票价长期严重偏低的不合理状态；其二，年底前调整人民币的汇率，人民币的外汇牌价贬值21%多，幅度不算小，在相当大的程度上改变了本币高估的情况；其三，11月较大幅度提高了食盐和盐制品的销售价格。在短短的几个月内，连续采取三个较大的调价行动，这是极为罕见的。更重要的是，这几次调价，并未引起社会的震动，连锁反应小，不但没有刺激起市场抢购商品，甚至没有扭转某些消费品销售不畅的局面。

根据这一年多治理整顿的实践，可以得出如下两条结论。

第一，随着治理整顿的进行，我们有必要也有可能加快价格改革，不仅在调整不合理的价格结构方面可以采取更大胆的行动，而且可以重新和继续放开一部分产品的价格，即首先放开原来已经放开而在治理整顿初期又受到管制的产品的价格,同时放开那些供求基本平衡和供给与需求的弹性都比较大的商品的价格。这样做,有利于理顺价格关系,从而有利于合理调整产业和产品结构,提高资源配置效益和微观运作效益。

第二,为了顺利推进市场取向的改革和价格改革,使经济较快进入良性循环,需要适当延长治理整顿的时间。目前中国治理整顿并未到位,社会总需求过旺特别是潜在需求过旺的状况并未从根本上得到解决,部分商品供大于需、市场疲软只是表层的暂时性现象,整个经济尚未走出困境。因此必须坚持治理整顿的正确方针,把控制总需求作为经济正常运行的前提。特别是,根据中国多年的经验教训,只有在治理整顿的"紧箍咒"下实施收紧财政与信贷的方针,才能既保持一定的必要的经济发展速度,又比较有效地抑制经济过热,为转变膨胀机制的改革创造比较好的宏观经济环境,从而有利于推进市场改革和价格改革,尽快使经济运行转入良性循环,保证国民经济长期持续、稳定和协调的发展。

加快价格改革会不会重新引发物价总水平的大幅度上涨呢?如何把价格改革和控制物价总水平恰当地结合起来?这的确是为保证价格改革的顺利进行必须妥善解决的问题。

我认为,如果我们继续坚持治理整顿,继续采取紧缩的政策,严格控制社会总需求的生长过旺和货币供给量的超前增长,把因货币供给量的增加而引发的物价自发上涨的因素严格限制在每年3%之内,就能腾出较大的余地,改善价格结构,比如每年因调价和把价格放开而引起的物价上涨率容许每年有7%—8%的幅度,这两年甚至还可以大一些,达到10%左右。这是因为,1988年物价上涨率达到18.5%,这既引起公众的强烈不满,又提高了公众对物价上涨的心理承受能力。18.5%的年率,给了价格改革很大的机动范围。今后只要物价上涨率低于18.5%,或者每年在18.5%这么高的上涨幅度的"极限"内有所降低,加上工资补偿和社会保障系统的有效配合,都可能为公众所容忍。这样,经过三五年的努力，即使还不可能把全部价格关系理顺，但引起全行业亏损和形成"价格逆调节"的突出不合理的价格问题是可以基本解决的，同时财政补贴的包袱可以逐步减轻，抑制性通货膨胀可以逐步释放，价格和市场的导向作用将有利于经济结构的合理调整。

与此同时，双轨制价格矛盾也能有所缓解。中国价格的双轨制问题目前已走到积重难返的地步。目前企求迅速转为单轨运行是不现实的，也是不可行的。因为工业生产资料实行双轨价的品种太多了，几乎囊括了全部重要产品。同时价差很大，在短时间内不论是并为计划价轨的还是并为市场价轨的，都会上涨较多，带来物价总水平的大幅度上涨。当前似乎需要注意两点。第一，不能一讲并轨就认为主要是并为计划轨，而应明确只有少数产品并为计划轨，大部分产品并为市场轨。并为计划轨的计划价要力求科学、合理，并坚决管住管好，加强检查和监督；并为市场轨的产品比重大，要有步骤地放开，同时要改进和完善对这类产品的价格间接管理的方式和制度，反对垄断价格和非法涨价。第二，在并轨需要逐步推进过程中，缩小双轨价差成为缓解双轨制价格矛盾的比较现实有效途径。因此需要继续控制投资需求的盲目增长，缩小社会总需求和总供给的差距。

总之，只要坚持治理整顿，继续抑制通货膨胀，抓住有利时机，我们就能比较顺利地推进价格改革。从这个角度，我们似可比较乐观地说，中国价格改革的前景是良好的乐观的。

（原载《财贸经济》1990年第7期）

中国经济改革理论三部曲：商品经济论、市场取向论、市场经济论

中国十多年经济体制改革的实践反复证明，改革每前进一步，都要突破传统的社会主义经济理论的束缚，要求人们换脑筋，都要确立新的符合社会主义经济发展实际的新认识、新观点、新理论。我认为，指导中国经济体制改革前进的主要理论似乎是沿着如下线索前进的：社会主义商品经济论、市场取向改革论、社会主义市场经济论。社会主义商品经济论是中国改革的理论基础，社会主义市场经济论则是中国改革理论的完成形态。而理论上的每一次进展，都要经历同"左"的教条主义的一番大的论战，都带来人们思想认识的大解放，从而推动着经济改革迈出新的大的步伐。当然，经济改革的实践进程和经验积累，为经济理论和改革理论的创新与发展提供了最为丰富的养料，使改革理论日益深入人心，并逐步走向成熟。

一 社会主义商品经济论——向传统社会主义经济体制冲击的有力武器

传统的社会主义经济理论认为商品货币关系是旧社会的残余和痕迹，在社会主义社会只能在狭小的范围内保留它、暂时利用它，随着社会主义建设的发展，商品货币关系将起着阻碍经济发展的作用而应让它消亡。因此，在传统的社会主义经济体制中，商品货币关系受到排斥和打击；不承认社会基本生产和经营单位是有独立经

济利益的商品生产者和经营者,而只是它们的上级主管部门的附属物和算盘珠,由国家统收统支;生产资料实质上不是商品,不许进入市场流通;资金、劳动力、土地等生产要素不是商品或不许商品化,完全由国家用指令性计划进行调拨分配;许多基本生活消费品定量供应、凭票供应,不能自由选购;各种产品和劳务价格几乎都由政府制定和调整,既不反映价值也不反映供求关系,价格主要起核算职能;国家银行只是政府的"出纳",没有独立性,货币政策屈从于财政政策;整个社会被看成一个大工厂,由几乎无所不包的指令性计划指挥整个生产、流通和消费过程,等等。

由于在社会经济生活中排斥商品货币关系,排斥市场机制,必然窒息经济活动的生机和活力,经济有增长无发展,按总产值计算的速度很高而人民得到的实惠很少,资源配置效益恶化,物资短缺成了经济生活的显著特征,同经济发达国家的经济、技术差距逐渐拉大,社会主义制度的优越性得不到发挥。显然,传统的社会主义经济体制已越来越不适应高度社会化大生产的发展,必须进行及时的和根本的改革。

传统体制的毛病主要在哪里?改革应从哪里突破?这是 20 世纪 70 年代末人们共同关心的大问题。

当时,我国不少经济学家指出,传统社会主义经济体制存在许多弊端,其根源在于否定、排斥和打击商品货币关系,否认社会主义经济也是一种商品经济,从而导致对社会主义经济本性的认识出现偏差。他们争辩说,既然在社会主义社会客观上还存在人与人、企业与企业、地区与地区等的经济利益差别与矛盾,商品生产与交换的存在就是一种客观必然性,各种经济矛盾只有按照商品经济的准则——等价交换来解决,并且借助等价交换规律来唤起人们的进取心,调动各项经济活动的积极性,在竞争中站住脚跟,发展和壮大自己,取得更多的经济利益,从而活跃整个国民经济,推动社会主义经济的发展和人民生活水平的提高。

20 世纪 70 年代末 80 年代初,经济界和理论界在如下一些问题上取得了比较广泛的共识。

第一，社会主义社会必须大力发展商品生产和商品交换，不仅在不同所有制经济之间要发展商品货币关系，在全民所有制经济内部也要发展商品货币关系。

第二，国营企业也应是相对独立的商品生产者与经营者，有自己独立的经济利益，扩大企业自主权首先是扩大企业的财权。

第三，全民所有制经济内部交换的生产资料在实质上也是商品，要用物资商品流通来代替原来的计划调拨和实物分配，逐步建立和发展生产资料市场。

第四，尊重价值规律，承认价值规律对社会生产和流通的调节作用，在不同所有制经济之间，在全民所有制经济内部不同部门、地区、企业之间，实行等价交换原则。

第五，肯定计划经济要利用市场机制，肯定发展城乡集市贸易的必要性和重要性，要进一步发展消费品市场，允许个体零售商业的发展等。

第六，社会主义经济中也存在竞争，要利用竞争机制促进技术进步、改善经营管理、提高经济效益。

第七，按照价值规律的要求改善价格结构，在工农产品交换中贯彻等价交换原则就要缩小和消灭工农产品价格剪刀差，在全民所有制经济内部交换中也要实行等价交换原则。

与此同时，也存在不同意见的争论。1982—1983年，有几位颇有社会影响的同志反对社会主义经济也是一种商品经济的认识和提法。他们说：在我国，尽管还存在着商品生产和商品交换，但是绝不能把我们的经济概括为商品经济。如果作这样的概括，那就会把在社会主义条件下人们之间共同占有、联合劳动的关系，说成是商品等价物交换的关系；就会认定支配我们经济活动的，主要是价值规律，而不是社会主义的基本经济规律和有计划发展的规律。这样就势必模糊有计划发展的社会主义经济和无政府状态的资本主义经济之间的界限，模糊社会主义经济和资本主义经济的本质区别。

自这以后不久,有的发表过文章主张用社会主义商品经济提法的经济学家,受到批判;重要经济理论刊物被告之不许刊登有社会主义商品经济提法的文章。但是,这种用行政手段压制学术讨论的做法难以长时间奏效。大概到 1983 年年底,报刊上开始又出现主张社会主义经济也是一种商品经济的文章. 并且以更强烈的经济体制改革的现实背景,更充分的理论论证,引起公众的更加广泛的注意和得到更有力的支持。1984 年 10 月,中共十二届三中全会通过的《中共中央关于经济体制改革的决定》,对上述重大问题的原则争论,作了总结,明确我国社会主义经济是公有制基础上的有计划的商品经济。社会主义商品经济论终于确立下来。

社会主义商品经济论的提出和确立,对我国经济体制改革起着有力的推动作用和深远影响,传统的高度集中的计划经济体制很快被冲开了一个大的缺口。

第一,国家的指令性计划不再无所不包,不再控制生产、流通等社会经济活动的各个方面。由于指令性计划的逐渐缩小,目前在工业生产中指令性计划减少到只占 10% 左右,在生产资料方面,目前生产的 11 亿吨煤炭中也只有 3 亿吨属统配煤。在 2000 多亿斤商品粮中,国家定购的只有 1000 亿斤。

第二,国有企业的自主权在逐步扩大,向自主经营、自负盈亏的商品生产者和经营者的方向前进。如企业留利制度的形成,使国有企业开始拥有自有资金。1984 年国有企业留利水平就已分别占企业纯收入和实现利润的 21% 和 40%。而 1978 年这两个指标只有 2.8% 和 4%。

第三,多种经济成分迅速发展。在坚持全民所有制经济占主导地位的同时,不但城市集体经济和农村的乡镇企业迅速增加,而且个体、私营和"三资"企业也迅速发展。1978 年,工业总产值中,全民所有制占 77.6%,集体所有制占 22.4%,个体、私营经济和外商合资合作企业均为零;而到 1990 年,工业总产值中,全民所有制占 54.6%,集体所有制占 35.6%,个体、私营经济占 5.4%,

外商合资合作企业占 4.4%。个体、私营经济在商品零售业中发展很快，1978 年，在全社会商品零售额中，全民所有制占 54.6%，集体所有制占 43.3%，其他经济只占 2.1%；而到 1990 年，上述比例分别变为 39.6%、31.7% 和 28.7%。

第四，各类市场迅速发展。不但消费品市场迅速扩展，生产资料市场和劳务市场迅速建立和发展，目前，全国有专业性和综合性农副产品批发市场 160 多个，工业小商品批发市场 3400 多个，各类生产资料市场 1000 多个，其中钢材市场 294 个。而且开始建立和逐步形成各种生产要素市场，包括 1990 年年底和 1991 年年初分别在上海和深圳建立起比较规范的证券交易所。市场关系的扩大，全国统一、开放和竞争性市场体系的逐步形成，使市场机制的作用范围逐步扩大到社会经济生活的各个领域。

第五，市场调节价格的比重逐步扩大。1978 年以来，各种价格形式占社会商品零售总额，农民出售农产品总额和工业生产资料出厂价格总额的比重变化情况如下表：

年份	社会商品零售总额为100			农民出售农产品总额为100			工业生产资料出厂价格总额为100		
	国家定价(%)	国家指导价(%)	市场调节价(%)	国家定价(%)	国家指导价(%)	市场调节价(%)	国家定价(%)	国家指导价(%)	市场调节价(%)
1978	97		3	92.6	1.8	5.6	100		
1979				88.4	4.9	6.7			
1980				82.3	9.5	8.2			
1981				79.1	11.5	9.4			
1982				78.3	11.5	10.2			
1983				76.1	13.4	10.5			
1984				67.5	14.4	18.1			
1985	17.0	19.0	34.0	37.0	23.0	40.0			
1986	35.0	25.0	40.0	35.3	21.0	43.7			
1987	33.7	28.0	38.3	29.4	16.8	53.8			

续表

年份	社会商品零售总额为100			农民出售农产品总额为100			工业生产资料出厂价格总额为100		
	国家定价(%)	国家指导价(%)	市场调节价(%)	国家定价(%)	国家指导价(%)	市场调节价(%)	国家定价(%)	国家指导价(%)	市场调节价(%)
1988	28.9	21.8	49.3	24.0	19.0	57			
1989	31.3	23.2	45.5	35.3	24.3	10.1			
1990	30	25	45	25.2	22.6	52.2	14.1	18.8	36.8
1991	20.9	10.3	68.8	22.2	20	57.8	36	18.3	15.7

市场调节价比重的扩大和逐步占优势，集中表现为社会经济活动中市场调节比重的扩大和逐步占优势。这是中国改革以来取得的最重要的进展。

此外，财政税收体制、金融体制、投资体制、外贸体制、劳动工资体制等，也在发展商品货币关系的冲击下，进行了不同程度的改革，并且取得了一些效果。

二 市场取向改革论——深化改革的理论基础

1984年以后，中国经济界和理论界在改革问题上争论的焦点，已不再是承认或不承认社会主义经济也是一种商品经济，而转为从对有计划商品经济的含义的不同理解，对市场取向改革作出肯定或否定的不同回答。1985—1991年，在对有计划商品经济的含义的理解上，主要有两种不同的意见。一种强调有计划商品经济的商品经济方面，认为社会主义经济首先是商品经济，商品经济活动是基础性经济活动，其次才是有计划的商品经济；另一种则强调有计划的方面，认为计划经济或计划调节，应始终在社会主义经济中占主导地位。两种不同的认识，引出两种不同的改革理论和思路。前一种认识强调市场和市场机制的作用，在计划与市场关系上向市场方面倾斜，主张市场取向改革，不满足于在计划经济框框内利用市场机制；后一种认识往往导致计划科学化的改革思路，强调完善计划机制，改善宏观控制体系，市场调节只能起补充计划经济不足的作用，从而反对改革以市场为取向。

市场取向改革论是社会主义商品经济论的进一步发展的形态。从一般的承认社会主义经济也是一种商品经济，到肯定改革要以市场为取向，其理论进展和实践意义主要表现在以下几点。

第一，市场取向改革论突出市场、市场调节、市场机制在社会经济运行中的地位和作用。认为经济体制改革的实质，就是要扩大市场调节的范围和作用，扩大市场机制对社会经济资源配置方面的作用。由于受传统经济理论的束缚，有的经济学家尽管同意社会主义社会要发展商品生产和商品交换，甚至同意发展商品经济，但是讳言或反对社会主义社会要利用市场、发挥市场机制的作用，在他们的心目中，市场往往等同于经济生活的无序和混乱，是一种破坏的力量，因而存在"市场恐惧症"。市场取向改革论正是要进一步突破上述理论束缚，肯定市场，肯定市场竞争是社会主义经济的内在机制。

第二，肯定大量的社会经济活动要由市场来引导。党的十三大报告提出，新的经济运行模式是"国家调节市场，市场引导企业"。这可以说是市场取向改革的明确概括。市场引导企业表明社会的微观经济活动要由市场来调节，而不应由国家的指令性计划来安排，从而意味着真正承认企业是自主经营、自负盈亏的商品生产者和经营者。这预示着社会经济的运行将由行政协调为主转为更多地用市场协调来取代。由于市场引导企业并未限定什么企业由市场来引导，因而国有企业，特别是国有大中型企业，一般地也应由市场来引导，这就为搞好搞活国有大中型企业指明了正确的方向。

第三，肯定生产要素的商品化、市场化。既然一般企业的活动要由市场来引导，就表明不仅承认各种物质产品和劳务是商品，要进入市场流通，而且各个生产要素，包括资金、劳动力、土地、矿藏等，也将逐步商品化，进入市场流通。这就必须形成统一的社会主义市场体系这一新概念。而社会主义市场体系这一概念，正是我国经济体制改革理论比较彻底的一个集中表现。我们都还记得，1984年中共十二届三中全会通过的《中共中央关于经济体制改革的决定》，在肯定社会主义经济是有计划的商品经济的同时，在理论上也有某些不彻底的地方，比如提出劳动力不是商品，土地、矿山、银行、铁路等一切国有的企业和资源也都不是商品。实际上，随着商品经济的发展，特别是市场取向改革的推进，上述劳动力、土地、矿山、银行、铁路等的商品化和市场化是不可避免的，否则就没有生产要素的自由流动，而没有生产要素的自由流动，也就不可能做到市场引导企业。

第四，放开价格，建立市场价格体制。市场的核心是价格，市场机制的核心是价格机制。市场的导向作用主要是由价格及其变动来实现的。而要发挥价格机制的作用，发挥价格的导向作用，就要转换价格模式，要点是让价格回到市场交换中形成，实现从行政定价体制向市场价格体制的过渡，变单一的计划价格形式为以市场调节价作为主要价格形式。不仅各种商品和劳务的价格要在市场竞争中形成，而且各种生产要素的价格也要在市场竞争中形成。这里所说的市场，是指统一的、开放的、竞争的和规则健全的市场体系，并且是同国际市场对接的市场体系。价格改革要从狭义的价格改革，扩展为还包括各种生产要素价格改革在内的广义的价格改革。

市场取向改革论，或者市场化的改革思路，在1989—1991年间曾遭到一些人的反对和批评，有人甚至提高到政治上说成是资产阶级自由化的表现。有一篇文章《"市场取向论"质疑》，系统地批评了市场取向改革论。

文章说："把加大改革的分量、发挥市场调节的积极作用概括为实行'市场取向'的改革，甚至以之作为我国经济体制改革的方向目标，这是有悖于计划经济与市场调节相结合这一指导我国经济体制改革的基本方针的，它容易导致把有计划商品经济等同于市场经济，把计划经济与市场调节相结合等同于市场取向这样一种思想混乱，从而造成对市场的迷信。"又说："改革前我国的经济既不是完全的计划经济，也不是完全的商品经济，它既有计划经济的成分，也有商品经济的成分。因此，认为改革就是把自然经济、产品经济转变为商品经济，进而得出必须走'市场取向'的结论，这种推理本身就是不科学的。我认为，在改革的取向上必须按照基本经济规律、价值规律、有计划按比例发展规律等客观经济规律的要求，兼顾充分发挥计划经济的优越性和市场调节的积极作用这两个有机联系的方面。"①

我认为，上述观点是站不住脚的，没有说服力的。

首先，作者对改革前我国经济状况的论述就不符合实际。作者认为改革前我国既有计划经济的成分又有商品经济的成分同一般人的判断大相径庭，关键是否认传统体制排斥商品货币关系、排斥市场机制，否认高度集中的以指令性计划为基本标志的计划经济体制把经济搞死了，窒息了生机和活力。难怪作者把经济体制改革轻描淡写地说成只是"兼顾充分发挥计划经济的优越性和市场调节的积极作用这两个有机联系的方面"，而不是对传统体制的根本变革。作者的思路，实际上是计划完善化，否认需要对传统体制进行改革；或者只需作局部的调整和改进，无须作重大的根本性的改革，当然也就谈不上是又一次革命或第二次革命了。

其次，作者反对市场取向改革，主要是怕他们心目中的计划经济被否定。实际上，主张市场取向改革论者并不是要否定计划指导和宏观控制，而只是要否定那种以指令性计划为基本标志的计划经济。我们认为，由于传统体制排斥市场和市场机制，束缚了生产力的发展，因此，改革就是要发挥市场机制的作用，扩大市场调节的范围和比重，借助市场的力量使国民经济活跃起来，解放生产力，发展生产力。与此同时，由于市场和市场机制固有的局限性，社会

---

① 陆立军：《"市场取向论"质疑》，《真理的追求》1992年第2期。

主义国家市场取向改革需要同计划指导和宏观控制相结合，以便做到在既有长远发展战略目标，又有总量和主要结构平衡下把微观经济搞活，把整个国民经济搞活，保证国民经济稳定、协调和高效发展。因此，计划工作需作重大改造，指令性计划除特殊领域需作个别保留外，应予否定，代之以政策性计划、预测性计划、指导性或诱导性计划。这样的计划必须尊重价值规律和市场规律，才能很好发挥作用，才能引导各种商品和市场经济活动纳入有计划发展的轨道。总之，市场取向改革要求对传统的计划体制和计划工作进行一场真正的革命。

三 社会主义市场经济论——中国经济体制改革理论的完成形态

中国经济学界开始比较有社会影响的讨论社会主义市场经济问题，是在 1988 年初，在中国商品经济和市场经济最发达的广东省举行的。会后，由广东省"市场经济研讨会"编辑组编辑出版了《社会主义初级阶段市场经济》一书，几十位经济学家从不同角度、侧面论述了社会主义市场经济的理论问题和实际问题，引起经济界和理论界的广泛重视，对中国经济改革理论研究产生了积极的推动作用。

1989 年 6 月，中央提出了计划经济与市场调节相结合的原则。有人把这一原则解释为回到计划经济为主，市场调节为辅的老路上去。当时正处于治理整顿初期，为了遏制通货膨胀，政府正在采取某些反市场化措施，重新强调计划控制与集中领导，因此有人用计划经济与市场调节相结合来为改革的暂时后退作理论解释。在这种情况下，刚刚提出的社会主义市场经济理论受到了很大的压力，甚至被某些"左"派理论家、政治家视为异端邪说，扣上政治帽子加以批判。

但是，中国改革的势头总的来说是不可逆转的。人们很快发现治理整顿也要有改革的深化来配合，而且治理整顿取得一定成效后又为改革的深化创造了良好的条件。1989年冬起，市场取向的改革特别是价格改革重新迈出坚实的步伐。在改革实践的有力推动下，许多经济学家主张进一步消除对市场的恐慌心理，更大胆地运用市场机制来提高资源的配置效益和国民经济的效率。

1991年初和1992年初，邓小平同志明确指出：计划多一点还是市场多一点，不是社会主义与资本主义的本质区别。计划经济不等于社会主义，资本主义也有计划；市场经济不等于资本主义，社会主义也有市场。计划和市场都是经济手段。社会主义的本质，是解放生产力，发展生产力，消灭剥削，消除两极分化，最终达到共同富裕。邓小平同志的上述讲话，进一步丰富和发展了经济改革理论和社会主义经济理论，极大地推动了社会主义市场经济理论的研究与传播。1992年，我国报刊发表了大量研究和阐述社会主义市场经济理论的文章。

肯定社会主义市场经济的提法，在理论上和实践上都具有重大意义。最主要的是要更大胆和更广泛地吸取经济发达国家借助市场竞争促进经济繁荣的经验，加快建立竞争性市场体制，依靠日益发达的市场关系和市场体系，改善资源的利用和配置，提高国民经济活动的效率，加速经济发展，缩小同经济发达国家与地区的差距。实践证明，原来那一套以指令性计划为基本标志的计划经济，只能使我国经济技术水平同世界发达国家的差距越来越大，不可能赢得与资本主义相比较的优势，只有大胆吸收和借鉴人类社会创造的一切文明成果，吸收和借鉴当今世界各国包括资本主义发达国家的一切反映现代化社会化生产规律的先进经营方式、管理方法，我们才能奋起直追，使我国社会主义制度在同资本主义经济竞赛中站住脚跟，发挥其优越性，而"市场""市场调节""市场机制""竞争性市场体制"这些市场经济的基本要素，正是使人类社会走向繁荣昌盛的文明成果，促进经济迅速发展的最重要的经济手段。

只有肯定社会主义经济也是一种市场经济，才能使我国经济彻底摆脱封闭状态，全方位对外开放，参与国际市场竞争。在国际市场竞争压力下，国内原来束缚经济发展的体制将受到更大的冲击并被迫要加快改革，首当其冲是企业制度的改革，原来政企不分的企业制度将完全不能适应国际市场竞争的新环境。所有生产和经营竞争性产品的企业，如果不面对剧烈的市场竞争，不断改进技术、提高质量、增进效益，它就只能被淘汰、受排挤。可见，开放和改革是相辅相成、互相促进的。

社会主义市场经济论，使我国经济体制改革的目标最后明确和清晰了。当然，要很好地转向和建立社会主义市场经济新体制，还有一系列问题需要在这过程中认真研究和解决。

（原载《财贸经济》1992年第11期）

论培育和发展统一、开放、竞争、有序的市场体系

一 发达的市场体系是社会主义市场经济正常运行的基础

建设社会主义市场经济体制，就要培育和发展市场体系。发达的完善的市场体系，是社会主义市场经济正常运行的基础。没有发达的完善的市场体系，就谈不上真正转入市场经济体制，也难以顺利发展社会主义市场经济。中国经济体制改革的实质，就在于发展商品经济和市场关系，扩大市场机制的作用，使生产要素能够按照价值规律和供求关系的变化，自动流向效益较好的行业和企业，从而短线行业和先进企业能够得以迅速发展，而长线行业和落后企业则被排挤甚至淘汰，达到在全社会范围内优化资源配置的目的。

适应社会主义市场经济发展的市场体系必须是统一、开放、竞争和有序的，并且具有比较合理的结构。

统一，要求统一市场法规、政策，打破各种关卡和封锁，克服市场障碍，形成全国通畅的大流通、大市场格局。

开放，既要对内开放，对外省市和外地开放，又要对外开放，实现国内市场同国际市场的对接。

竞争，要求有充分的和公平的竞争环境，反对垄断特别是行政垄断，反对做霸王生意，同时也要避免过度竞争。

有序，所有的市场活动都要纳入规范化、法制化的轨道，做到

公开交易、公平买卖，有法可依，有章可循，形成良好的市场秩序。

培育和发展市场体系，就要建立比较合理和完善的市场结构，配套发展各种各类市场。市场建设必须符合客观经济要求，做到"建一片市场，活一片经济，富一片人民"。要避免花很大力气建起市场后，无人入市，交易活动很少。整顿市场建设中的"你建我也建，你管我也管，你批我也批，你大我更大"的混乱现象。既要发展商品市场，又要发展生产要素市场；既要繁荣国内市场，又要开拓国际市场；既要发展现货市场，又要逐步建立期货市场（先建商品期货市场后建金融期货市场）；既要发展有形市场，又要发展无形市场，还要建立招标市场、拍卖市场等。从另一角度看，发展市场体系包括两个方面，一个是建立包括市场设施、仓储设施和铁路、高速公路在内的硬件系统；另一个是建立包括管理、信息、通信和法规在内的软件系统。政府在培育和建设市场时，不仅要注意硬件系统的建设，更要重视软件系统的开发，建立合理的框架。

二 价格改革是市场体系形成的关键

市场机制的核心是价格机制。价格改革是市场发育和市场体系形成的关键。市场配置资源的作用，主要是通过市场价格及其变动来引导和实现的。建设社会主义市场经济体制要求进一步深化价格改革，建立有宏观调控的市场价格体制，充分发挥市场机制的作用。

经过15年价格改革，我国价格改革已取得重大的实质性的进展。占90%的消费品价格已经放开，由市场调节；生产资料价格双轨制正在迅速并轨，而且大部分并为市场单轨价；服务价格经过调整和放开，正在逐步走向合理；生产要素价格市场化进程也已开始。与此同时，新的价格调控体系初步建立。如在综合运用财政、金融等手段对物价总水平的控制方面，取得了某些成效，积累了有益的经验；建立了用于平抑市场物价的重要物资的储备制度；在十几个省、六十多个市实行了重要商品的价格调节基金制度；制定了一批规范价格行为的法规，等等。

价格改革使严重扭曲的价格结构得到明显改善。长期偏低的农产品和基础工业品的相对价格得到提高。1992年同1978年相比，农产品收购价格累计上升176.5%，农村工业品零售价格累计上升83.2%；采掘工业品价格累计上升165.7%，原材料工业品价格累计上升150.2%，加工工业品价格累计上升114.8%。95%以上的进口商品实行代理制，国内市场销售价格与国际市场价格有了直接联系。

迄今为止，价格改革并未过关，所谓价格改革已过万重山的说法并不全面。虽然目前市场机制和价格机制在调节生产和需求中已发挥重要作用，但价格改革的任务仍然艰巨。由于生产要素的市场价格远未形成，因而限制着市场对资源配置的基础性作用的发挥；部分重要生产资料仍然存在双轨价格，并轨任务有待逐步完成；部分产品的国内市场价格严重偏离国际市场价格，不能按照比较成本的原则调节进出口，以提高外贸效益；价格调控体系不健全，平抑市场的物质手段不完备，因而当某些产品的市场价格出现波动时，不能通过物资的吞吐和进出口的调节，以及运用价格调节基金等，有效地实施宏观调控，降低价格变动的波幅。

为推动市场发育，充分发挥市场机制的作用，进一步发展市场体系，今后价格改革的任务是：

三年内把竞争性商品和服务价格放开，包括实现生产资料双轨价向市场单轨价过渡（属于竞争性产品部分）；

三五年内调顺政府定价商品和服务的价格，重点是提高基础产品和服务的价格；

近期实现人民币汇价并轨，实行浮动汇率制；

国内外市场价格逐步挂钩，先在可贸易商品部分接轨；

加速资本、土地等生产要素价格的市场化进程；

进一步建立和健全以保持物价总水平相对稳定（年上涨率不超过 10%）和重要商品价格大体稳定为中心的价格调控体系；

制定和完善为保证市场价格正常运行的法律和规章制度，建立完善的、开放的市场信息网络等。

三 重点发展生产要素市场

今后，在进一步发展与完善商品市场的同时，要重点发展生产要素市场。

截至 1992 年年末，全国已有生产资料批发市场 1000 多个，工业消费品批发市场 1000 多个，农副产品批发市场 1600 多个，城乡集贸市场近 8 万个，一批尝试引进期货交易的重要商品交易市场也已开始建立。今后要按照发展市场经济需要，在重要商品的产地、销地或集散地，建立一批面向全国的规范化的工业品和农产品批发市场和交易所，以此为基础，选择少数品种试办商品期货市场，近期可集中力量办好全国性的粮食、棉花、油料、有色金属、原油的期货市场，并严格规范，逐步与国际期货市场联网。改革现有商业、物资流通体系，逐步形成大中小相结合、各种经济形式并存和混合、多种经营方式并存的批发体系和零售体系。完善的商品市场应是各种各类商品能够跨行业、地区、国界自由流通的开放型的大系统。这个系统，能够实现国内外市场的对接，并且能对改善我国各项经济活动的质量提供强大的刺激和压力，促进社会主义市场经济的发展。

生产要素进入市场流通，是市场机制对资源配置起基础性作用的必要条件。近期内，要把市场建设的重点放在刚刚起步的要素市场的培育和发展上。

资本是市场经济中最宝贵、最短缺的资源。资本市场是整个市场体系的枢纽。实现资源的优化配置，关键在于建立完善的资本市场，提高资本的使用效率。在资本市场上，存在直接融资和间接融资两种形式。近中期我国将仍以间接融资为主，同时积极发展各种直接融资形式。直接融资和间接融资保持什么样的比例，不能人为规定，而应通过两种融资方式在竞争中确定。当前资本市场发育中的主要问题是不规范和秩序混乱，出现了各种滥集资、乱融资现象。发展资本市场，就要逐步实现利率市场化，尽快结束双轨和多轨利率并存的局面，中央银行主要通过掌握基准利率，对市场利率进行调节。货币市场在我国已粗具规模，今后要在现有区域性同业拆借市场的基础上，打破地区封锁，规范市场管理，形成全国统一的货币市场；发展票据贴现和抵押业务；进一步发展短期国债市场，开办中央银行买卖国债的公开市场业务。

土地是稀缺的和非再生的资源，必须十分珍惜和合理使用。要进一步实行土地有偿有限期使用制度，发展土地市场，以发挥市场机制对优化土地配置的积极作用。在城市市场体系中，国家垄断一级市场，同时放开二级市场。当前的问题是，无论是一级市场还是二级市场，我们都还没有建立起土地使用权价格的市场形成机制。今后，商业性用地使用权的出让和转移，要通过招标、拍卖方式进行，加强竞争性，提高透明度。从长远看，应致力于建立一套"公告价格"体系，以指导和规范地价运动，并作为对土地课税的标准。通过房地产营业税、所得税和增值税等，防止土地使用权转让和交易中国家土地收益流失。打击非法"炒买炒卖"地皮、哄抬地价、牟取暴利的活动，防止资金过多地流向土地市场。对于农业用地转为非农业用地，要按照用地计划，有控制地进行。

逐步形成劳动力市场。首先要肯定市场机制对劳动力资源合理配置起基础性作用。为此，要转换工资形成机制，国家不再充当用工主体和分配主体，工资主要由劳动生产率和劳动力市场供求关系决定，实行劳动报酬货币化。允许和引导劳动力的合理流动，有计划、有步骤地打破劳动力市场地区界限，逐步破除铁饭碗、铁工资、铁交椅。

进一步发展技术、信息市场。发展技术市场，对推动高新技术商品化、产业化，促进科技进步和科技工作面向经济建设主战场，有重要意义。要制定一套完善的法规，保护知识产权和技术成果有偿转让。发展信息市场是建立发达、成熟的市场体系的内在要求。今后，技术、信息以及咨询服务业都要实行经营企业化，服务社会化，产品和服务商品化，引入竞争机制。

还要大力发展产权市场、住房市场等。要控制住房的成本和价格，以便于多数城市居民进入住房市场。

四 大力发展市场中介组织

大力发展市场中介组织，是社会主义市场经济能够正常运行和健康发展的重要环节。

现代市场经济越发达，市场联结的经济主体越广泛，市场交易活动越频繁和趋于专业化与技术操作，就要求除了有合格的市场主体、各种各类发达的市场、严密的市场规则以外，还要建立和发展市场中介组织，来为市场活动主体服务，促进市场活动的开展和有序。

目前，需要着力发展的市场中介组织，包括：为协调和约束参与市场活动的各个企业与各行各业人员行为的自律性组织，如各种行业协会、各种商会等；直接为市场交易活动服务的经纪行、典当行、拍卖行；为保证市场公正交易、公平竞争的会计师事务所、审计师事务所、律师事务所、价格评估特别是土地价格评估机构；为促进市场发展的研究、咨询、信息服务机构，报价体系，结算中心，物资配送中心，货栈等；为调解市场纠纷的仲裁机构；为监督市场活动服务的计量、质量检查、生产检验等生产服务机构；为发展农村市场、使分散的农民进入市场的一系列流通中介组织如农村流通协会等；为促进人才和劳动力流动的职业介绍所、人才交流中心，等等。

市场中介机构一般应是企业自下而上自愿组织起来的,其主要职能是:向各会员企业等提供信息、咨询、法律、商务等服务,培训专业人员,沟通国际联络渠道,并代表会员企业和个人的利益,调解商务纠纷;依据市场规则制定一些行规或公约,进行集体的自我约束,监督市场交易活动,反对不公平竞争,保障正常的生产和销售秩序,包括自觉遵守国家质量标准,不得进行不正当的竞争,不得在销售价格和市场划分方面搞垄断性的串通共谋;沟通企业和政府之间的联系,使各类行业协会和商会成为维护市场竞争秩序的自我协调组织,防止其蜕变成为行业的垄断势力。

五 加强对市场的管理和监督

在市场体系的建立和发展过程中,要特别重视加强对市场的管理和监督。

对市场的管理和监督都要有法可依,有章可循。为使市场活动有序,维护市场的正常运行,保证市场经济的健康发展,必须制定一套完备的市场法规,并建立有权威的市场执法和监督机构。

在市场法律体系中,保护公开、公平竞争的法律是最基本的法律。国际经验表明,竞争能带来高效率和市场繁荣,而垄断容易导致不求上进,技术停滞。因此,所有市场经济国家,在建立市场秩序、制定市场法规时,都优先考虑保护和促进竞争,使市场交易在法律保护和规范下公平、公开和公正竞争下进行。

一般认为,竞争的重要作用表现在:第一,竞争能够创造一种紧迫感、危机感,使社会每一个企业都面临巨大的压力,因而能刺激企业采用先进的生产技术;提高产品质量,降低产品成本,生产更多更好的产品。第二,竞争能够使有限的资源转移到生产消费者最需要的商品上,促进生产要素的优化组合和资源的合理配置。第三,竞争会使消费者权益得到社会尊重,从而使生产和服务部门用正当途径向社会提供价廉物美的商品和优质服务,导致消费者最终受益。第四，竞争还可以防止权力的过分集中，以免滥用权力，窒息经济发展的内在活力。

当然，竞争并不意味着是那种无规则、无秩序的你争我夺。竞争的经济含义应是商品质量好、价格低、争夺有序、消费者受益和社会的进步。公正的竞争是一种有规则、有秩序的比较和竞赛。因此，要形成一个良好的竞争环境，需要创造一些必要的条件：要有独立自主的市场主体作为竞争者；竞争者能自由出入市场；竞争者不受垄断经济力量的干预；每个竞争者都有同等地位，都既要负盈又要负亏包括承担风险；政府对价格的控制要适当，微观价格尽量放开；政府不要随便干预市场，如打破地方封锁等。所以，每个国家都要建立和制定保护竞争的法律和法规，在中国，就包括既不能偏袒国有企业，也不能偏袒私人企业，还要采取有效措施避免过度竞争。这表明，培育和发展市场体系，要同建立现代企业制度，建立健全宏观调控体系，加快市场经济立法等配套进行。

与此同时，要注意"垄断"在经济发展的不同阶段对经济发展的不同影响，处理好反垄断同发展规模经济、提高技术水平、增强国际竞争能力的关系。当前，要把扶持符合规模经济要求、具有技术开发和国际竞争能力的企业集团的形成和发展，防止低水平的重复建设和过度竞争，作为一项重要工作。

重要的市场法规要由国家统一制定。法规应在行业标准、业务范围、价格收费、资产评估、监督管理、奖励惩罚、职业道德及仲裁纠纷等方面尽可能作出全面、周到的规定。目前，要抓紧制定《市场法》《银行法》《公司法》《价格法》《公正交易法》《反垄断法》《反不正当竞争法》《信息法》《审计法》等基本经济法律法规，以建立完善的市场交易规则。企业要依法经营，行业主管部门和经济监督部门要依法管理和依法监督，及时制止和惩处经营活动中的各种违法行为，保证市场经济活动正常有序进行。

为加强市场管理，要按照精干、高效、统一的原则改革流通部门的管理体制，精简机构，加强对流通和市场的统一管理。实行市场监督者、市场本身的经营管理者、市场商品交易方三者分开，使市场活动有良好的秩序，市场运作高效进行。

市场秩序包括市场进入、市场竞争和市场交易等方面的秩序。当前要注意在市场进入方面，对各类企业的登记、注册是必要的，对企业的规模、生产或经营方向、范围以及经营资格等的审查是应当的，但一般不能限制过多，审查过严，更不能以此向企业敲竹杠。

要加强对市场的监督。需要建立一个有权威的机构（类似外国的市场公正交易委员会）统一执法、最终执法，对市场各种行为和活动进行监督和仲裁，不能政出多门、多头执行、多头仲裁。还要发挥消费者协会、社会舆论等对市场的监督作用。

（原载《财贸经济》1993年第10期）

社会主义市场经济与价格改革

1992年10月举行的党的十四大把建立社会主义市场经济体制,作为我国经济体制改革的目标模式,为我国今后的改革开放进一步指明了方向。价格改革是经济体制改革的关键。尽管从1979年以来,我国价格改革已取得重大进展,市场机制在货物和劳务价格形成中已占优势,但是仍然需要按照发展社会主义市场经济的要求,深化价格改革,以促进市场的发育和统一,促进有序市场体系的建立,促进竞争性市场体制的形成和完善。

一

建设社会主义市场经济体制,使价格改革的重要性和地位进一步突出起来。因为价格是市场的核心,价格机制是市场机制的核心,社会主义市场经济的运行,要充分发挥价格机制的作用。这就对价格改革提出了新的更高的要求。这些要求至少包括以下几点。

第一,应更明确地把建立市场价格体制作为价格改革的目标模式。建立市场价格体制,是建立竞争性市场体制的前提,也是发展社会主义市场经济的前提和基础条件。

第二,加快生产要素价格改革。生产要素的市场化和生产要素价格形成的市场化,是实现经济资源由市场机制配置的根本条件。为了顺利向社会主义市场经济体制过渡,今后应把生产要素价格改革作为价格改革的重点,置于优先地位。

第三,加快价格改革的步伐,尽快理顺价格关系,建立合理的价格结构，以适应和推动社会主义市场经济新体制的建设，使市场的导向作用有助于优化资源配置，提高经济活动的效率。虽然总的改革战略仍应坚持渐进方式，但是要努力创造条件大胆迈步，不要轻易放过加快改革的良好时机。

第四，加快国内价格同国际市场价格挂钩的进程，以利于国内市场和国际市场的接轨，更好地全方位地对外开放，积极参与国际市场竞争。

第五，建立和完善适应社会主义市场经济发展的价格调控体系。价格调控主要依靠经济和法律手段，并辅之以行政手段，协调好各方面的利益，促进经济的稳定增长和社会的安定。

第六，进一步处理好理顺物价关系和稳定物价水平的关系，为深化价格改革创造相对宽松的环境。价格改革步伐的加快，国内价格逐步向国际市场价格靠拢，有可能在一个时期内，出现价格水平上涨幅度较大的问题，需要国家采取恰当的宏观政策加以调控，努力保持经济的稳定，减少价格改革带来的风险，以便顺利推进价格改革。

二

我们进行价格改革，一是要改变原来单一的行政定价体制，建立以市场调节价格为主体的价格形成机制，使价格能充分反映生产耗费和市场供求关系；二是要形成相对合理的价格结构，以引导资源的合理配置；三是建立主要依靠经济的和法律的手段并辅之以行政手段的价格调控体系。这三者可以归结为建立市场价格体制。因为市场价格体制是形成合理的价格结构的基础和保证，也是建立有效的价格调控体系的前提。

为什么要建立市场价格体制？

这首先是由整个经济体制改革的目标模式决定的，即建立社会主义市场经济体制决定的。市场经济要充分发挥市场机制的作用。

市场机制的作用意味着价格要根据市场供求关系的变化上下波动，向生产者、经营者和消费者发出信号，使他们作出有利的和合理的选择。实行市场经济，使市场在社会经济资源配置中发挥基础性作用，在社会主义市场经济运行中以市场调节为主，就要求把微观价格尽可能放开，使商品和劳务价格由市场供求关系决定和调节，即建立市场价格体制。

其次，从商品价格本身的含义来看，也只有实行市场价格体制，才能把价格关系理顺，改变扭曲状态。价格是商品价值的货币表现，是商品交换发展到一定阶段的产物，是在商品交换中即在市场上由买卖双方讨价还价形成的。有交换，有买卖，有市场，才有价格。价格体现参加市场交换当事人买者与卖者的经济利害关系，是在剧烈的市场竞争中变动起伏的。商品供过于求，竞争主要在卖者中展开，买者力求杀价；商品供不应求，竞争主要在买者中展开，卖者力求抬价。亿万次的交换使当时一般认可的价格成为买卖双方利益的暂时均衡点。由于商品的生产消耗和供求关系是经常变化的，价格也应随之发生变化。但是，行政定价体制不可能很好地反映数以万计、十万计的商品的生产消耗和供求关系的变化，只能使价格关系僵化，比价、差价不合理，并且长期得不到纠正。因此，要理顺过去由于实行行政定价体制被扭曲了的价格关系，必须还价格的本来面目，让价格回到市场交换中去形成，逐步放开价格，实行市场价格体制。

最后，十几年改革的实践使大家越来越愿意接受市场价格体制的选择。中国的价格改革是逐步推进的，放开价格也是逐步实行的。20世纪80年代中期开始逐步放开价格的成功实践告诉人们，那些占绝大多数和供求弹性大的商品的价格一旦放开，这些商品就会像泉水般涌流出来，即使长期短缺的商品也会很快缓和供求矛盾，从而有力地推动市场的活跃和繁荣，给整个国民经济注入新的生机和活力，经济加速发展，人民生活迅速改善。这样，就使大家在活生生的事实面前更新观念，转换脑筋，确认中国价格改革的目标是实行市场价格体制。

我们所要建立的市场价格体制,并不是完全自由放任的,而是有计划指导和宏观控制的。第一,这种价格制度并不是把全部商品和劳务价格放开,而是把绝大部分商品和劳务价格放开,少数自然垄断产品、重要公用产品和劳务的价格,仍需保留政府定价。按交易额计算,实行政府定价的部分可能要占15%到20%。第二,对放开的价格也不是完全放任自流,还要用反映商品交换规律的市场交易法规,包括反对垄断、公平竞争等加以约束,以及实行明码标价、同质同价等。在特定条件下还可作临时的行政干预。第三,国家对宏观价格主要是物价总水平,一些战略性价格如利率、工资、汇率等,以及最重要的关系国计民生的个别产品,主要运用经济手段进行调节和控制,力求避免价格变动幅度太大,影响经济的稳定。因此,这种价格体制,仍然体现着计划与市场相结合的原则。

三

经过14年多的价格改革,我国在向市场价格体制过渡中已迈出重大的步伐,取得实质性进展。这主要表现在原来高度集中的行政定价体制已发生重大变化。目前,在社会商品零售总额中,市场调节价的比重已占90%左右,在工业生产资料出厂价中,市场调节的部分也已达70%左右。所以,市场机制在货物价格形成中已开始起主导作用,畸形的价格结构已有较大的改善,原来严重偏低的农产品和基础工业品的相对价格已得到提高,90%以上的进口商品实行代理制,其国内市场的销售价格与国际市场价格联系越来越密切;新的价格调控体系正在试验和逐步建立,如建立了用于平抑市场物价的重要物资的储备制度,在十几个省市实行了重要商品的价格调节基金制度,制定了一批规范价格行为的法规等。

但是价格改革并未完成,今后需在以下四个方面深化价格改革。

第一，一些可以进入竞争性市场的产品的价格还有待放开。迄今为止，有些重要商品，比如能源产品中的统配煤、成品油；原材料中的钢材、有色金属产品；化工产品中的基础化学工业产品、化学工业原料及化肥、化纤和塑料等；建筑材料中的水泥；重型机械工业产品；个别轻纺工业产品；农产品中合同定购的少数品种的购销价格等，可以放开而还没有放开。原因很复杂，一是怕一下子放开这些产品价格会带来物价总水平上涨幅度过大，企业和居民都难以承受；二是市场发育程度差，行业垄断和地区封锁阻碍着统一市场的形成，从而难以形成比较规范的市场调节价格；三是有些主管部门为了保住自己的既得利益，不愿放权，等等。看来，即使采取比较积极的态度，也得有两三年的时间才能逐步把适宜放开而目前还没有放开的价格放开。

第二，政府管理的价格还没有理顺，一些重要商品价格仍然偏低，调整价格任务还很重。比如，原油、天然气的价格应统一由政府制定，并且大幅度提高计划价格（原油由目前每吨300元提高到700多元），相当于国际市场价格；铁路货运价格大体需要提高近1倍，由每吨公里3.85分提高到6分左右；政府定购的粮食价格和供应居民的粮食销售价格也需要提高；公房租金目前明显偏低，需要大幅度提高；城市公共交通，城市自来水、煤气供应，生产和生活用电力供应等收费也明显偏低，需要提高，等等。由于调价金额较大，比如光是调整原油、天然气和铁路货运价格等。就将提价500亿元以上，难以一次到位（一次到位将推动整个物价水平上涨百分之十几，无法为社会所承受），需要分步实施，力争在五年左右在保证整个物价水平年上涨率不超过两位数前提下，把上述价格关系理顺。

第三，生产要素价格要逐步实现市场化。生产要素价格，最主要的包括资金（资本）的价格利息，劳动力的价格工资，土地的价格地租和地价，人民币对外币的比率汇价。按照发展社会主义市场经济的要求，它们都要求由市场形成和调节，以免最重要的市场信号失真，影响资源配置效率的提高。

这里专门谈一下最重要的生产要素资金（资本）的价格利息率。因为资金（资本）是每一个市场经济社会最稀缺的经济资源，生产要素价格的市场化，首要的是实现利息率的市场化。

在社会主义市场经济中，利率是政府调节宏观经济运行的最重要的杠杆。政府为了保证经济的稳定、协调和有效增长，需要对利率进行调节。例如，在经济过热时，提高中央银行再贴现率和再贷款利率，以影响市场利率的提高，控制通货膨胀。相反，当经济过冷时，则降低中央银行再贴现率和再贷款利率，以降低市场利率水平，刺激投资与消费，使经济复苏和扩张。但是，政府或中央银行对利率的调节，主要是调节基准利率，并以此来影响市场利率，而不是直接规定市场利率及其变动。对于商业银行和其他金融机构的存贷款利率，政府不要干预，放开由市场调节。对于各个企业、公司直接融资的利率，也应由发债主体自行决定债券的利率，政府同样不要干预。为此，要区分商业金融和政策金融，区分商业银行与政策银行。根据国家的产业政策，需要对重要基础设施建设或主导产业的发展给予优惠贷款时，可采取财政贴息等办法，以便同一般的商业金融区分开来。

第四，有效的价格调控体系还有待建立。在建立市场价格体制过程中和建立起市场价格体制以后，都要保持物价总水平的相对稳定和基本稳定，以保证社会主义经济的稳定和正常运行。根据中国的情况，在正常条件下，应努力控制年物价上涨率在5%以下，即使在集中改革时期，物价上涨率可能高一些，也不应达到两位数。稳定物价水平，关键在于政府实施稳健的宏观经济政策，中央银行必须控制货币供应量，不但要控制现金（M_0）的发行，而且要控制广义的包括现金和存款的货币（M_1 和 M_2）供应量，年增长率一般不得超过年经济增长率和经济货币化需要增长率（比如两三个百分点）过多，最好控制在5个百分点左右。

为了使社会主义市场经济稳定发展，除了要对利率、工资、汇率进行调节外,还要避免重要商品价格的波动幅度太大。为此,需要对诸如粮食、能源、重要原材料建立必要的储备,以及建立必要的价格调节基金,包括某些单项商品如粮食、副食品的价格调节基金。与此相配合,还要给生产者、经营者和消费者以市场和价格的信息指导,使重要商品供求关系和价格的波动不致过大,影响国民经济的持续与协调发展。

此外,还要完善价格立法并严格执法。政府定价和政府对市场与价格的干预要有法可依,生产者和经营者的价格行为也要有章可循,对于各种违法获取暴利的价格行为必须依法制裁。同时建立各种监督组织和手段,发动舆论和群众对各种价格行为进行监督。

(原载《中国工业经济》1993年第7期)

改革开放以来我国经济理论研究的
回顾与展望

1978年以来，我国经济理论研究异常活跃，成果累累，有力地促进了国家的社会主义现代化建设和经济科学的繁荣。伴随着全国工作转移到以经济建设为中心的轨道，经济理论研究工作受到各方面的重视，一批又一批有才华的年轻人加入研究队伍中来，经济理论报刊迅速增加。经济理论研究真正进入全新的百花齐放、百家争鸣的新时期。

一 近二十年经济理论研究的重大进展

从改革开放到现在近二十年来，我国经济理论界在马克思列宁主义、毛泽东思想、邓小平经济理论指引下，从中国国情出发，充分吸收现代经济学的成果，在经济理论研究方面，取得了重大的进展，并且在这过程中培养和造就了一大批经济学家。这最主要表现在以下几个方面。

第一，确立了社会主义商品经济论和市场经济论，在计划与市场关系这个世界性和世纪性难题方面实现了重大突破。

统治了中外半个多世纪的传统社会主义经济理论认定，社会主义是同商品货币关系相排斥的，同市场经济不相容的。计划经济是社会主义的基本特征，市场经济是资本主义的专有物。改革开放以前，我国社会主义经济体制就是按照这样的理论框架建立和运行的。但是，长期的实践告诉我们，排斥商品货币关系和市场经济，使社会主义经济活动缺乏生机和活力，不能充分和合理地利用现有的经济资源，不能很好地持续地提高效率，从而逐步拉大了同经济发达国家在经济上和科技上的差距。这就很自然地引起经济学家们思考，是不是我们对社会主义本质和社会主义经济运动规律性的认识有不够全面之处？

一切经济问题的核心在于如何充分而合理地配置现有的资源，提高资源的利用效率。过去人们常以为，用计划这只看得见的手配置资源是最有效率的，可以克服资本主义市场经济的无政府状态和周期性危机。但是，且不说无论是中国，还是其他原来的社会主义国家，其生产力发展水平远未达到能在全社会范围内实行计划生产的程度，更为现实的是，进入20世纪以后，由于社会生产力的巨大发展，科技革命浪潮一个接着一个，生产技术日新月异，产品种类呈几何级数增长，人们的生产和消费需求日益复杂与多变，使得运用计划手段无法做到社会生产和社会需求（消费）的有效连接，从而必然造成资源配置失当和严重浪费。迄今为止的经济实践和经济资料都表明，市场依然是资源配置的最有效手段。在范围广泛的竞争性部门，市场机制自动引导着资源从效益低的部门流向效益高的部门，实现资源的优化配置。就是那些自然垄断部门和提供重要公共产品的部门，一旦在适用范围内引入市场机制，其效率也能明显提高。市场经济的生命力正在于此。从计划经济体制转向市场经济体制的必要性和根源正在于此。

中国向市场经济体制转轨的特点和优点，是在保留和实行社会主义基本制度下转向市场经济，即在以公有制为主体和以共同富裕为目标下转向市场经济，实行公有制与市场经济相结合。所谓以公有制为主体，要点有三。一是公有资本在社会总资本中占优势；二是国有经济控制重要经济命脉，在国民经济中起主导作用；三是有的地区、有的行业，可以有所差别。公有制为主体，能有效防止私有制市场经济必然带来的两极分化，走劳动者共同富裕的道路。需要指出，为了实现公有制与市场经济相结合，要对传统的国有制的实现形式进行改革。这种改革的成败关系到社会主义市场经济体制能否真正确立。正因为如此，中国目前正在推进的国有企业改革，引起世界上越来越多的经济学家的关注。我们相信，中国的领导人、经济官员和经济学家，将成功地走出一条公有制与市场经济很好结合的路子。

社会主义商品经济论和市场经济论的提出和确立，是对马克思主义经济学说和科学社会主义理论的重大贡献与发展，为中国的改革开放提供了指导思想和理论武器。1978年以来，在这一理论指导下，中国一直坚持市场取向的改革，在社会经济活动的广泛领域引入市场机制，逐步增强了活力与生机，经济增长加速，物资丰富多彩，市场一片繁荣，国内生产总值从1978年到1996年增长了4.45倍，平均年增长9.8%，处于世界前列。1996年，我国人均GDP，按当年汇率计算，已达到680美元。在生产发展基础上，人民收入和生活水平迅速提高。1978年，我国城乡居民储蓄存款为211亿元人民币，1996年末，则达3.8万亿元以上，增幅惊人。再过三年，到20世纪末，我国人民生活将普遍达到小康水平。可见，正确的理论，可以变为多么大的物质力量！

说到对经济理论的发展和贡献，不能不提到邓小平同志。邓小平同志在1979年就明确提出，"社会主义为什么不可以搞市场经济"，"社会主义也可以搞市场经济"。1984年，党的十二届三中全会提出了社会主义经济是"公有制基础上的有计划的商品经济"的论断，邓小平同志高度评价当时的决定是"马克思主义基本原理和中国社会主义实践相结合的政治经济学"。1992年初，邓小平同志在南方谈话中，更加明确地指出，"计划经济不等于社会主义，资本主义也有计划；市场经济不等于资本主义，社会主义也有市场"，从而为1992年党的十四大确定把社会主义市场经济体制作为我国经济改革的目标模式，奠定了坚实的理论基础。中国的经济改革，能够一直坚持以市场为取向，没有出现大的曲折；社会主义商品经济论和市场经济论，能够成为经济论坛的主流，并且迅速深入人心，同邓小平同志带头冲破传统理论的束缚，积极倡导、支持社会主义商品经济论与市场经济论，有着紧密的联系。

第二，通过冷静地分析中国国情，提出社会主义初级阶段理论，使人们对如何建设社会主义从长期在幻想中漫游回到现实中来。

马克思主义经济学告诉我们，生产关系要适应生产力的发展。马克思在《政治经济学批判》序言中说，无论哪一个社会形态，在它们所能容纳的全部生产力发挥出来以前，是绝不会灭亡的；而新的更高的生产关系，在它存在的物质条件在旧社会的胎胞里成熟以前，是绝不会出现的。所以人类始终只能提出自己能够解决的任务。怎样在中国的条件下建设社会主义，这一直是新中国成立以来我们经常碰到需要很好解决的根本问题。在1978年党的十一届三中全会以前，由于没有明确提出中国处于社会主义初级阶段的理论，这个问题一直没有解决好，搞了许多超越阶段的过急做法，走了不少弯路。这当中，无论是实行"一大二公"，搞所有制升级，还是割资本主义尾巴，都是违背了生产关系一定要适应生产力发展的规律。

一次又一次超越阶段急躁冒进行动带来的严重损失，使大家重新冷静思考中国社会主义究竟处在什么发展阶段的问题。20世纪70年代末80年代初，理论界就提出了中国社会主义处于初级阶段即不发达阶段的论点，并且产生重大社会影响。1981年，在邓小平同志主持起草的《关于建国以来党的若干历史问题的决议》中明确提出："我们的社会主义制度还是处于初级的阶段"。党的十三大还系统地论述了社会主义初级阶段的理论，并逐渐成为人们的共识。这就使我们找到了一条在中国的条件下建设社会主义的现实可行的路子。

社会主义初级阶段理论的内涵是，中国从1956年社会主义改造基本完成到20世纪中叶基本实现现代化，仍然处于社会主义的初级阶段，这期间要经历100年时间。中国原来是一个半殖民地半封建社会，人口多，底子薄，生产力水平低下，经济的商品化、市场化程度很低，人均国内生产总值居世界后列。根据世界银行经济考察团1980年对中国的考察报告，1952年中国的人均国民生产总值约合50美元，比印度还低，只相当于苏联1928年人均240美元的五分之一多一点。① 即使经过40多年的建设，这种生产力不够发达的状况还没有发生根本变化。20世纪90年代初，我国人均国内生产总值仍然只有400美元左右，仍处于全世界的后列。至今12亿人口，仍然有9亿人在农村。农业仍然以手工劳动为主，没有改变靠天吃饭局面，劳动生产率低。一部分现代化工业，同大量落后于现代化水平几十年的工业，同时存在。一部分市场关系比较发达的城市，同落后的农村在相当大程度上是自给自足的自然经济，同时存在。少量具有先进水平的科学技术，同普遍的科技水平不高，文盲半文盲还占人口近四分之一的状况，同时存在。这些都说明我国明显处于二元经济结构状态。1996年，农村还有5800万人口尚未解决温饱问题，城市也有近2000万人口处于贫困状态。尽管近20年我国经济发展很快，但一般预计，中国要基本实现一些发达国家用二三百年时间完成的工业化和经济的社会化、市场化和现代化，还需要21世纪上半叶的努力。

社会主义初级阶段的主要矛盾，是人民群众日益增长的物质文化需要同落后的生产力的矛盾。初级阶段的基本任务，就是要以邓小平建设有中国特色的社会主义理论为指导，坚持党的一个中心、两个基本点的基本路线，通过经济的社会化、商品化和市场化，不断解放和发展生产力，逐步走向现代化。

社会主义初级阶段理论的最大贡献，在于使我们对中国的最基本的国情有一个准确的把握，从而为我们找到一条正确的有效的建设有中国特色社会主义的道路。

既然我国仍然处于社会主义初级阶段，我们就应当长期实行以

---

① 参见世界银行考察团《中国社会主义经济的发展》（1982年3月），中国财经出版社1983年中文版，第26页。

公有制为主体、多种所有制经济共同发展的方针。我国是社会主义国家，必须以公有制为主体，不能走私有化道路，这是坚定不移的。我国又是处于社会主义初级阶段的国家，生产力的发展远未达到可以实现全面公有化的程度，而必须实行多种所有制共同发展。非公有制经济是社会主义初级阶段社会经济的重要组成部分，一切符合"三个有利于"[①]的非公有经济都可以利用来为社会主义服务。因此，应当允许非公有制包括个体、私营、外商独资经济在国家产业政策引导下发展，以便动员更多的资金和安排更多的劳动力就业，生产更多的产品满足社会多方面需要，推进现代化进程。改革开放18年来，我国国内生产总值年均增长率接近两位数，其中一半以上是由非国有经济包括非公有经济快速发展贡献的。其中，非国有经济对工业总产值增长的贡献，1990年至1995年分别为62.2%、56.3%、67.5%、68.7%、85.6%、76.9%[②]。这充分说明，改革开放以来我们在所有制结构方面所作的政策调整是十分正确的，今后仍应长期坚持以公有制为主体，多种所有制经济共同发展的方针。

既然我国仍然处于社会主义初级阶段，我们就要着力发展商品货币关系，提高市场化程度，建立和完善社会主义市场经济体制。世界各国经验表明，商品经济的发展是社会经济发展不可逾越的阶段。任何一个国家都必须经历社会经济关系的商品化、市场化，才能走向现代化。企图越过商品化、市场化，实现现代化，没有一个能成功。发展商品市场经济的最大好处是在价值规律的调节作用下，各个经济活动主体竞相采用先进技术，提高产品和服务质量，努力改善经营管理，在市场竞争中求生存求发展，从而使经济活跃起来，走向繁荣昌盛。当然，市场机制并不是万能的。由于存在

[①] "三个有利于"指有利于发展社会主义社会的生产力，有利于增强社会主义国家的综合国力，有利于提高人民的生活水平（见《邓小平文选》第3卷，人民出版社1993年版，第372页）。

[②] 根据《中国统计年鉴》计算。

"市场失灵",政府的某些干预,国家的宏观经济调控,是必不可少的。因此,市场要在国家宏观调控下对资源配置起基础性作用,这正是社会主义市场经济体制的内在要求。我们要力争再经过5—10年的努力,使我国企业包括国有企业成为自主经营、自负盈亏、自我发展、自我约束的法人实体和市场主体,建立起统一开放、竞争有序的市场体系,使社会经济的市场化程度从目前的50%左右提高到60%以上,建立起比较完善的社会保障体系和宏观调控体系,以便更好地促进社会生产力的发展,加速现代化进程。

既然我国仍然处于社会主义初级阶段,我们就要十分重视产业结构的升级,实现从二元经济结构向现代经济结构的过渡。我国目前人均GDP已达600美元以上,国际经验表明,人均GDP从600美元到3000美元的国家和地区,正是处于经济结构剧烈变动的阶段。我们要认识这一客观经济规律,自觉地促进经济结构的升级,中心是实现工业化,改变长期处于二元经济结构的状态。当前世界正处于技术革命的浪潮中,技术进步突飞猛进,国际经济竞争突出地表现为科学技术竞争。我国在推进产业结构升级时,应清醒地看到这一点,通过发展高新技术产业,用先进技术改造传统产业来推进经济增长方式的转换和产业结构的升级,逐步使自己跻身于现代化的行列。

社会主义初级阶段论和社会主义市场经济论一起,成为中国改革开放以来经济理论研究最重要、最突出的成果,是当代中国社会主义政治经济学的两大支柱。现阶段中国一切经济问题的研究,各项经济政策的制定,都要以这两大理论为依据、为指导。这两大理论的发现和论证,是近20年中国经济学界对马克思主义经济学和科学社会主义理论的重大贡献和发展。

第三,研究方法有重大改进,表现在更加紧密的联系实际,重视数量分析,加强实证研究,注意吸收当代经济研究成果。

近20年来中国经济理论研究的一个重要特点,是经济理论研究普遍地走出科学的殿堂,广泛参与和紧密联系改革开放与社会主义现代化建设实践。一方面，改革开放和现代化建设的迅速开展，迫切需要经济理论研究的支持和提供咨询意见，许多经济学家直接参与改革方案的设计与论证，参加重要改革开放和现代化建设文件的起草工作。另一方面，改革开放和现代化建设的丰富实践，又为经济理论研究提供了前所未有的宝贵材料。从传统的计划经济，转向社会主义市场经济，这一过渡经济学或转型经济学，是全世界经济学家都很有兴趣的新的重大课题。中国经济学家责无旁贷，正在从多方面进行探索，对大量的实践经验进行理论概括，努力寻找这一领域的客观规律性。

经济理论研究紧密联系实际的另一突出表现，是各种应用经济学得到空前的繁荣与发展。这也是实践的需要和市场的巨大需求。应用经济学的主要学科，包括国民经济管理学，产业经济学，财政学，金融学，国际贸易学，劳动经济学，人口、资源、环境经济学，区域经济学，统计学，数量经济学，国防经济学等，都有很大的发展，论著甚丰，学者日众。还有，各种经济管理学科，包括工商管理（内含会计学、企业管理、旅游管理、技术经济及管理）、农林经济管理、公共管理（内含教育经济与管理、社会保障、土地资源管理）等，也成为研究和学习的热门，吸引着越来越多有志于经济学研究和学习的人。

经济理论研究离不开统计资料和数量分析。从概念到概念，没有数据的文章，很难成为经济科学论文。过去，我国经济理论研究比较注重对生产关系及其变革的研究，在以阶级斗争为纲影响下意识形态味道过浓，对数量分析不够重视。虽然也有经济学家如孙冶方同志，呼吁加强数量分析，经济院校学生要学高等数学和善于处理数据等，但在当时历史条件下，收效甚微。改革开放以后，经济学界不仅重视生产关系问题的研究，而且重视生产力问题和具体经济问题（包括政策问题）的研究，这就要求有充分的数据支持自己的结论或政策建议。在这种情况下，经济计量学迅速发展，对经济运行进行数量分析的文章和运用数学模型分析经济学问题的文章越来越多。应当说，这是一个好现象，有助于打破人们对经济学是不是一门比较精密的科学的怀疑。

实证研究的流行也是近 20 年经济理论研究的重要特点。经济理论研究既要进行规范分析，也要进行实证分析。过去，我国经济学论著不少属于概念之争和政策注释，因而偏重于规范分析，实证分析较少。这显然影响我们对未知的客观经济规律的探索和认识，影响经济研究的创造性思维。实证分析主要对经济过程和经济现象进行客观的如实的描绘，而不对其作价值判断，也不必提出必须如何、要求怎样等说教。实证分析特别是其中的案例分析，类似于毛主席倡导的"解剖麻雀"，有助于经济研究从具体的典型入手，掌握信息，寻找内在的本质的联系，并通过多个案例的比较，发现一些重复出现的共同的东西，使理论研究不至于脱离实际，违背认识的规律。这些年来，许多经济学博士论文，都进行实证分析，并且取得了可喜的成果，案例研究也不仅见之于实证分析的论著中，而且出版了专门的案例研究论著，在理论界产生了好的影响。

充分吸收当代经济学的研究成果，使近 20 年来中国经济理论研究呈现新的活力。科学是人类文明的成果。马克思主义绝不是离开世界文明发展大道而产生的故步自封、僵化不变的学说。马克思主义是发展的，是不断吸收各方面的文明成果而丰富自己的。马克思主义经济学也要吸收当代经济学研究的成果，不断丰富和发展自己。应当看到，西方经济学在研究资本主义市场经济的发展规律方面，有许多成果是值得我们吸收和借鉴的。这些年来，我们引进了当代经济学的一些概念作为分析工具，实践证明是有益的。许多概念我们已经常用，包括：宏观经济、微观经济、机会成本、比较成本、全要素生产率、影子价格、生产函数、消费者主权、交易成本、有效竞争、规模经济、经济外在性、市场失效、政府失效、帕累托最优、恩格尔系数、基尼系数、金融深化、期权、互换、第一第二第三产业、国民生产总值、国内生产总值、购买力平价、内部人控制、市场风险、金融风险、寻租、公司治理结构……有些经济理论学说，也被借用来分析中国的经济问题，并提出相应的对策。它们中有：产业组织理论、公共选择理论、二元经济结构理论、非均衡发展理论、成本效益分析理论、制度（体制）效率理论、现代公司理论、厂商理论、短缺经济论、分权模式理论、市场社会主义理论等。虽然在引进当代经济学概念和原理中，存在一些生搬硬套的问题，但总的来说，成效是主要的，大部分能为我所用。任务就在于努力使这种吸收用来丰富和发展以马克思主义为指导的我国经济科学，增强她的科学性、适用性，更好地为我国的改革开放和现代化建设事业服务。

需要强调指出，近20年来我国经济理论研究进展，远远不止上面列举的这些。还有许多重要内容，因限于篇幅，这里只好从略了。

二　中国经济理论研究的前景

中国作为一个拥有12亿人口的发展中大国，目前正在邓小平建设有中国特色社会主义理论指引下，以经济建设为中心，力争在21世纪中叶基本实现现代化，跻身于世界强国的行列。这一前无古人的伟大实践，为中国经济理论研究，提供了十分广阔的前景。

中国的现代化建设，包含两大方面的转变。一个是从传统的计划经济体制转变为社会主义市场经济体制，另一个是从二元经济结构低收入国家转变为现代化的中高等收入国家。在这两个转变过程中，将会碰到一系列过去经济学家从未碰到过、从未研究过的重大问题，需要我们进行创造性的研究，用新的原理、概念来补充、丰富和发展现有的经济学说。

第一个问题，当推公有制与市场经济相结合的问题。市场经济并不只限于在私有制条件下才能运行和发展。市场经济也可以同公有制包括社会主义国有制相结合。中国国有企业和集体企业逐步走向市场成为市场竞争主体的实践，证明了这一点。与此同时，也要看到，要使公有制同市场经济相结合，需要改革公有制和国有制的实现形式，寻找能促进生产力发展的公有制和国有制的实现形式。这中间，最突出的是如何使国有企业成为自主经营、自负盈亏、自我发展、自我约束的法人实体和市场主体。根据多年的探索，我们已确定把建立现代企业制度作为国有企业改革的方向。现代企业制度的特点是"产权清晰、权责明确、政企分开、管理科学"。根据建立现代企业制度的要求，国有大中型企业要进行公司制改组。除极少数生产特殊产品或提供特殊服务的企业可以由国家独资外，一般都要求投资主体多元化，以利于政企分开和转换经营机制，健全公司治理结构。在这里，出资人和作为法人实体的企业的权责关系是明确的。国家等出资人享有所有者的权益，即资本受益、重大决策和选择管理者的权利，并只以投入企业的资本额对企业的债务负有限责任。企业享有民事权利，承担民事责任，按市场需求组织生产和经营，以营利为目的，照章纳税，对出资者承担资本保值增值责任，政府不再直接干预企业的生产经营活动。这样就能改变国有资本无人负责的状况，企业不再吃国家的大锅饭，也不搞"内部人控制"，损害所有者权益；同时能真正实现政企分开，国家不再对企业的债务承担无限责任。对于大量的国有小企业，则可以采取多种形式，包括租赁、承包、兼并、合资和转为股份合作制或出售等，放开放活。从各地实践看，转为以劳动者的劳动、资本联合为主带有一定公有性的股份合作制，对大量国有小企业是可行的。我们相信，到20世纪末，我国多数国有大中型企业能够初步建立起现代企业制度，从而可以使国有制同市场经济的结合取得实质性进展。

我国从二元经济结构向现代经济结构的转变，要求在科技进步基础上大大提高劳动生产率，解放大量农业劳动力，转移到工业和第三产业等部门。可见，核心问题是农村剩余劳动力的转移和消除。世界上一些经济发达国家农业劳动力只占10%甚至更少，与此相对应，农业产值份额在国内生产总值中所占的比重也低。根据世界银行的估计，中等收入国家为 15%，发达国家为 5% 以下，而低收入国家则占 38% 左右。我国农业产值份额在国内生产总值中所占比重 1979 年为 34%。① 1995 年，以农业为主的第一产业占国内生产总值的比重仍达 20.6%，农、林、牧、渔业从业人员占全部从业人员的 52.9%。今后，至少还有一亿以上农业劳动力要转移到非农产业，才谈得上结构转换的实现。这是中国经济发展中特别重大和特别突出的问题，有待我们认真研究。改革开放以来，我国大力发展乡镇企业，力图主要用离土不离乡的形式吸收和消化农村剩余劳动力。近二十年来，我国乡镇企业已吸收农村剩余劳动力达 1.3 亿个。1995 年，全国乡镇企业增加值为 14595 亿元，占当年 GDP 的 25.1%，乡镇工业企业增加值为 10804 亿元，占全国工业增加值 24354 亿元的 44.4%。乡镇企业已成为中国国民经济发展的一个重要方面军和新的增长点。通过发展乡镇企业吸纳农村剩余劳动力，推动结构转换，这在别的现代化国家是没有先例的。中国正在探索的是一条新的路子，在理论上实践上都有开创意义。

在改革开放和现代化建设中，如何正确处理好改革、发展和稳定的关系，使经济在稳定中持续、快速、协调发展，也是我们中国作为一个大国碰到的新问题。大家知道，从传统的计划经济体制转向社会主义市场经济体制，是一个需要经过几十年的努力才能很好实现的。邓小平同志估计，中国要建立比较定型的新体制，大约要到 2020 年。即使 2020 年后，由于技术进步加快，经济生活节奏加快，各国经济联系和融合的趋势加强，新体制仍需不断调整和改革。因此在一个较长时期内，我们都面临协调好改革、发展与稳定三者的关系问题。从中国已有的经验来看，社会主义市场经济的顺利发展，要求以改革和发展促稳定，在稳定中推进改革和发展，使三者很好结合，有机统一。中国市场取向改革的最成功之处就在于，在推进改革和发展经济中，实现了改革、发展与稳定的统一。

---

① 参见世界银行《中国：社会主义经济的发展（主报告）》，第 88 页。

我国在转向社会主义市场经济中,既没有出现某些经济转轨国家那样的经济和生产大幅度下降,成百上千那样高的通货膨胀率,社会动荡不安,人民生活水平急剧下降的局面;也没有出现另一些经济起飞国家的高通货膨胀和高外债的痛苦过程。相反,我国在市场化改革取得一步又一步实质性进展的同时,经济发展很快,经济增长率居世界前列,创造了中国的奇迹,人民收入和生活水平迅速提高;虽然受到过中位以上通货膨胀的袭击,但时间不长,通胀率也不是很高,总的来说没有破坏经济的稳定。改革开放十八年来,社会零售商品价格指数年均上涨率为7.66%,属于社会可承受的范围内。

要处理好改革、发展与稳定的关系,根据过去的经验,最根本的是要处理好经济发展速度与物价上涨的关系。中国许多经济学家认为,根据中国的国情,经济发展速度大体控制在年均8%—9%不超过10%为宜,着重注意不要连续几年经济发展速度超过10%。因为我国在一段时间(至少十年)经济增长方式主要还是外延型粗放型的,高产出主要靠高投入,经济的高速增长主要靠投资的迅速增长来支撑。经验数据表明,经济增长率超过10%,特别是连年超过10%,必然伴随着投资过热和货币供应的过量增长,从而引发中位以上通货膨胀和带来10%以上的物价上涨率,而两位数以上的物价上涨率是公众不能接受的,是会影响经济与社会稳定的,也不利于改革与发展的顺利进行。当然,我们在转轨时期,也不能要求物价上涨率为零或很低(如2%—3%),因为这不利于价格结构的合理调整,也可能影响经济的快速发展。总之,寻找经济增长率与物价上涨率的较佳结合点(当前似乎以8%—10%的经济增长率和5%—7%的物价上涨率为较佳结合点),是处理好改革、发展与稳定关系的重要方面,是在经济起飞阶段摆在中国经济学家面前的重大研究课题。

中国在改革开放和现代化建设进程中需要研究的问题很多,以上所列三个问题,只是其中比较重要的一些领域。还有许多重要问题，这里不能一一论述。

三　中国社会科学院经济学家的贡献和面临任务

中国社会科学院经济学科片有六个研究所，即经济研究所、工业经济研究所、农村发展研究所、财贸经济研究所、数量与技术经济研究所、人口研究所，有研究人员几百人。二十年来，在院所领导下，在老一辈经济学家孙冶方、许涤新、骆耕漠、严中平、刘明夫等言传身教下，勤勤恳恳，艰苦探索，许多学科都颇有建树。囿于见闻，以下仅就基本经济理论方面，简述中国社会科学院经济学家的贡献和面临的任务。

中国社会科学院经济学家自 1978 年以来对基本经济理论的贡献，至少有以下几个方面。

1. 20 世纪 70 年代末 80 年代初，孙冶方继续就改革我国经济管理体制提出了一系列主张，包括：计划体制必须进行根本改革；要为市场需要生产，不能为仓库生产；必须纠正国有企业折旧基金上缴财政的"复制古董、冻结技术进步"的管理制度；认为依靠科技进步，"基数大，速度低"不是规律，二十年翻两番的发展战略目标肯定能实现（实际上提出了转变经济增长方式的主张），等等。这些意见，受到中央重视与采纳。

2. 一些经济学家（如马洪、于光远、刘国光、孙尚清、刘明夫）在改革初期，在 1984 年中共十二届三中全会以前，就明确提出社会主义条件下不仅要保留和发展商品货币关系，而且社会主义经济就是商品经济或市场经济，价值规律起调节作用，竞争是社会主义经济的内在机制，企业应是自主经营、自负盈亏的商品生产者和经营者（蒋一苇还提出著名的"企业本位论"），等等。有的经济学家，较早从理论上肯定农村包产到户的做法。这些理论观点，对于解除传统经济理论的束缚，为中国改革开放提供理论支持方面，起着先导作用。

3. 中国社会科学院经济学科片课题组，多次接受中央任务，就改革与发展的重大现实问题提出自己的系统见解。1987 年公开提出中国改革和发展要"稳中求进"的思路，着力抓改革促稳定与发展，改革方面要企业改革和价格改革双线推进，坚决反对用通货膨胀刺激经济的高速增长，成为中国经济学界"稳健改革派"的大本营。

4. 既一贯坚持市场取向改革，又反对"一步到位"，主张积极稳妥的渐进式改革，致力于使经济体制转轨，进入良性循环。既要充分吸收当代经济学的有用成果和外国成功经验，又反对照搬外国模式，而是要从中国国情出发，走自己的路。对转轨中的许多重大问题，如企业改革、市场体系建设、价格改革、宏观经济管理改革、社会保障制度建设，收入分配、对外开放、政府经济职能转换等问题，作了许多有益的探索，并力图作出理论概括。20 世纪 90 年代初，中国社会科学院专家正式建议海南省率先实行社会主义市场经济体制。

5. 出版了一批经济史、经济思想史方面的精品，如严中平、汪敬虞等撰写的《中国近代经济史》，许涤新、吴承明等撰写的《中国资本主义发展史》。这方面的研究，中国社会科学院一直处于领先地位。

6. 中国社会科学院一批年轻经济学家，主要是经济学博士研究生，在 20 世纪 80 年代初期，就明确提出市场化的改革方向，连续发表文章多方面阐述如何推进中国市场化改革。这种敢闯的理论勇气是值得称道的，对推动经济学界解放思想、转变观念起着重要的作用。

7. 中国社会科学院一批经济学家从 1990 年 11 月起，每年两次（春季与秋季）同国家统计局等专家一起，对中国经济形势进行分析与预测，并从 1991 年起，每年出版一本经济蓝皮书，对上年经济运行总体态势进行分析，对新一年经济发展前景进行预测，以及提出若干对策与政策建议。这项研究工作，由于有较高质量，受到各方面重视，社会影响大，国内外许多机构和经济学家都把该书作为了解中国经济信息的权威著作。

中国社会科学院经济学家的一批学术成果，分别获得国家科技进步奖、国家图书奖、"五个一工程"奖、中国社会科学院优秀成果奖、孙冶方经济科学奖等。

当前，中国经济实际上已进入起飞阶段，也是经济结构急剧变动的阶段。在人类即将进入 21 世纪的重要时刻，我们面临着要在 20 世纪中叶完成工业化和基本实现现代化的伟大历史任务，在这当中，前十五年最为重要。我们既面临世界科技进步加速、国际经济竞争日趋剧烈的强大压力与挑战，又存在经济在改革开放推动下持续快速健康发展的良好机遇。抓住机遇，发展自己，把经济搞上去，已成为全国人民的共识。在这样难得的机遇面前，我们经济学界，要更好地跟上时代的步伐，以马克思列宁主义、毛泽东思想和邓小平经济理论为指导，研究现实经济生活中的重大问题，寻找经济运动的内在联系和客观规律，以高质量的研究成果，为祖国的社会主义现代化建设和经济科学的繁荣，作出自己的贡献。

（原载《经济研究》1997 年第 6 期）

中国经济体制改革的总体回顾与展望

从 1979 年起改革开放,到现在已近 20 年。经过近 20 年的努力,经济体制已发生了重大的变化,传统的计划经济体制已在许多重要领域开始退出历史舞台,新的社会主义市场经济体制已接近初步建立并开始在经济运行中起主导作用。改革和体制转轨给中国经济注入了活力,经济发展加速,1979—1997 年国内生产总值年均增长近 10%(1979—1997 年平均为 9.8%),处于世界前列,人民的收入和生活水平也快速提高(1997 年按当年汇率计算,人均 GDP 为 720 美元)。体制转轨、经济快速发展、经济结构剧烈变动,是在基本上保持社会稳定和经济稳定的条件下实现的。经济体制转轨被全世界公认是成功的范例。

下面拟从几个侧面对经济体制改革作总体回顾,同时作若干展望。

一 从扩大市场机制作用发展到以建立社会主义市场经济体制为目标

经济体制改革从一开始就明确以市场为取向,逐步扩大市场机制的作用,而且近 20 年没有大的反复,1992 年进一步达到明确以建立社会主义市场经济体制作为目标模式。

1979 年,改革从农村开始,实行家庭联产承包责任制,给农民生产经营的自主权,包括发展商品生产、进入市场流通的自主权。这一改革取得了明显的体制效率,农村经济迅速活跃起来,农产品生产快速增长,农民收入显著增加,从而为改革产生很好的示范效应。

到 20 世纪 80 年代初期和中期,不少城市先后放开蔬菜、水果、水产品、其他小商品等价格后,这些产品很快就像泉水般从各个方面涌流出来,尽管价格开始有所上涨,但供给大量增加后价格就总体稳定下来,有的产品价格还有所下降。之后,放开耐用消费品和主要工业消费品的价格,取得了同样的效果。这就有力地说服广大公众接受以市场为取向的改革。

80 年代末,许多人都认识到要大力发展商品经济、扩大市场机制的作用,但是对市场经济还有疑虑,市场经济等同于资本主义的传统观念像幽灵一样禁锢着人的思想。这时改革开放的总设计师和旗手邓小平同志响亮提出:"计划多一点还是市场多一点,不是社会主义与资本主义的本质区别。计划经济不等于社会主义,资本主义也有计划;市场经济不等于资本主义,社会主义也有市场。计划和市场都是经济手段。"(邓小平,1994)邓小平的讲话,打开了人们的眼界,被越来越多的中国人接受和认同。1992 年 10 月,党的十四大确定以建立社会主义市场经济体制作为中国经济体制改革的目标。从此以后,中国市场化改革加速前进。

1994 年,财政税收体制、金融体制改革迈出重大步伐;实现了人民币汇率的并轨,形成以市场为基础的、有管理的浮动汇率体制,1996 年实现了人民币在经常账户范围内的可兑换。这些就为建立与社会主义市场经济体制相适应的宏观管理体系打下了初步的基础。

进一步放开消费品价格,生产资料双轨价基本上并为市场单轨价。目前,市场调节价在社会消费品零售总额中所占的比重已达 90% 以上,在生产资料销售收入总额和农副产品收购总额中占 80% 左右,说明在实物商品价格领域,市场价格体制已初步建立起来了。

各种各类市场迅速建立和发展。目前,全国商品贸易额的

85%以上是通过市场交易实现的。特别是市场供求环境发生重大变化，商品市场已从传统计划体制下的卖方市场向买方市场转变。生产要素市场也发展很快。如资本市场这两年有较大发展，境内上市公司总市值占国内生产总值之比，1995年才6%，1997年8月已达24%。

国有企业改革思路有重大变化，即不再沿袭承包制，转而以建立现代企业制度作为改革的方向。从1994年开始建立现代企业制度试点，国务院直接抓100家，各地区、各部门确定2500户为试点企业，取得了丰富的经验。目前正在进行加快国有企业改革的攻坚战。

社会保障制度正在加紧建立。新的社会保障体系包括：实行社会统筹和个人账户相结合的养老、医疗保险制度，逐步完善失业保险和社会救济制度，城市和农村都建立最低生活费制度。此外，正在推行城镇住房公积金制度，目前住房公积金已结存800多亿元。

二 渐进式推进改革，不企求一次到位

经济体制改革总的来说是渐进式的，摒弃"休克疗法"，不搞一次到位。渐进式改革的最大好处是可以避免社会震动过大，在保持社会稳定条件下推进改革和扩大开放，使改革带来的利益关系调整约束在社会和公众可以承受的范围内，较好的处理改革、发展和稳定的关系，实现经济体制平稳转轨。这是中国经济体制改革比较成功、优于其他经济体制转轨国家的秘密所在。

渐进式改革成功的主要标志是，在市场化改革推进过程中，经济快速发展，连续20年经济平均以近两位数的速度增长；与此同时，物价上涨率约束在公众可以承受的范围内，从1979年到1997年，社会零售物价上涨率平均为7.3%（城市居民消费价格上涨率平均为8.6%），没有到两位数，从而没有危及经济稳定和社会稳定。由于经济快速发展，物价上涨率总的来说处于居民可承受的范

围内，全国人民的收入和生活水平普遍有较大的提高，得到改革的实惠。这就使改革得到公众的广泛支持，改革的势头不可逆转。

渐进式改革体现在各个方面。包括：从农村改革开始，然后扩展到城市；先着力发展比较适应市场经济的非国有制经济，而后重点推进国有经济的改革；先发展商品市场，然后着重发展生产要素市场；价格改革先调后放，调放结合，并逐步同国际市场价格相联系；生产、流通、价格等都出现计划内外双轨制，然后向市场单轨制过渡；经济特区、沿海城市改革开放先行一步，逐步向内地推开，实现全方位开放；等等。在改革推进的方法上，也是这样。先是摸着石头过河，走一步看一步，然后随着经验的积累，逐渐实行互相协调、配套的整体推进；还有是先易后难，先改革那些比较容易改的领域，最后搞攻坚战——推进国有企业改革。

渐进式改革绝不意味着改革可以慢慢来。经验表明，改革要不断推进，不能改改停停。一般说，在宏观经济比较协调、物价上涨率不太高（不超过两位数）的条件下，市场化改革的步子可以迈得大一些、快一些。相反，在宏观经济环境较紧、物价上涨率较高（比如超过两位数）的条件下，市场化改革的步子就很难迈大，有时甚至会使某些方面的改革倒退，如关闭个别重要商品的市场，实行限价或变相冻结重要商品与服务的价格等。但是，即使这样也不能让改革停步，而是要选择在另一些领域推进改革。1993年、1994年、1995年经济又一次出现经济过热、通货膨胀加剧、物价上涨率超过10%，政府不得不加强宏观经济调控，抑制通胀和物价上涨的势头。但这段时间也没有停止改革，而是通过进一步改革金融体制、整顿金融秩序和财政秩序等，更多地用经济手段加强和改善宏观调控，并且取得明显的成效。1996年顺利实现经济的"软着陆"，经济进入平稳发展的较佳状态。由于这几年没有停顿地继续深化和发展宏观经济管理体制的改革，所以目前已初步建立起同社会主义市场经济相适应的宏观调控体系。

三 从着重改革经济运行机制扩展到重新塑造市场主体

渐进式地推进市场化改革的一个突出事例，是从着重改革经济的运行机制，逐步发展为下大力气重新塑造市场主体，中心是使国有企业真正成为适应市场的法人实体和市场主体。

1987年，在研究中国中期（1988—1995年）改革纲要时，中国经济学家对如何深化经济改革提供了三种不同的改革思路。第一种，以价格改革为主线，着重抓经济运行机制的改革；第二种，以企业改革为主线，首先抓企业改革，使国有企业成为独立的商品生产者和经营者；第三种，价格改革和企业改革双线推进。这三种改革思路展开了热烈的讨论，都有各自的论据和道理（国家体改委综合规划司，1988）。

中国经济改革实践，是按照上述第一种思路发展的。为什么实践是首先沿着以价格改革为主线推进经济运行机制的改革前进的，而没有沿着上述第二、第三种思路前进的呢？我想，其中重要原因：一是因为经济运行机制的改革相对容易一些；二是前几年价格改革目标明确（扩大市场调节价比重，建立市场价格体制），步骤得当（先调后改，调放结合，逐步同国际市场价格相联系），形式灵活（如运用浮动价格、双轨价格等），不断前进（没有大的曲折）等。

价格改革的推进，价格的合理调整和放开，为各种商品市场的开放和发展，为市场体系的建立，创造了良好的条件。发展商品经济，放开价格，建立和发展市场，成为三位一体的共同进程。市场价格体制的初步建立，标志着经济运行机制初步从计划主导型向市场主导型的转变。20世纪90年代初期已开始实现上述目标。

但是，社会主义市场经济体制尚未很好建立。最主要的，在于经济运行的主体，特别是其中起主导或骨干作用的国有企业，还不是真正的政企分开的市场主体，还不是自主经营、自负盈亏、自我发展、自我约束的商品生产者和经营者。国有企业改革的滞后，一方面是因为这种改革涉及深层次利益关系的变动，触动许多政府主管部门和政府官员的切身利益，因而很难有效推开。另一方面改革思路不够明确，一味地在放权让利上打转转，长时间跳不出承包制的落后模式，没有着重抓机制转换、制度创新，结果改来改去，企业还是只负盈不负亏，机制还是老的。只是在1992年党的十四大，特别是1993年中共十四届三中全会明确国有企业改革的方向是建立现代企业制度以后，才开始有大的转变。从那以后，直到1997年党的十五大，国有企业改革的思路和方针才越来越清晰和明确。它们包括：坚持以建立现代企业制度作为国有企业改革的方向；要从整体上搞好国有经济，而不是把所有国有企业救活；对国有企业进行战略性改组，抓大放小，对国有大企业进行公司制改组，放开放活大量小企业；把改革同改组、改造和加强管理结合起来；实行鼓励兼并，规范破产，下岗分流，减员增效和再就业工程；积极推进各项配套改革，包括建立有效的国有资产管理、监督和营运机制，建立和健全社会保障体系等。经济运行机制的改革也还要继续推进。价格改革方面，我们只是在实物商品和服务价格领域初步建立起市场价格体制，还有待逐步完善；生产要素价格的市场化进程才刚刚开始，今后需重点推进。与此相联系，生产要素市场的建立和发展，也要作为市场体系建设的重点，积极推进。只有生产要素市场建立和发展起来了，生产要素的市场价格体制初步建立起来了，市场对资源配置的基础性作用，才能真正发挥出来。

总之，今后经济体制改革将以国有企业改革为中心，继续深化和推进。中国政府决心用三年左右的时间，通过改革、改组、改造和加强管理，使大多数国有大中型亏损企业摆脱困境，力争到20世纪末，大多数国有大中型骨干企业初步建立起现代企业制度。到那时，社会主义市场经济体制可以说是初步建立起来了，社会主义公有制和市场经济相结合可以说是初步实现了。

四 非公有制经济较快发展,公有制仍居主体地位,国有经济仍起主导作用

近20年,改革经济体制和放开搞活经济,受传统计划体制束缚较小的非公有制经济得到较快的发展,它们在国民经济中的比重有所提高,对经济增长的贡献逐渐加大,使所有制结构出现了较大的变化。根据国家统计局的数据,1978年以来国有经济、集体经济、非公有制经济(主要包括个体、私营经济和港、澳、台外商直接投资经济)在国内生产总值的比重如表1所示。

表1

年份(年)	国有经济(%)	集体经济(%)	非公有制经济(%)
1978	56	43	1
1993	42.9	44.8	12.3
1996	40.8	35.2	24

资料来源:1978年、1993年数字见陈元生《我国所有制变化趋势和改革重点》,《理论前沿》1997年第24期。1996年数字见《人民日报》1997年9月14日。

又据国家统计局资料,全国工业总产值中,不同经济类型所占比重如表2所示。

表2

年份(年)	国有工业(%)	集体工业(%)	城乡个体工业(%)	其他经济类型工业(%)
1985	64.86	32.08	1.85	1.21
1990	54.6	35.62	5.4	4.38
1995	32.6	35.55	14.55	17.29
1996	28.48	39.39	15.48	16.65

资料来源:《中国统计年鉴(1997)》,中国统计出版社1997年版。

需要指出，改革开放以来其他经济类型工业中，有不少是股份制企业，其中还包含一部分国有和集体成分（总体看它们占 1/3 左右），所以国有和集体工业比重实际上要略高于表 2 的数字。但是，一个不疑的事实是：国有工业的比重是大幅度下降了，而非公有制工业的比重却是大幅度提高了。这种状况是否会危及公有制的主体地位和国有经济的主导作用呢？不会。

1996 年，公有制经济在全国经济总量（按提供国内生产总值计算）中仍占 76%，公有资产在社会总资产中更占绝对优势。因此，改革开放近 20 年来，公有制的主体地位并没有被动摇。

有人曾指责，改革开放以来国有经济的比重不断下降，已影响到国有经济在国民经济中发挥主导作用。这个说法不符合实际情况。目前，国有经济在铁路、邮政、电信、民航等行业几乎占 100%；在金融、保险、电力、石油、煤炭等行业占 90% 以上；在冶金、化工行业占 80% 左右；在外贸、机械、建筑等行业约占 60%，因而仍然牢牢地控制着关系国民经济命脉的重要行业和关键领域。1996 年国有经济在全国经济总量中仍占 40.8%。国有经济的现状是：它不仅控制着国民经济的命脉，还有近 30 万个工商企业在范围广泛的竞争性行业从事经济活动，因而显得比重过高、企业太多太分散。

1997 年 9 月党的十五大对调整和完善所有制结构给予特别的关注，对公有制的主体地位和国有经济的主导作用有新的解释。提出：公有资产占优势，要有量的优势，更要注重质的提高。公有制实现形式可以而且应当多样化，股份制和股份合作制可以成为公有制的实现形式。国有经济起主导作用，主要体现在控制力上。在坚持公有制为主体等前提下，国有经济比重减少一些是可以允许的。公有制为主体、多种所有制经济共同发展，是我国社会主义初级阶段的一项基本经济制度。非公有制经济是我国社会主义市场经济的重要组成部分。对个体、私营等非公有制经济要继续鼓励、引导，使之健康发展；等等。人们预计，今后中国所有制结构，将继续朝着前十几年的趋势发展，国有经济将主要控制国民经济命脉，从范围过于宽泛的竞争性行业和小型企业逐步退出，集中力量加强命脉部门，但其在经济总量中的比重还将缓慢下降；公有制的形式将更加多样化，社会保险基金、职工住房公积金等新的公有制形式的发展，将有力地支撑公有制的主体地位；非公有制经济仍有不小的扩充空间，将继续以较快速度发展；混合所有制经济将加快发展，纯国有、纯集体、纯个体或私有经济单位的比重，将是下降的。

在社会主义市场经济条件下，合理的所有制结构是怎样的？经济学家有不同主张。有的主张三三制，即国有经济、集体和合作经济、非公有经济各占1/3。有的主张两头小中间大，比如国有经济、非公有制经济各占20%或25%，60%或50%为各种形式的非国有的公有制经济。我认为，国有经济在社会主义市场经济中应定位于控制关系国民经济命脉的重要行业和关键领域，只要能够做到这一点，哪怕它在经济总量中下降到20%多一点，也不可怕。考虑到随着混合经济的发展，国有成分可以通过控股，提高其控制力，这样，即使在经济总量占20%多一点的国有经济，也能很好地控制关系国民经济命脉的重要行业和关键领域，发挥主导作用。

五　改革与开放相互促进

中国的经济改革和对外开放是同时提出互相促进的。经济体制改革有利于对外开放，为对外开放创造好的"软环境"；对外开放能有力地促进经济改革，逼迫传统体制不改不行。

近20年来，全国累计利用外商直接投资和国外贷款、对外证券金融等形式的外资已超过3600亿美元，其中外商直接投资约2200亿美元，有24万多家外商投资企业正在运作。从1993年起，连续4年成为吸收外商直接投资最多的发展中国家，并居世界第二位。1997年实际利用外资达620亿美元，比上年增长13%。利用外资不仅弥补了国内建设资金不足，带动了产业技术进步和经营管理水平的整体上升，促进了经济增长（目前，利用外资占国内固定资产投资的比重达到13%，外资企业的工业产值占全国工业产值的比重达到14%，外资企业出口占全部出口的比重达到47%），而且，培养了人才，扩大了就业（目前，在三资企业就业的人员达1750万人），增加了税收，推动了进出口，增加了外汇储备，也促进了经济体制改革的深入和人们思想观念的更新。事实证明，利用外资完全符合"三个有利于"的标准，是加快现代化建设不可或缺的重要条件。

对外贸易迅速发展。1978—1997年，我国进出口贸易总额从206亿美元增加到3251亿美元，增长了14.5倍，年均增长15.5%，高出经济增长速度5.7个百分点，在世界贸易中的排序从32位上升到第10位。同时外贸结构也发生了历史性变化，初级产品和制成品在进出口贸易中的比例变为1∶4。这表明我国已经从一个主要依赖于农矿初级产品出口的国家，发展成为以制造业发展为基础的，主要出口工业制成品的国家。对外贸易的扩大有力地带动了经济的发展。据统计，"八五"（1991—1995年）时期出口每增加1个百分点，可带动GDP增长约0.2个百分点。对外贸易的发展也推动了外贸体制和外汇体制等的改革。1994年我国成功地实现了汇率并轨，接着又实现了人民币在经常账户范围内的可兑换，就是由对外贸易发展所推动、适应外贸进一步发展的要求的正确选择。

在经济、科技全球化趋势迅速发展的今天，我们要以更加积极的姿态走向世界，进一步扩大对外开放，就不能限于大胆利用外资、发展对外贸易，还要发展对外直接投资。党的十五大报告指出："鼓励能够发挥我国比较优势的对外投资。更好地利用国内国外两个市场、两种资源。"我国有一些重要的资源，如原油、森林、铁矿等，将随着经济的发展和人口的增加而日显短缺，我们除了要通过对外贸易进口一部分以外，还要扩大对外直接投资，更好地利用国外资源，满足国内需要。还有，从国内商品市场状况看，一些行业的生产能力已大量过剩，而产品在国际市场是有竞争力的。但单纯靠增加出口会受到某些国际贸易障碍的限制。这也可以通过发展对外直接投资建厂，开拓产品市场，增加国际市场占有份额。在这些方面，过去已尝试做了一些，但很不够。有关资料显示，中国对外直接投资总额1990年为10.28亿美元，1993年为16.87亿美元，1994年为20亿美元，在世界对外直接投资总额中，还占不到0.1%。我国外汇储备已超过1400亿美元，外汇储备还是继续增加的趋势，这使中国有条件发展对外直接投资。经济特区和上海浦东新区，是我国经济改革和对外开放相互促进、相互结合的示范区。它们既是对外开放的窗口和龙头，在经济体制改革、率先建立市场经济体制方面先行一步。目前，这些地区正按党的十五大要求，在体制创新、产业升级、扩大开放等方面继续走在前面，发挥对全国的示范、辐射、带动作用。

六 经济体制改革与政府职能转换协调前进

传统的计划经济体制是高度集中的和以行政管理为主的体制，政企不分、企业从属于政府是其重要特点。改革要使企业成为独立的商品生产者和经营者，自主经营、自负盈亏、自我发展、自我约束的市场主体，就要实现政企分开，转换政府职能。

改革从农村开始，实行家庭联产承包责任制，一下子就把原来政社合一的体制打破了，农民开始成为自主经营的商品生产者，使改革迈出了决定性的步伐。

1979年以来非公有制经济、乡镇企业发展较快，原因之一在于这部分经济没有政府直接的主管部门。它们有自主经营权，能较自由地参与市场竞争。需要指出，目前乡镇企业改革的一项重要内容，还是政企的彻底分开，清晰产权关系。

国有企业的改革也是从扩大企业自主权开始的。目前国有企业有一定的经营、用工等自主权。但是由于政府职能转变滞后，政企不分问题尚未根本解决。许多主管部门仍然视企业为自己附属物，不愿放权。条块分割状态仍然严重阻碍着统一、开放市场体系的形成，大而全、小而全、重复建设不仅造成资源的浪费和损失，而且使地方政府背上大量亏损企业的包袱。难怪一些经济学家认为，政府转变职能，实行政企分开，已经成为深化国有企业改革的关键环节。

目前，经济管理部门林立、机构臃肿、效率低下，迫切需要精简机构，才能转变职能、提高效率。根据发展社会主义市场经济的要求，对于凡是依靠市场机制能提高效率的事情，都要放开交给市场，由企业和个人依法行事，政府不要再插手。政府主管部门应精简其活动范围，并主要限制在市场失效和领头产业领域。具体来说，经济方面主要包括：

调控宏观经济，使其平稳健康运行。但不再像计划经济体制时期那样，用指令性计划进行直接调控，而是主要运用经济手段和法律手段，以间接调控为主。为此，宏观经济管理部门本身需要改革。比如，随着市场取向改革的推进，金融手段在国家宏观调控中的地位日益重要和突出，国家越来越多地依靠中央银行独立执行货币政策，调控宏观经济的运行。这就要求对中国人民银行实行全额预算制，消除其利润动机，成为真正的中央银行。制定中长期发展规划，如"九五"计划和到 2010 年远景目标，为国民经济确定战略目标和发展方向。自然垄断部门和重要的基础设施、基础产业、高科技产业和社会福利设施建设，如建设京九铁路、三峡工程、黄河小浪底工程、扩建首都机场等。制定和维护市场经济运行的一般规则的公共政策及法律规范，维护市场秩序，促进公开、公平竞争。加强对环境污染的治理，改善生态环境。以及发展科技、教育、文化事业；等等。

七 妥善处理改革、发展与稳定的关系

中国经济体制改革最显著的特点，是始终重视和妥善处理改革、发展和稳定的关系。近20年的实践证明，必须以改革促进经济发展，以改革和发展促进稳定、维护稳定；另外，又要在稳定中推进改革，发展经济，实现稳中求进。没有稳定，社会动荡不安，什么事也办不了、办不成，既无法进行改革，也不能正常发展经济，从这个意义说，维持社会稳定是头等大事。但是，要保持和维护社会稳定，又必须推进改革，发展经济，不断地普遍提高人民大众的收入和生活水平，使大家在改革和发展中得到实实在在的利益。

在经济改革和经济活动中，要处理好改革、发展和稳定的关系，有几点经验值得总结。

经济改革必须有效地推进经济发展。农村实行承包制，发展商品生产，调动了农民的生产积极性，农业连年丰收，农产品供应迅速增加，既大大提高了改革的声誉，又为以后的改革提供了范例，准备了较好的物质基础。1992年，邓小平提出著名的"三个有利于"，作为判断一切工作是非得失的标准，就是这方面的高度概括。他说："判断的标准，应该主要看是否有利于发展社会主义社会的生产力，是否有利于增强社会主义国家的综合国力，是否有利于提高人民的生活水平。"（邓小平，1994）我们不能把什么新招、新举措都戴上改革的高帽子。是不是真的改革，就看是不是能做到"三个有利于"。

注意掌握改革的力度。比如，在商品短缺、卖方市场的条件下，商品价格只能逐步放开，不能搞"一次到位"。因为这时放开价格会带来这些商品价格的上涨，并带动物价总水平的上升。如果放开的商品过多，特别是如果一下子全部商品价格放开，会带来物价大幅度上涨的灾难性后果，影响经济的稳定和社会的稳定。价格

改革采取调放结合、先调后放、逐步放开的方针，就是为了适当控制物价总水平的上涨幅度，根据中国国情，这个幅度以年均不超过10%为宜。又如，本币（人民币）实现自由兑换是改革的目标，但要分步实现，不能一次成功。在金融体系不健全、金融监督不完善、综合国力不够强和产品在国际市场竞争力不够高的条件下，不能随便实行人民币在资本项目下的自由兑换，否则风险太大，容易影响国内金融的稳定。1997年东南亚一些国家出现金融危机的深刻教训说明了这一点。

经济发展的速度要得当。中国是一个发展中大国，经济比较落后，大家都希望通过经济改革发展得快一些，实现经济腾飞。经济改革为中国经济的快速发展创造了良好的条件，经济发展快一些是理所当然的。但是要快得恰当，不能过快。适当快速，既有利于改革的推进，也有利于社会稳定和人民安居乐业。过快则不行。经济超高速发展，经济过热，必然带来通货膨胀和物价过大幅度上涨，既影响经济的稳定，又会使改革的环境恶化，使改革难以顺利推进。中国的经验数据是，今后在体制转轨时期，经济发展速度以控制在年均8%—10%为宜，过低不行，不利于妥善处理各种社会矛盾，特别是会加重失业问题；过高也不行，特别是连年超过10%，必然带来通货膨胀和物价飞涨，到头来要作经济调整，损害宏观效率。我国制订的"九五"计划和2010年远景目标规定的增长速度（8%和7.2%），看来是比较稳妥的。

抓住机遇，深化改革。改革要逐步推进，但要抓住机遇，推进改革，不要坐失良机，延误改革。农村改革、价格改革、金融体制改革、财税改革、汇率并轨等，都因能抓住机遇，及时推进改革，取得较好的成效，并带动了整个改革向前迈步。有的一些改革如劳动工资制度改革，城镇住房制度改革等，进展不够快，同这些改革没有很好抓住机遇及时推进，有一定关系。中国要在20世纪末初步建立社会主义市场经济体制，在2010年建立比较完善的社会主义市场经济体制，时间很紧迫，必须很好地抓住机遇，在经济体制深层次改革方面迈出几大步，以便比较完满地实现上述目标。

参考文献

《中共中央关于建立社会主义市场经济体制若干问题的决定》（1993 年 11 月 14 日）。

江泽民：《高举邓小平理论伟大旗帜，把建设有中国特色社会主义事业全面推向二十一世纪——在中国共产党第十五次全国代表大会上的报告》（1997 年 9 月 12 日）。

邓小平：《邓小平文选》第 3 卷，人民出版社 1994 年版。

国家体制改革委员会综合计划司编：《中国改革大思路》，沈阳出版社 1988 年版。

《十五大报告辅导读本》，人民出版社 1997 年版。

（原载《经济研究》1998 年第 3 期）

新世纪初期的中国经济体制改革

一 国企改革仍是整个经济体制改革的重点和中心环节

到 2000 年年底,党和政府原定的国有企业 3 年改革和脱困目标,即从 1998 年起,用 3 年左右时间,使大多数国有大中型亏损企业摆脱困境,力争到 20 世纪末大多数国有大中型骨干企业初步建立现代企业制度,已经基本实现。国有及国有控股工业企业实现利润近 2400 亿元,国家经贸委重点监测的 14 个行业中,除军工、煤炭行业外均实现全行业盈利。31 个省、自治区、直辖市继续增盈或整体扭亏,1997 年的 6599 户大中型亏损企业减少 4799 户,占 72.7%。① 80% 的国有大中型骨干企业初步建立了现代企业制度。这一成绩的取得,虽然支付了不少成本,但毕竟表明国企改革出现了新的转机,有助于增强人们深化国企改革的信心和决心。

同时,我们也要看到,国企 3 年改革与脱困目标的基本实现,只是中间的阶段性成果,离国企改革的目标还有相当距离。深化国企改革仍是今后复杂和艰巨的任务。还有,国企改革直接制约和影响所有制结构的调整,市场活动主体的塑造,金融体制改革的深化和金融风险的化解,政府职能的转换等。因此,国企改革仍然是我国经济体制改革的中心环节和重点。今后,国企改革需从以下几个

---

① 见《经济日报》2001 年 2 月 17 日。

方面推进。

第一，大力推进国有非工业企业和小型工业企业的改革。3 年改革和脱困目标的实现，主要指的是国有大中型工业企业。1997 年年底，国有及国有控股大中型企业为 16874 户，只占全部国有企业一小部分，约八九分之一。而在我国国有企业中，国有大中型工业企业是相对比较好的，这几年改革的力度也比较大，国家推动国有企业改革和发展的一些重大政策措施，如兼并破产核销银行呆坏账准备金、债转股、技改贴息等，主要用于国有大中型工业企业，一般不适用于国有小型工业企业和其他国有非工业企业如国有商贸企业、交通运输企业等。目前，这一大部分国有企业积累了大量问题，亟待处理和解决，特别是要尽快形成平稳退出的通道。我国国有小型工业企业超过 5 万户，到 1999 年盈亏相抵已连续 6 年净亏损，亏损额达 250 亿元以上。据 2000 年初统计，在流通领域，国有物资企业连续 6 年亏损，商业企业连续 4 年亏损，两大系统亏损企业超过 2 万户，1998 年净亏损 105 亿元。逐步解决好上述问题，实现脱困，主要靠抓紧改革，使大量国有中小型商贸企业和工业企业平稳退出市场。

第二，继续从战略上调整国有经济市场布局和改组国有企业，把国有企业改革同发展非国有经济，调整和完善所有制结构结合起来。要按照中共十五届四中全会决定的精神，把国有资本逐步集中到国有经济需要控制的关系国民经济命脉的四大重要行业和领域，即涉及国家安全的行业、自然垄断的行业、提供重要公共产品和服务的行业、支柱产业和高新技术产业中的重要骨干企业。其他行业和领域，由于国有经济不具备优势，要逐步退出或收缩。通过对国有经济布局的战略性调整，国有经济在经济总量中的比重仍将逐步降低，比如从目前占 40% 左右降到"十五"后期占 30% 左右。这就为民营经济的发展腾出空间，有助于进一步改善所有制结构。推进国有企业战略性改组，就要实行"抓大放中小"的方针。国家如果能在关系国民经济命脉的重要行业和关键领域，掌握几百个顶多千把个大型企业和企业集团，就能左右国民经济大局，主导社会经济的发展。而数以万计十万计的国有中小型企业，则可通过多种形式放开、搞活、转制，而且越快越好，不要久拖不决，变成沉重的负担。

第三，对国有大中型企业进行规范的公司制改革，鼓励国有大中型企业通过规范上市、中外合资和相互参股等形式，实行股份制和公司制。现在，不少国有大中型企业都号称初步建立了现代企业制度，但是要清醒地看到，这个初步的标准是比较低的，只是刚刚搭起了现代公司制的框架，离规范的要求还相当远。例如，中共十五届四中全会指出，除极少数必须由国家垄断经营的企业外，要积极发展多元投资主体的公司。而实际情况是，有关部门2000年对国家重点514户国有和国有控股企业统计，有430户进行了公司制改革，而其中只有282户企业整体或部分改为有限责任公司和股份有限公司。又如，公司法人治理结构是公司制的核心，规范的公司法人治理结构要求明确股东会、董事会、监事会和经理层的职责，使之各负其责、协调运转、有效制衡，但目前多数远未达到这个要求。比较普遍存在的问题是：董事会不到位，不能很好代表出资人利益，由董事会提名和聘任总经理的比例不高；监事会不能很好发挥监督作用；股东大会形同虚设；未形成对经理层有效的激励和约束机制等。可见，建立规范的现代公司制还有很多工作要做。这方面改革，是国有企业适应发展社会主义市场经济要求的脱胎换骨的改革，是国企改革的真正攻坚战。

二 调整和完善所有制结构

进入21世纪，要继续调整和完善所有制结构，中心是大力发展非国有经济和非公有制经济，也就是大力发展民营经济。改革开放二十多年的实践告诉我们，哪个地方的民营经济特别是非公有制经济发展快，哪个地方的经济就搞得比较活，不但发展速度较快，效益较好，国有经济的运行质量较高，而且社会就业问题，农民增加收入问题等也解决得比较好。

社会生产力水平的多层次性和所有制结构的多样性，是我国社会主义初级阶段的重要特征。因此，非公有制经济的存在和发展是不可避免的，是发展社会主义市场经济的重要力量。我们看到，非公有制经济在一般竞争性行业和市场化程度比较高的部门具有比较明显的优势。特别是，非公有制经济是增加就业岗位、缓解失业问题，满足人民群众多方面日常生活需要的主要依托。所以，在我国，发展非公有制经济绝不是一时的权宜之计，而是关系发展社会主义市场经济大局，搞活整个国民经济的长远的重要政策。目前，非公有制经济在经济总量中占的比重还不大，只占 1/4 左右，还有相当大的发展空间。如果到 2010 年，非公有制经济作为重要的经济增长点，能发展到占经济总量的 1/3 甚至更多一点，就一定能有力促进新世纪前 10 年我国经济总量实现翻一番宏伟目标的实现。

为了推动非公有制经济的顺利发展，就要消除所有制歧视，为各类企业发展创造平等竞争的环境，在市场准入、筹资融资、外贸经营权、土地征用、技术人才招聘等方面，对各种所有制和混合所有制企业一视同仁，不要厚此薄彼。要支持、鼓励和引导私营、个体企业尤其是科技型中小企业健康发展。许多国家经验表明，大量的技术创新和发明都是由中小科技型企业提供的，而中小科技型企业适合民营，因此对这类企业要更加放开，这也有利于更好地贯彻"科教兴国"战略。目前，不少地方对民营企业的发展限制很多，这种束缚生产力发展的障碍必须一一打破。

三 提高国民经济市场化程度

在 21 世纪，要逐步完善社会主义市场经济体制，就要继续提高国民经济市场化程度。为此，要进一步开放市场，建立和完善全国统一、公平竞争、规范有序的市场体系；同时，进一步放开价格，使市场在国家宏观调控下更好地对资源配置发挥基础性作用，促进产业结构的优化升级，提高经济增长的质量和效益。

第一，要继续打破部门和行业垄断，鼓励市场竞争。目前，各种类型的垄断，都是为了限制竞争，其中大部分是为谋取部门和行业的超额利润，从而与市场原则相悖并损害效率。为了有效防止和反对垄断，保护竞争，要尽快制定和出台"反垄断法"。至于自然垄断部分，由于一般反垄断法都承认"适用除外"原则，所以不必担心它们会受到不必要的限制。值得重视的是，随着技术的进步和产业的升级，原来属于自然垄断的部门有不少领域也能引进市场竞争，如电力行业发电部分就可以竞价上网。

第二，要打破地方封锁，建立全国统一的商品和要素能够自由流动的市场。在地方封锁的条件下，商品不能很好地参与公平的市场竞争。我国市场秩序混乱，假冒伪劣商品屡禁不止，主要是地方保护主义作怪。我国加入世贸组织后，允许外国商品在缴纳关税后在国内自由流通。因此，用行政手段搞地方封锁是违反世贸组织原则的。今后，必须下更大力气拆除各种地方壁垒，使全国统一开放的市场和公平竞争的市场环境真正建立起来。

第三，继续发展商品市场，重点发展要素市场。我国即将加入世贸组织，内外贸易领域面临激烈的竞争，原来开放程序低、市场竞争不充分的批发业和外贸业将面临较大的压力，改革、转制以适应市场竞争环境的任务很重。只有深化改革，转换经营机制，才能使我国商品市场更好地健康发展。今后，我国要重点发展要素市场，包括资本市场、劳动力市场、土地市场、技术市场、信息市场等。其中，最重要的是资本市场。发展资本市场，可以使我国的高储蓄率转化为高投资率，使企业的融资渠道更加宽畅，也有助于国有企业的股份制改造和形成多元投资主体。生产要素市场的发展要特别注意规范，一旦走偏了要纠正过来既费力又要付出很大的成本，如证券市场的发展就有这个问题。

第四，深化价格改革，进一步放开价格。我国的价格改革已取得重大成效，实物商品和服务价格已基本放开由市场调节，但这并不表明价格改革已经完成，改革的"关口"已经过去。这几年，在一般商品进入买方市场条件下，出现了不少违背社会主义市场经济公平竞争原则的价格行为，表明我国价格改革仍面临许多新问题。这表现在：一些自然垄断部门和行业，利用自己的垄断地位，搞高价高收费，为本部门本行业谋利益；政府出面用行政手段阻挠价格竞争，搞市场分割和地方封锁；一些企业公开或变相地搞各种形式的价格同盟；一些应放开的价格（如著名公园的门票价格）没有放开；等等。今后，政府要进一步转变职能，不再干预已经放开的商品价格的形成和运行；依法规范各个经济主体包括政府的价格行为，反对和纠正各种通过价格结盟等方式搞的不正当竞争；健全适应社会主义市场经济发展要求的价格法规，严格执法；积极推进生产要素价格市场化改革，近期要着力加快利率市场化改革步伐；等等。

四　根据经济形势实行相应的宏观调控政策，近期要继续实施积极的财政政策

改革开放以来的经验表明，国家的宏观调控政策，对社会经济的发展有重大影响。正确的宏观调控政策，是国民经济持续快速健康发展的重要保证。"十五"计划建议的贡献在于：首次明确提出，要根据经济形势实施相应的宏观调控政策。这一提法比过去常用的实施适度从紧的财政政策和货币政策全面和准确。因为宏观调控政策究竟应当从紧还是放松，要根据经济形势而定，经济过热、通货膨胀时应从紧，经济过冷、通货紧缩时应放松。近期由于内需仍然不足，社会投资尚未很好启动，加上前3年国债投资建设项目仍需近万亿元投资才能基本建成，因此仍需继续实行积极的财政政策。这个近期，可能是二三年，因为看来还要增加发行三五千亿元长期国债用于在建的国债投资建设项目，平均每年发1500亿元的

话，也要二三年。

积极的财政政策要有财税改革的深化配合。一是要进一步推进农村税费改革，切实减轻农民的负担。中央财政为此每年拿出200亿元甚至再多一点也是值得的，关键在于必须落实到真正减轻农民的负担，为增加农民收入做实事。目前我国的内需不足突出地表现为农村市场没有很好启动，农民购买力低。千方百计增加农民收入也许是我国经济发展中最迫切需要解决的问题。二是把目前生产型的增值税改为消费型增值税，有利于生产投资，需抓紧推行。还有，分税制要进一步完善，适时开征新税种如遗产税等。

五　深化金融改革，稳步推进利率市场化

"十五"计划建议明确提出：稳步推进利率市场化改革。这是中央有关文件第一次提出利率要市场化，对深化金融改革有重大意义，标志着人们对市场化改革的认识有突破性进展。目前，我国国债利率、同业拆借利率、外国银行办理国际业务利率等均已由市场决定，正在推进浮动利率制度改革。2000年9月21日起，放开外币贷款利率，300万美元以上的大额外币存款利率由金融机构与客户协商确定，小额外币存款利率由中国银行协会统一制定，各金融机构统一执行。要看到，中央银行目前实行的稳健的货币政策对推进市场化创造了相当有利的环境。今后要逐步做到外汇存贷款、本币存贷款利率都实现市场化，以便使社会经济生活中最为稀缺的资源得到有效的配置和使用，从而提高经济增长的质量和效益。

按照现代银行制度对国有独资商业银行进行综合改革，是金融体制改革的重要内容。尽管目前四大国有独资商业银行的不良资产比例高，管理水平低，难于马上实行股份制改革，更难以整体上市，但是，应当肯定，四大国有商业银行要走股份制、公司制改革的道路。这不仅是转换经营机制、提高竞争能力的需要，也是支持产业结构调整和经济增长的需要。据估计，上述四大银行在"十

五"期间至少要增加贷款 5 万亿元,按照《巴塞尔协定》需相应增加资金 4000 亿元。这靠银行自己积累或靠财政拨款都难以做到,只有主要靠其他资金参股才能解决。因此,今后四大国有商业银行,一方面,要进一步减少不良资产比例、提高管理水平,以创造条件进行股份制改革;另一方面,也不妨着手进行分拆上市、买壳上市,为以后整体改制或上市做准备。中共十五届四中全会决定指出,要对国有大中型企业实行规范的公司制改革。国有四大商业银行也是国有大型企业,也应实行规范的公司制改革。而所谓规范的公司制是投资主体(股权)多元化的,所以,对国有独资的大型商业银行来说,改革的方向是实行股份制、规范的公司制。

六 推进投融资体制改革,减少审批

进入 21 世纪,投融资体制改革日显紧迫。"十五"计划建议明确提出:推进投融资体制改革。一般认为,改革的目标是改审批经济为企业自主投资决策。对于国家鼓励和允许的项目,应实行"谁投资,谁决策,谁承担风险"的原则,由企业依法自主投资,政府不再审批。目前我国每年全社会固定资产投资达 3 万亿元以上,其中政府投资只占一小部分,一般在 10% 左右,绝大部分属社会投资、企业投资。而原来的政府审批制度严重抑制了社会投资特别是民间投资的积极性。直到现在,还出现民营企业家投资申建一家批发市场需要政府有关部门盖 121 枚公章、除一个外每盖一次印章都要交费一次的咄咄怪事。[①] 要解放和发展生产力,进一步启动社会投资,必须坚决推进投融资体制改革。

投融资体制改革会损害政府一些部门的利益,减少这些部门权钱交易的机会,因而受到有些部门的反对和抵抗。因此,投融资体制改革必须同转换政府职能相结合,给政府职能重新定位。应当明

---

① 见《人民政协报》2000 年 11 月 23 日。

确,在社会主义市场经济条件下,在政府、市场、企业之间的关系中,凡是市场、企业能办并且有效率的事,就应当放手让市场、企业去办,政府不再插手。政府要集中精力搞好宏观经济调控和创造良好的市场环境,不直接干预企业经营活动,减少对经济事务的行政性审批。只有这样,政府机构才能精简,政企才能真正分开,廉洁高效、运转协调、行为规范的行政管理体制才能很好建立起来。

七 加快建立和健全社会保障体系

改革的深入,要求加快建立和健全社会保障体系。目前,国有经济布局战略性调整中碰到的最大困难,就是由于没有比较完善的社会保障体系,国有企业退出市场的通道不顺畅,不少应破产和关闭的企业,由于无法安置职工不能及时破产和关闭,有的企业职工还为此而闹事。因此,随着社会主义市场经济的发展和国企改革的深化,要求尽快建立和完善社会保障体系。

鉴于我国仍处于社会主义初级阶段,社会生产力发展水平不高,国家财力有限,目前我们讲的社会保障体系,主要适用的是城市居民。农民的社会保障问题也很重要,只是农民有集体所有的土地作为最大的保障,可以使国家在一定时期内有条件先着重建立城市社保体系,同时以一部分财力用于农村扶贫、救灾、社会救济等。我国农村人口多,农民收入水平低,还有3000万贫困人口没有脱贫,所以,国家今后也要尽可能多拿钱用于农村,保障农民生活和农村稳定。

今后的目标是,形成独立于企业事业单位之外,资金来源多元化、保障制度规范化、管理服务社会化的社会保障体系。社保体系中最重要的是养老保障制度,失业和医疗保险制度也很重要。要依法扩大养老、医疗、失业等社会保险覆盖面,逐步提高统筹层次。进入21世纪后,我国面临社会保险基金收支缺口逐年增大的严峻局面。有关部门预计,仅是"十五"期间,养老保险基金收支缺口为 2900 亿元，失业保险基金收支缺口为 325 亿元。建立可靠、稳定的社会保障基金的筹措机制和有效营运、严格管理的机制，日显重要。特别是扩展新的筹资渠道，更为紧迫。政府已经决定，通过变现部分国有资产以及将利息税等收入充实社会保险基金。还可考虑通过发行国债、提高社会保险费占财政支出比重等办法，充实社保基金，在社保基金管理方面，最重要的是防止挪用和被个人与部门侵吞。可以吸收像智利等国成立多家独立的基金管理公司进行有效管理的成功经验，确保基金的保值、增值。还有，在逐步把下岗职工基本生活保障纳入失业保险的同时，鉴于目前城市也出现一部分贫困群体，城市居民最低生活标准需要尽快普遍建立起来。

八 推进收入分配制度改革，深化对劳动价值论的认识

坚持效率优先、兼顾公平的原则，实行按劳分配与按其他生产要素分配相结合的制度，鼓励资本、技术、管理等生产要素参与收益分配。与此同时，加强对收入分配的合理调节，抑制收入分配不合理扩大的趋势。坚决打击并依法惩处侵吞公有财产、偷税骗税、权钱交易等违法活动和腐败行为。加强对垄断行业初次分配的监督和管理，并运用行政、法律和经济手段进行规范的调节。对可以引入市场机制的部分，就要破除垄断，公平竞争。完善个人所得税的征收，开征遗产税等税种。继续加强扶贫，增加财政对扶贫的支持力度，努力缩小城乡和地区差距，保障城乡低收入居民的基本生活。

"十五"计划建议提出一个新的论断：随着生产力的发展，科学技术工作和经营管理作为劳动的重要形式，在社会生产中起着越来越重要的作用。在新的历史条件下，要深化对劳动和劳动价值理论的认识。我们知道，马克思的劳动价值理论是在 19 世纪中后期

创立的，那时大机器工业在社会经济生活中占统治地位，第三产业很少；体力劳动是劳动的普遍形态，科技不像现在一日千里发展；资本对劳动的剥削很明显，甚至存在食利群体。经过一百多年的发展，许多情况发生了巨大变化。科技、管理、劳动在社会生产中发挥着越来越大的作用，一项科技发明，其创造的价值，已不只是一般劳动创造价值的倍加，而是成百、成千甚至成万的倍加。第三产业在经济发达国家已成为最重要、占优势的经济活动部门，第三产业的劳动的重要性日见突出。不仅商品买卖活动及其成效可以决定一个企业的生存和发展，金融等中介活动是否有效更可以决定一个社会经济增长的质量和效益的高低。因此，大量的第三产业劳动，包括过去认为不创造价值的从事商业买卖劳动、金融劳动、教育劳动、经济部门和行业管理劳动等，都应视为创造价值的劳动，对马克思的劳动价值理论予以扩充和发展。当然，对社会有害的一些活动，如走私、贩毒等，不应列入创造价值劳动的范围，这是很好理解的。还有，资本虽然不直接创造价值，但它对价值创造有重要贡献，一般来说，劳动者推动资本的数量越大，表明其技术装备程度越高，他就可以创造更高的劳动生产率，从而作为加强的劳动创造更多的价值，因而资本作为最重要的生产要素参与收入分配是应当允许的。随着生产力和社会主义市场经济的发展，劳动价值理论还将进一步丰富和发展。按照上述认识，目前一个私营企业主的收入，应看到既包括他参与管理和技术创新劳动的收入，这是属于他的劳动创造价值的部分，不是剥削收入；也包括一部分他作为投资者的收入，这部分收入是企业其他劳动者创造的价值由他无偿占有的，属占有他人劳动的收入。至于这两部分收入各占比例多少，不同的产业、不同的企业、不同企业主参与管理和技术创新的贡献有差别，因而是不相同的。

九 进一步推进全方位、多层次、宽领域对外开放，发展开放型经济

一国经济从封闭走向开放，本身就是一项重大改革。进入21世纪，我国对外开放将进入新的阶段。主要是随着我国即将加入世界贸易组织，一方面，我国将更积极地参与经济全球化进程，有着引进更多的资金、技术和管理经验以加快发展的良好机遇；另一方面，也要求我国进一步全方位、多层次、宽领域地对外开放，从而面临国际激烈竞争的严峻挑战。我们要抓住机遇，迎接挑战，努力趋利避害，以开放带动改革和发展，不断提高产业、企业和产品的市场竞争能力，发展开放型经济。

加入世贸组织，进一步扩大对外开放，有利于促进我国社会主义市场经济体制的完善。加入世贸组织，履行对外承诺，要求我们按照市场经济的一般规律和国际上通行的规则，加快和深化经济体制改革，建立和完善开放型的市场经济体制；尽快建立规范市场经济运行的法律法规，增强透明度，清理与修订同世贸组织规则明显不符的部门和地方法规，抓紧制定相应的替代法规，与国际规范和标准接轨；加快对内开放，形成公平的市场竞争环境，健全市场秩序。

扩大对外开放，包括有步骤地推进银行、保险、电信、外贸、内贸、旅游等服务领域的开放，逐步对外商投资实行国民待遇，将有力地促进我国产业结构优化升级，扩大出口等；同时将使我国一些产业、企业和产品受到冲击。总起来看，劳动密集型产业受冲击小一些，资本、技术密集型产业受冲击大一些；开放较早的产业受冲击小一些，开放较迟或尚未开放的产业受冲击大一些；非国有企业受冲击小一些，国有大中型企业受冲击大一些；关税和非关税保护比较低的产品受冲击小一些，反之则大一些。面对国际市场的竞争，我国各行各业，特别是受冲击较大的产业和企业，都要及早做好应对准备，其中最重要的，是深化改革，转换机制，以便较好地

迎接国际市场竞争的挑战。

十 改革是促进发展、推进经济结构调整和产业结构优化升级的强大动力

发展是硬道理。我们从事各项工作，其中心都是为了促进经济和社会的发展，促进人口资源环境和经济协调发展，目的在于提高人民的生活水平。"十五"计划建议的主题是发展，其主线则是经济结构的战略性调整。我国经济发展到今天，只有对经济结构进行战略性调整，实现产业结构的优化升级，才能适应我国人民生活总体上达到了小康水平、一般商品开始进入买方市场、公众消费需求发生变化的新形势；同时也才能更好地顺应经济全球化的趋势，有效地参与国际市场竞争。总的来说，是为了有效地加快现代化建设。而要实现经济的快速发展，推进经济结构调整，就要继续深化改革，以改革为动力。因为迄今为止，经济发展和产业结构优化升级的体制性障碍仍然存在，不克服这些体制性障碍，社会生产力就不能获得进一步的解放。

同时，今后深化改革，要紧紧围绕经济发展、紧紧围绕经济结构调整和产业结构优化升级来进行。例如，目前城乡分割的体制是阻挠城市化进程和固化二元经济结构的，要改变我国城市化滞后于工业化状态，加快从二元经济结构向现代化转轨，就要改革城乡分割的体制，降低农民进入城市特别是小城市的门槛。又如，加快国民经济和社会信息化是实现产业结构优化升级的重要环节，这就迫切要求很好地运用市场机制，推进体制创新，打破部门和行业垄断等。我国经济体制转轨任务尚未完成，计划经济体制的影响、不适当的行政干预还不能轻视。经济结构调整和推进产业结构优化升级，也包括推进科技创新，一旦真正做到以改革作为动力，就能事半功倍，顺利进行。

（原载《中国工业经济》2001年第3期）

试探社会主义市场经济的特点与规律

进入21世纪，随着社会主义市场经济体制的初步建立和逐步完善，我国经济发展迅速，充满活力，日益开放。与此同时，也要求我们进一步认识和掌握社会主义市场经济的特点和内在规律，以使我们制定和实施方针政策时符合客观经济规律，有利于国民经济的健康发展。

根据中国当前的实际，我们需要很好掌握的社会主义市场经济的特点和内在规律，主要有以下几个方面。

一 市场在资源配置中发挥基础性作用，价值规律调节社会主义生产和流通

社会主义市场经济与传统的计划经济最大的不同点，在于市场在资源配置中的作用有根本的区别，前者起基础性作用，即主要调节者作用；后者则不起作用或只起很小的作用。按照马克思主义经济学的说法，在社会主义市场经济中，价值规律是社会生产和流通的主要调节者；而在传统计划经济中，价值规律不起调节作用，调节社会生产和流通的，是国家的指令性计划。

我国之所以实行改革开放，推进经济体制改革，从计划经济体制转向市场经济体制，就是因为原来实行的计划经济在20世纪50年代发挥了一段积极作用以后，其弊端日显突出，效率低，缺乏活力，货不对路，致使我们与发达国家的经济、技术差距拉大，人民群众生活水平提高很慢。与此不同，从1979年改革开放到现在，

在市场化改革的有力推动下，我国经济发展加速，25年间年均增速达9.4%，处于世界前列，经济实力和综合国力大大增强，人均GDP到去年超过1000美元，人民生活显著改善，总体上已达到小康水平。这表明，用市场经济取代计划经济，能进一步解放社会生产力，能更有效地利用和配置资源，取得更为丰硕的发展成果。

在社会市场经济中，支配经济运行的客观规律，最主要的是价值规律，也就是商品和服务的价格随着供求关系的变化而波动，供过于求时上涨，供不应求时下跌，各个企业根据市场价格的变动，决定和调整自己的生产和经营，从而维系社会生产和社会需求的平衡。这就是价值规律调节社会生产和流通的主要含义。恩格斯在《反杜林论》中说过，价值规律正是商品生产的基本规律。我国著名经济学家孙冶方早在20世纪60年代初就讲过，"千规律，万规律，价值规律第一条"，这句名言用于现在的社会主义市场经济，是最恰当不过的了。因此，我们说在经济工作中要尊重客观规律，首先就是要尊重价值规律，以及相关的供求规律、竞争规律等。各项市场经济活动，除属于自然垄断的、具有外部性的、提供公共品的等以外，都应放手让价值规律调节即市场调节。

值得注意的是，在发挥市场在资源配置中基础性作用方面，目前还存在一些欠缺的地方，最主要的是政府拥有的资源过多，政府对经济活动的干预、审批过多，有些靠市场机制能优化资源配置的，政府却采用计划经济办法，因而带来浪费和损失。有时还因政府对市场进行垄断和封锁，而影响公平竞争的开展，造成市场信号失真。因此，我们要完善社会主义市场经济体制，最重要的，就是要更好地发挥市场在资源配置中的基础性作用，使企业成为真正的市场主体；就是要政府进一步转变职能，不再充当资源配置的主角、左右市场的主角，不去直接干预企业的生产经营活动，而是要尊重价值规律的作用，发挥市场机制调节资源配置的积极作用，让企业主要根据市场信号自主地作出生产经营决策。

二 企业是市场经济活动的主体,真正实现政企分开政资分开

选择社会主义市场经济,使市场在资源配置中发挥基础性作用,就必须使企业成为独立的市场主体和利益主体,自主经营、自负盈亏、自担风险。对于非国有企业来说做到这一点较为容易,尽管政府的行政干预至今还不少,需要逐步解决。而对于国有企业来说,就不容易了。改革开放 20 多年的经验表明,国有企业从作为主管部门的附属物脱离出来,成为独立的市场主体,是一个脱胎换骨的改造。一方面,从企业来说,原来事事靠上级主管部门,照他们的指令办事,经济效益好坏不在乎,没有改善经营管理的积极性和主动性,没有活力。现在要转变为独立的市场主体,自主经营、自负盈亏,就必须努力适应市场,参与市场竞争,承担风险。搞得好,就能不断发展壮大,经营者和职工也能增加收益,否则就可能亏损甚至破产。市场机制如同一条无情的鞭子,督促着企业不断改进技术,改善经营管理,向前再向前,永不停步,永不懈怠。另一方面,从政府来说,原来直接指挥各项微观经济活动,对企业各种经济活动进行审批和下达指令。由于对企业往往多头管理,多龙治水,企业生产经营搞得好,各个部门争相把功劳记在自己名下,而一旦出了问题,则互相推诿,谁都不愿承担责任。因此推进市场化改革,最重要的就是要转变政府职能,实行政企分开,政资分开,政府不再干预企业的生产经营活动,撤销一些原来主管企业的专业部门。由于这样的改革触及不少行政管理部门及其官员的利益,因而往往受到这些部门的阻挠而困难重重。当惯了"婆婆",一旦不能发号施令,便很不适应。所以,国有企业要真正成为独立的市场主体,必须坚持政企分开,政资分开,必须有政府职能转换的配合,政府不再干预微观经济活动,政府职能转变为从事经济调节,市场监管,社会管理和公共服务,即转变到主要为市场主体服务和

创造良好的发展环境上来。

需要指出的是，直到现在，政府职能转换，政企分开、政资分开的改革，仍未完全到位。有的原来行政主管部门转为行政性公司、翻牌公司，仍然直接干预企业的生产经营活动。即使对国有企业进行了股份制改革，但只要是国有股一股独大，政企就很难分开，因为国有控股公司实际上成为股份公司的"婆婆"，而控股公司往往就是前面所说的行政性公司、翻牌公司。这就使股份公司表面上改了制，但并未做到政企分开，仍不是真正的市场主体。还有政府部门，特别是不少地方政府，对本地区的企业不管是国有的还是非国有的，往往"爱护有加"，不但通过封锁市场为本地企业产品打开销路，排斥外地产品，而且从立项、融资、税收、土地使用等方面，有时甚至不择手段包括违法违纪地为本地企业的建设和发展提供方便条件，如 2004 年江苏省出现的"铁本事件"便是例证。一个只有 3 亿元资本金的民营小钢铁企业主，一下子要建投资 100 多亿元的年产 800 万吨以上的大型钢铁企业，不申报立项，不经环保部门审核，违规侵占农地 2000 多亩，没有当地政府大力帮忙，是不可想象的事。再有，本地企业因经营不善面临破产或债务缠身时，地方政府又会站出来，充当保护伞，向中央政府求情，向中央部门要钱或请求贷款解救，相当于为企业负无限责任。这是违背市场经济原则的，是政府职能的严重错位，也是企业尚未成为真正市场主体的表现。

为使国有企业成为独立的市场主体，不但要政企分开，还要政资分开，即实行政府公共管理职能与政府履行国有资产出资人的职能分开。政府对国有独资和控股、参股企业的国有资产履行出资人职能时，只是当老板、股东，不能当"婆婆"，不能扮演董事会和经理层的角色，否则就成为"老板加婆婆"，仍然是政企不分。

可见，要按照社会主义市场经济规律办事，使市场在资源配置中发挥基础性作用，首先要使企业成为独立的市场主体，政府主要履行公共管理职能。应当看到，这方面的问题还未解决，仍要继续深化改革，逐步到位。

三 国家宏观调控主要是落实科学发展观，促进国民经济平稳、较快发展

现代市场经济并不是完全放任由市场机制调节的，而是有国家的宏观调控。社会主义市场经济也是这样。

党的十六大报告提出："要把促进经济增长，增加就业，稳定物价，保持国际收支平衡作为宏观调控的主要目标。"这是对改革开放20多年来我国宏观调控丰富经验的科学总结，是符合市场经济发展规律的。世界上许多市场经济国家，都把上述四个方面作为国家宏观调控的主要目标。中外的实践表明，在市场经济条件下，要很好地处理增长与稳定的关系，既要促进经济增长，又要保持经济稳定。从长远看，在经济稳定中实现经济增长，是最可取的也是最快速的。不然，片面追求经济增长，不重视经济稳定，不在稳定中求增长，就很容易出现大起大落，而大起大落必然带来生产力的浪费和损失。这样一来，走了弯路反而慢了。在前面四大目标中，头一个是促进经济增长，后面三个是保持经济稳定的内容。因此，可以把国家宏观调控概括为促进国民经济的平稳较快发展。要点在于，在经济稳定条件下，市场信号比较稳定、准确，市场有效配置资源的功能可以较好地发挥，从而有利于促进经济增长，实现较快发展。

在社会主义市场经济中，要搞好宏观调控，就要树立和认真落实科学发展观，实现全面、协调、可持续发展。这是我国发展社会主义市场经济经验的重要总结。科学发展观的基本内容是以人为本，五个统筹，即统筹城乡发展，统筹区域发展，统筹经济社会发展，统筹人与自然和谐发展，统筹国内发展和对外开放。统筹的实质是协调，五个统筹的实质是做到五个协调发展。做到五个统筹，就既能有效地保持经济稳定，又能不失时机地促进经济增长，从而

实现国民经济的平稳较快发展。

在市场经济条件下，宏观经济调控主要采用经济和法律手段。这同计划经济条件下国家主要运用行政手段调节社会经济活动有根本区别。具体来说，就是主要运用财政政策和货币政策，在经济过热或出现过热倾向时，实施紧缩的财政政策和货币政策；相反，在经济过冷或出现通货紧缩时，实施宽松的财政政策和货币政策。目的都是保持经济的稳定，努力熨平经济波动的波幅，防止大起大落。有时人们把这种操作称为反周期措施，旨在使经济上升时不要升得太高，力求上升时期延长一些；经济萧条时不要降得太多，延续时间不要太长。因此，国家的宏观调控，以及实施从松或从紧的财政和货币政策，都为的是实现短期一般一二年的经济平衡，而不能将其长期化。据此，如果将1998年以来我国实施的积极财政政策长期化，似与市场经济下宏观调控的功能不太一致。与此相联系，我们似乎也不应将扩大内需作为一项长期的方针。在发生通货膨胀或存在明显的通货膨胀压力时，我们能否笼统地谈扩大内需，这是值得研究的。比如，2004年主要是扩大消费需求，而对投资需求则不但不能扩大，相反地要加以限制，因为从2003年起，我国投资总的已经过热。

在我国，产业政策也常常作为进行宏观调控的一项重要政策来运用。这是一个相当复杂且在经济学界颇有争议的问题。过去，由于政府制定和实施的产业政策在实践中基本上不起作用，甚至政府鼓励的产业往往发展不起来，限制的产业则发展得很红火，因而不少人怀疑产业政策的有效性。考虑到中国拥有强大的固有经济和数额超过年GDP的国有资产，政府的经济职能一直较强，政府常用产业政策来调整产业结构，所以宏观调控除了主要运用财政政策和货币政策外，还可运用产业政策，以改善产业结构，加强薄弱环节，约束某些产业的过度扩张。至于政府的产业政策是否有效，主要看政策的制定是否符合市场经济规律，是否符合国家的长远发展战略，是否有利于国民经济的平稳和较快发展。

四　科学评价市场经济活动效果，保证社会主义市场经济的可持续发展

我国的社会主义市场经济是政府主导型的市场经济，政府在市场经济中扮演着重要的角色。科学评价市场经济活动效果，难点不在企业，而在于政府，特别是如何评价地方政府及其官员的政绩。

过去，人们一般用 GDP 及其增长速度作为评价政府绩效的主要标准，年年评比排座。GDP 增长率高的，政绩就优；GDP 增长率低的，政绩就差。结果各地竞相攀比，全力以赴争取 GDP 的快速增长，而且都想争第一，你快了我要比你更快。因此人们形容这些地方政府是 GDP 政府。但是，多年的实践，特别是近几年的实践表明，这样做存在不少问题。

第一，把 GDP 增速作为评价政府政绩的唯一或主要指标，必然忽视各项社会事业的发展，造成经济发展腿长社会发展腿短的不协调局面。邓小平说，发展是硬道理。但是，发展既包括经济的发展，也包括社会的发展，即包括科技、教育、环保、文化、医疗、卫生、健身、旅游、休闲、娱乐等事业的发展。发展的目的是提高人的生活水平和质量，最后实现人的全面发展。这就既要求经济发展，使社会物质财富越来越多，也要求各项社会事业的发展，使人民有接受良好教育、医疗、保健的条件，生活环境优美，文化生活丰富多彩。党的十六大报告提出，"我们要在本世纪头二十年，集中力量，全面建设惠及十几亿人口的更高水平的小康社会，使经济更加发展、民主更加健全、科教更加进步、文化更加繁荣、社会更加和谐、人民生活更加殷实"。要做到这一点，只有经济发展、GDP 增长是不够的，还必须有社会事业的发展。所以，看一个地方政府的政绩，不能只看 GDP 增长。

第二，把 GDP 增速作为评价政府政绩的唯一或最主要指标，还会助长政府的短期行为，影响经济的可持续发展。因为经济的增

长、GDP 的增长，可以采取有水快流的办法，即用粗放外延扩张的形式，消耗大量的资源和能源，破坏生态环境，在一个短时间内实现高速增长。这对于我国这样一个资源相对不足，生态脆弱，环境污染严重的国家来说，显然是不可取的，也是难以为继的。党的十六大报告提出，我国要走新型工业化道路，即"走出一条科技含量高、经济效益好、资源消耗低、环境污染少、人力资源优势得到充分发挥的新型工业化路子"。报载，中华人民共和国成立 50 多年来，我国 GDP 增长了 10 多倍，矿产资源消耗也增长了 40 多倍。去年我国消耗的国内资源和进口资源约合 50 亿吨，原油、原煤、铁矿石、钢材、氧化铝和水泥的消耗量，分别约为世界消耗量的 7.4%、31%、30%、27%、25% 和 40%，而创造的 GDP 仅相当于世界总量的 4%。[1] 可见，对我国来说，亟须转变经济增长方式，走新型工业化道路。看一个地区的经济发展，不能只看 GDP 增长，还要看 GDP 增长后面付出了哪些代价。近来，不少学者建议改用绿色 GDP 作为评价经济发展的指标，即从 GDP 增长中扣除为此付出的自然与环境的成本（比如 1973 年日本政府规定空气、水、垃圾等环境污染的可允许标准，超过污染标准的，必须将其改善经费作为成本从 GDP 中扣除，按此方法，当年日本的经济增长率就不再是 8.5%，而是 5.8%[2]），这是值得大家重视和进一步研究的。

第三，把 GDP 增速作为评价政府政绩的唯一或最主要指标，还会促使有的政府官员造假。过去流行"官出数字，数字出官"的说法，指的主要是官员造假虚报 GDP 数字，夸大成绩，然后骗得升官。有的地方官员不是根据实际数字，而是先探听周围地区的 GDP 数字，然后指示统计部门报高于其他地区的 GDP 增长数字，以显示自己政绩比别人高出一筹。而 GDP 数字造假，老百姓一般是难以监督的。

---

[1] 见《人民日报》2004 年 3 月 22 日。
[2] 见《经济日报》2004 年 5 月 18 日。

为了使我国社会主义市场经济可持续发展,需要制定科学的评价体系,就全国或一个地区来说,首先是逐步改 GDP 增长单一指标为多方面指标,比如联合国可持续发展委员会提出了社会、环境、经济、制度四个方面的指标。我们可以借鉴。其次是将 GDP 指标逐步发展为绿色 GDP 指标。再有就是加强对统计数字的核实,严肃查处作假者,增强统计信息的透明度和准确性。可见,寻找正确评价社会主义市场经济活动效果的指标体系,对于社会主义市场经济的可持续发展,有非常重要的意义。

五 依法规范市场经济活动,保障市场经济健康运行

现代市场经济是法治经济,社会主义市场经济也是法治经济。中外市场经济的实践证明,市场经济只有在法治轨道上运行,才能比较有效地发挥其积极作用,减轻因其自发调节带来的种种消极作用。市场经济是竞争经济,实行公平竞争,以提高效率。这就必须对如何竞争进行规范,形成有效的竞争规则或游戏规则。可见,社会主义市场经济只有在法治轨道上运行,才能保证其健康发展。

1997 年,党的十五大确定了依法治国的方略。这是我国从人治转为法治的重大转变。与此相适应,党的十六大提出,要适应社会主义市场经济发展、社会全面进步和加入世贸组织的新形势,加强立法工作,提高立法质量,到 2010 年形成有中国特色社会主义法律体系。这个法律体系要符合市场经济规律的要求,为巩固社会主义市场经济这个经济基础服务。中共十六届三中全会进一步提出全面推进经济法制建设,即按照依法治国的基本方略,着眼于确立制度、规范权责、保障权益、加强经济立法。主要包括:完善市场主体和中介组织法律制度,使各类市场主体真正具有完全的行为能力和责任能力。完善产权法律制度,规范和理顺产权关系,保护各类产权权益。完善市场交易法律制度,保障合同自由和交易安全,维护公平竞争。完善预算、税收、金融和投资等法律法规,规范经

济调节和市场监管。完善劳动、就业和社会保障等方面的法律法规，切实保护劳动者和公民的合法权益。完善社会领域和可持续发展等方面的法律法规，促进经济发展和社会全面进步。

按照法治经济的要求，一方面，微观经济行为主体，主要是企业，要依法经营，照章纳税，依法处理企业内部关系特别是要保护员工的合法权益，遵守环保、安全、契约等法规。同时，要依法保护企业作为市场主体的独立性和各项权益，保护企业法人财产权等。另一方面，要求政府是法治政府。政府对企业、社会组织和个人，要依法管理，不能随便发号施令。国务院于2004年初发布的《全面推进依法行政实施纲要》提出，中国将通过十年左右的不懈努力，基本实现建设法治政府目标，主要包括七个方面。第一，实现政企分开。第二，提出法律议案、地方性法规草案。第三，法律、法规、规章得到全面、正确实施。第四，科学化、民主化、规范化的行政决策机制和制度基本形成。第五，形成高效、便捷、成本低廉的防范、化解社会矛盾的机制。第六，行政权力与责任紧密挂钩，并与行政权力的主体利益彻底脱钩。第七，提高行政机关工作人员特别是各级领导干部的法律素质。可见，今后政府对经济的管理和干预，要依法进行，不能再像过去计划经济时期那样，主要采用行政手段，发布指令。既然政企分开，政府的经济调节就是主要运用经济手段和法律手段，实施恰当的财政政策和货币政策，采用利率、税率、汇率等经济杠杆来进行。

在社会主义市场经济中，正确界定政策、市场和企业的关系非常重要。一般来说，凡是靠市场能解决而又有效率的，政府都不要去管。凡是公民、企业、社会组织包括中介组织等能够自主有效解决的，除法律另有规定的以外，政府也不要去管。政府主要从事公共管理。政府在使用纳税人缴纳的钱财时，要节俭、高效、清廉。政府官员要懂得，不仅权力是人民给的，政府的收入也是人民缴纳的，要取之于民用之于民。有的官员提出，要做到政府给老百姓的，多于从老百姓取来的，这是不可能的。政府的钱都是纳税人缴的，老百姓缴纳的，能够将钱用之于民就不错了。政府不是财富创造的主体，政府能做到消耗少一点，为人民服务的事多办一点就不错了。所有这些，都要用法律法规确定下来，成为大家的共识和行为准则。

此外，必须公平执法。无法可依不行，有法不依不行，执法不严、不公也不行。如果不能公正执法，再好的法律也用处不大，社会主义市场经济仍然不能在法治轨道上运行。因此，必须在全社会形成良好的法治观念和守法意识，形成良好的司法环境。在这方面，除了进行宣传教育等外，政府领导干部要带头执法，严格执法，真正做到在法律面前人人平等，任何人都不能凌驾于法律之上。

（原载《宏观经济研究》2004 年第 7 期）

中国价格改革三十年:成效、历程与展望

中国价格改革是中国经济体制改革的一个重要内容。推进价格改革是实现经济运行机制转轨的关键。价格改革同所有制改革一起,构成中国经济改革的两条主线。中国改革开放不久,1984年,中共十二届三中全会《中共中央关于经济体制改革的决定》就指出:"价格是最有效的调节手段,合理的价格是保证国民经济活而不乱的重要条件,价格体系的改革是整个经济体制改革成败的关键。"20世纪80年代和90年代,价格改革一直走在各项改革前列,率先在实物产品和服务价格方面实现从政府定价到市场价格的转轨。进入21世纪,随着经济增长的进一步加速,粗放式增长方式的弊端日益显露,资源和环境的瓶颈制约越来越突出,生产要素和资源产品价格的市场化改革的必要性和紧迫性引起各方面关心和重视。因此,理顺生产要素和资源产品价格关系,使其价格能反映市场供求关系、资源稀缺程度和环境损害成本,已成为当前最突出和最现实的经济问题。生产要素和资源产品价格的改革已成为能否转变经济发展方式、使经济社会转入科学发展轨道、实现又好又快发展的焦点。在这种情况下,回顾中国价格改革三十年的历程,总结其成功经验,并对今后改革攻坚进行展望,具有重要的现实意义。

一 中国价格改革的巨大成效

中国价格改革包括两方面内容,一是理顺价格关系,改变价

结构畸形状态。二是改革价格管理体制，从行政定价体制转变为市场定价体制。在这两方面改革中，后一方面改革是重点。因为中外实践表明，只有转变价格形成机制，实现从行政定价到市场定价转变，才能逐步理顺价格关系。在行政定价体制下，价格关系是不可能理顺的，即使一时调顺了，过不了多久又必然走向扭曲。

在改革价格形成机制方面，中国实行调放结合、以放为主的方针，经过十多年努力，在商品零售总额、工业生产资料销售总额、农副产品收购总额中，由市场确定价格已占有较大比重。到2006年，上述三个方面的价格比重达92%以上。在服务收费方面，除重要的公共服务收费外，也已实行市场调节价。市场化价格改革对刺激商品生产和供给，搞活市场和经济起着极其重要的作用。

中国改革从农村开始，在农村实行家庭联产承包责任制的同时，大幅度提高了农产品收购价格，1979年18种主要农副产品收购价格提高24.8%，以后还多次提高农副产品收购价格。这就促进了农业生产力的解放和发展，促进了农民收入的提高。按可比价格计算，农林牧渔业总产值1985年比1978年增长61.6%，年均增速达7.1%，大大高于一般年增速3%左右的水平。

20世纪80年代放开价格的商品产量飞快增长，使干部和群众都看见了市场的"魔力"。早在1978年8月，广东省广州市决定把沿袭20多年的蔬菜购销由国家定价改为购销双方在一定幅度内议价成交。蔬菜价格上扬吸引了四面八方菜源汇聚而来，菜源一年四季充足，几十个品种任人选择，起初一度急升的菜价逐步回落。到1984年11月1日，广州市蔬菜价格全部放开。两个月后，广州率先在全国放开猪肉价格。再过三个月又率先放开水产品价格。结果是"放到哪里活到哪里"。鱼价放开之初塘鱼价涨至每公斤6元，但到广东全部取消水产品派购任务的1985年，广州塘鱼价已降为每公斤 4 元，成为全国鱼价最低也最早解决"吃鱼难"的大城市。①

中国价格改革的最显著成效集中表现在从物资短缺凭证供应的卖方市场变为商品越来越丰富多彩的买方市场。中国长期是短缺经济，市场商品供应一直很紧张，常用凭票供应。这种情况直到改革开放后才逐步改变。广州市 20 世纪 60—70 年代票证最多时达 118 种（粮票、布票最重要）。随着改革开放后商品供应增加，票证一个个被取消。1982 年还有 48 种票证，1983 年减为 21 种，1984 年减为 6 种，1988 年还剩粮票、糖票两种，不久全部取消了。从卖方市场转变为买方市场发生于 1997—1998 年。多年来，在商务部重点监测的 600 多种重要商品中，供略大于求的约占 2/3 供求平衡的占 1/3 多，只有个别商品有时供应较紧张。

价格形成机制的改革和转轨，从根本上改善了价格结构，使比价差价趋于合理、价格信号比较准确。以初步确立市场价格体制的 1997 年同改革前夕的 1978 年相比，农产品收购价格上升 425.4%，农村工业品零售价格上升 194.8%，1997 年农产品换工业品数量比 1978 年增加 50% 多，工农产品价格剪刀差缩小了。从农产品内部比价看，1997 年与 1978 年相比，粮食收购价格总水平累计上升 574.7%，比农产品收购价格总水平上升率高 149.3 个百分点，说明粮食价格偏低的状况有所改善。从工业品内部比价看，1997 年与 1978 年相比，采掘工业产品价格累计上升 712%，原材料工业产品价格上升 411%，加工业产品价格累计上升 201%，说明历史上遗留下来的加工工业品价格偏高、基础产品价格偏低的状况有了明显变化。② 实践表明，理顺价格关系，减少价格扭曲，有力地促进了经济增长。改革开放 30 年来，我国年均经济增长率高达 9.8%，其中就有通过价格改革初步理顺价格关系的一份功劳。

---

① 《广州放开农产品价格———中国价格改革由此开端》，《粤港信息日报》1988 年 7 月 5 日。

② 王梦奎：《中国经济转轨二十年》，外文出版社 1999 年版。

改革开放以来,丰富和成功的改革实践,促成了规范价格行为的《价格法》于1998年5月1日起实施,一系列相关的配套法规也在逐步制定和完善中,这使中国的价格改革和价格行为逐步纳入法治轨道。这也是价格体制趋于完善的重要标志之一。

二 中国价格改革的主要历程

中国价格改革采取逐渐推进、"摸着石头过河"的方式,总的来说比较平稳、顺利。尽管有的经济学者曾建议一次放开价格的思路,[①] 但未被采纳。由于价格改革采取逐步推进的方针,不像原苏东等国家在向市场价格体制转轨中出现恶性通货膨胀和人民生活水平大幅度下降的严重问题,而是能在保持物价大体稳定下推进价格改革。1978—2007年平均年物价上涨率(以CPI为代表)为5.7%,仍在社会可承受的范围内。尽管这中间也受到过两次中度通货膨胀的干扰和袭击,但由于治理及时,未形成大的灾难。这就有效地保证了三十年来改革、发展、稳定的相互促进,保证了三十年来没有一年经济是负增长(增速最低的1990年为3.8%)和人民收入、生活水平下降。当然,在价格改革过程中,也有不少困难,有小的曲折,有思想理论的交锋等。下面列举1979年以来,中国价格改革一些值得回味的重要事件或经历。

(一)1979—1984年以调整不合理价格体系为主,为此后较大规模放开价格创造了条件。1979年,国家大幅度提高农产品收购价格。提价的有18种农产品,其中粮食、棉花超计划收购部分还加价50%,平均提价幅度达24.8%。提价刺激了农产品增产和农民收入增加,1979年农民由于农产品提价增加收益108亿元。

在农产品收购价格提高后,国务院于1979年11月起,调整了猪肉、牛肉、羊肉、禽、蛋、蔬菜、水产品、牛奶8类主要副食品

[①] 吴稼祥等:《管住货币一次放开价格的思路》,《世界经济导报》1998年8月8日。

的销售价格，提价总金额 42 亿元，提高幅度 30% 左右，并且给职工发放副食品价格补贴每人每月 5 元。同时，为稳定城市居民生活，对定量供应的粮食、食油的销售价格保持不变，增加了对经营部门的补贴。在这期间，对一些重要工业品价格也进行了调整。调高了煤炭、生铁、钢材等产品价格和交通运价，降低了农用薄膜、农用柴油、电子产品、农机产品的价格。调整了纺织品价格，主要是 1981 年 11 月和 1983 年初两次调整了涤棉布和纯棉布的比价，大幅度降低了涤棉布的价格，适当提高纯棉布价格，涤棉布和纯棉布比价从 3∶1 调整为 1.4∶1。①

需要指出，改革初期，党和政府采取一系列调价措施，例如，大幅度提高粮食等农产品收购价格，鼓励农民增收农产品并取得成效，有的同志据此认为，靠政府调整价格也能理顺价格关系。21 世纪 80 年代中期，理论界还推荐测算影子价格，有的经济学家夸大影子价格的作用，企图通过采用决策价格体系来理顺价格关系。② 与此不同，许多经济学家主张让价格在市场交换中形成，并以市场价格体制作为价格改革的目标模式。调整价格和影子价格、浮动价格等只能作为过渡形式加以利用。他们认为，由于改革之初价格结构严重扭曲③，因此在改革初期，为避免一下子全面放开价格带来利益关系的剧烈变动和增强价格改革的可控性，需要采取调整价格的办法，参考影子价格及利用浮动价格等，这是无可非议的。但要看到，调整价格有其固有的缺陷，调价可能使一时的价格

---

① 张卓元：《中国价格模式转换的理论与实践》，中国社会科学出版社 1990 年版。
② 国务院经济技术社会发展研究中心产业政策研究组：《资源最优配置与决策价格体系》，《成本与价格资料》1987 年第 20 期。
③ 这集中表现在不同行业的资金利润率高低悬殊上面。1979 年，县及县以上国营工业企业的平均资金利润率为 12.3%，但不同行业悬殊，手表 61.1%，工业橡胶 49.4%，针织品 41.1%，自行车 39.8%，染料油漆 38.4%，石油 37.7%，油田 34.1%，缝纫机 33.1%，化学药品 33.1%；而煤炭只有 2.1%，化肥 1.4%，铁矿 1.6%，化学矿 3.2%，船舶 2.8%，水泥 4.4%，半机械化农具 3.1%，木材采选 4.8%，农机 5.1%（见何建章等《经济体制改革要求以生产价格作为工业品定价的基础》，《中国社会科学》1981 年第 1 期）。

关系顺一些，但因为没有改变价格形成机制，过不了多久，由于供求关系等因素变化，原来比较顺的价格关系又不顺了，出现新的扭曲。所以，单靠调整价格是永远理不顺价格关系的。只有实现价格形成机制的转换，即放开价格由市场调节，建立市场价格体制，才能从机制上保证理顺价格关系，保证形成比较合理的价格结构。

（二）1985—1988年消费品价格逐步放开。1985年1月1日，中共中央一号文件规定：从当年起，除个别品种外，国家不再向农民下达农产品收购派购任务，按照不同情况，分别实行合同定购和市场收购。粮食、棉花取消统购，改为合同定购。除此以外，生猪、水产品和大中城市、工矿区的蔬菜，也要逐步取消派购。这样，就把多年对粮油实行的统购价加超购加价这两种国家定价模式，改为国家定价和市场价并存。

在工业品方面，从1982年起，陆续放开了小商品价格，第一批为6类160种，第二批放开8类350种。1984年10月进一步规定：除各级政府必须管理的少数品种外，放开小商品价格。1986年，全部放开了小商品价格，并放开了自行车、收录机、电冰箱、洗衣机、黑白电视机、中长纤维布和80支以上棉纱制品的价格，扩大了消费品市场调节价范围。

由于逐步放开工农业消费品价格，因此在社会商品零售总额中，市场调节价比重相应地逐步提高，到1990年已超过一半。据原国家物价局计算，在社会商品零售总额中，1978年，国家定价占97%，市场调节只占3%；到1984年，国家定价占73.5%，国家指导价占10.5%，市场调节价占16%；到1990年，国家定价占29%，国家指导价占17.2%，市场调节价占53%。[①]

（三）1988年价格改革"闯关"未成。1984年，党的十二届三中全会作出《中共中央关于经济体制改革的决定》，明确社会主

---

① 成致平：《价格改革十二年综述》，《价格改革三十年（1977—2006）》，中国市场出版社2006年版。

义经济是公有制基础上的有计划的商品经济。1987年党的十三大提出了"逐步建立起有计划商品经济新体制的基本框架"的任务，1988年中央领导人一再提出要建立社会主义商品经济的新秩序。都要求深化价格改革，理顺价格关系。1988年5月，邓小平提出要过价格改革关的任务，理顺物价，改革才能加快步伐。……最近我们决定放开肉、蛋、菜、糖四种副食品价格，先走一步。中国不是有一个"过五关斩六将"的关公的故事吗？我们可能比关公还要过更多的"关"，斩更多的"将"。过一关很不容易，要担很大风险。……物价改革非搞不可，要迎着风险、迎着困难上。接着，中央有关部门研究讨论价格改革"闯关"方案。

1988年8月15—17日，中央政治局在北戴河召开扩大会议，讨论、通过《关于价格、工资改革的初步方案》。1988年8月19日，《人民日报》刊登新华社关于政治局讨论并原则通过《关于价格、工资改革的初步方案》的公报。公报说，会议认为，价格改革的总方向是：少数重要商品和劳务价格由国家管理，绝大多数商品价格放开，由市场调节。按照转换价格形成机制、逐步实现"国家调控市场，市场引导企业"的要求，根据各方面的条件和现实的可能，今后五年左右的时间，价格改革的目标是初步理顺价格关系，即解决对经济发展和市场发育有严重影响、突出不合理的问题。公报发表后，由于老百姓已存在通货膨胀预期，很快就在全国范围内出现挤提存款、抢购商品的风潮。据国家统计局资料，1988年8月社会商品零售总额比上年同期猛增38.6%。这次抢购风潮的特点是：来势凶猛，波及面大，抢购风自8月中旬在少数地区掀起后，迅速蔓延到全国大部分城市和一部分农村；持续时间长，抢购商品范围广、数量大，如，洗衣机销售增长1.3倍，电视机增长56%，电冰箱增长82.8%；参加抢购者遍及社会各阶层。据估计，这次商品抢购风潮抢购了约60亿元商品。受抢购影响，8月份居民提取储蓄存款389.4亿元，比上年同期增长1.3倍，大大超出储蓄存款增长70.3%的幅度。8月末，银行储蓄存款金额比7月末减少26亿多元。与此同时，物价上涨加快，当年前三个季度全国物价指数上升16%。针对上述情况，9月26—30日，中共中央举行了十三届三中全会，批准了中央政治局提出的治理经济环境、整顿经济秩序、全面深化改革的方针、政策和措施，从而稳定经济和市场。在这之前，8月30日，国务院明确宣布此后四个月国务院没有新的调价措施出台，所以原定的价格改革方案推迟实施。

1988年价格改革"闯关"失败的最重要教训是，在通货膨胀抬头的条件下，价格改革是难以顺利推进的。1988年，各方面都估计当年物价上涨率可能达两位数，老百姓也已存在通货膨胀预期，这种宏观经济环境是不宜价格改革闯关的。有的经济学家也发表了担心的意见，薛暮桥在1988年6月30日《光明日报》发表的文章就提出："我们必须实实在在地制止通货膨胀，使我们有可能逐步放松限价，扩大开放的范围，使价值规律能够逐步发挥对物价的市场调节作用。"总之，1988年价格改革"闯关"，对价格改革必要性、紧迫性的认识是对的，但对改革"闯关"的条件认识不足，对当时已抬头的通货膨胀形势估计不足，对群众能否承受较高的物价上涨情况研究不够。

（四）1984—1991年中国开始实行生产资料价格双轨制并逐步向市场价格单轨制转变。中国工业生产资料20世纪80年代中期开始实行双轨制价格，到90年代初顺利向市场单轨价过渡，这是中国推进渐进式的市场化价格改革的成功范例。

在中国开始实行生产资料价格双轨制时，1985年9月，在著名的"巴山轮"会议上，波兰经济学家布鲁斯就对此给予很高的评价，认为这是中国一个有用的发明。他说："生产资料实行双重价格，是中国的发明。从配给制向商品化过渡时，社会主义国家曾经在消费品市场方面实行过双重价格，但把双重价格应用到生产资料上，没听说过。这是一个有用的发明。所谓有用，是指它可以作为一个桥梁，通过它从一种价格体系过渡到另一种价格体系，也就是说由行政、官定价格过渡到市场价格。有了这个桥梁，过渡起来就比较平稳。但有一个重要的条件，双重价格不能持续太长时间。"① 十多年后，美国经济学家斯蒂格利茨又一次对中国实行生产资料价格双轨制给予很高的评价，比喻为"天才的解决办法"。

中国同一种工业生产资料在同一时间、地点上存在计划内价格和计划外价格，即价格双轨制，是1984年开始出现的。1984年5月20日，国务院规定：工业生产资料属于企业自销（占计划内产品的2%）的和完成国家计划后的超产部分，一般在不高于或低于国家定价20%幅度内，企业有权自定价格，或由供需双方在规定的幅度内协商定价。1985年1月24日，原国家物价局和原国家物资局又通知，工业生产资料属于企业自销和完成国家计划后的超产部分的出厂价格，取消原定的不高于国家定价20%的规定，可按稍低于当地的市场价格出售，参与市场调节。从此，双轨价格就合法化和公开化。

价格双轨制是在短缺经济环境下，双重经济体制特别是双重经济运行机制并存的集中表现，是双重生产体制和物资流通体制的集中表现。既然生产计划体系的改革是缩小国家的指令性计划，给予企业逐渐加大生产什么、生产多少的决策权；物资流通体制的改革是减少国家统一调拨分配的物资，让企业有权自行销售和采购一部分产品和原材料，这部分自由生产和自由购销，自然要有自由价格相配合，才有实际意义。如果没有自由价格，所谓自由生产和自由购销就没有真正落实，只是徒有虚名而已。价格双轨制就是在这种条件下出现的。在价格双轨制中，工业生产资料价格双轨制最为重要。因为同一种农产品价格双轨制是长时期一直存在的。农民根据规定按牌价向国家出售农产品，同时还可以把剩下的一部分农产品在集市上销售，集市价往往高于国家牌价。工业消费品价格在改革初期就从小商品开始逐步放开，实行双轨制的价格并不普遍。工业生产资料则不同，1984年以后，实行双轨制价格的迅速扩大产品

---

① 中国经济体制改革研究会：《宏观经济的管理和改革》，经济日报出版社1986年版。

范围，不久即几乎遍及所有产品，成为中国价格改革过程中最具有特征性的现象。据 1988 年统计，在重工业品出厂价格中，按国家定价包括地方临时价格来销售的比重，采掘业产品占 95.1%，原材料产品占 74.6%，加工工业产品占 41.4%。国家定价外销售的部分，一般实行市场调节价。另据原国家物价局对 17 个省、市、自治区的调查，1989 年企业按计划购进的生产资料占全部消费额的比重，以实物量计算约为 44%，以金额计算仅占 28%，其中煤炭的计划调拨数量为 45.4%，钢材为 29.7%，木材为 21.7%，水泥为 15.5%。可见，我国工业生产资料价格走上双轨制道路，是实行渐进式改革不可避免的选择，是从高度集中的行政命令经济体制向社会主义市场经济体制平稳过渡的一种有效途径。这对原来商品经济不发达、市场发育很差的中国来说，更是合乎逻辑的。

中国的实践说明，双轨制价格的利弊都较明显。双轨制价格在物资普遍短缺条件下，能刺激紧缺物资的增产，鼓励超计划的生产，满足计划照顾不到的非国有经济包括乡镇工业的原材料等的需要，有助于调剂余缺、调节流通，有助于了解市场供求关系的变化和正常的比价关系。双轨制价格又常常在利益驱动下影响供货合同履行，不利于增强一部分承担计划任务较多的大中型企业的活力，助长投机倒卖、营私舞弊等。一些数据表明，如果双轨价差不那么大，市场价格高出计划价格一倍以内，双轨价的积极作用可发挥得好一些；如果双轨价差很大，市场价格高出计划价格一倍以上，双轨价的消极作用就较突出。另外，双轨价只能在短时间利用，不宜延续时间过长。

生产资料的双轨价差主要受供求关系变化影响。计划外生产资料市场价格水平一般约高于计划价格一倍，基本上是正常的。但 1986 年后，在投资需求过旺拉动下，供求矛盾趋紧，一些生产资料的价差拉大，到 1988 年年底，冷轧薄板（0.7—1 毫米）市场价（每吨 4053 元）高出计划价 3.1 倍，圆钢市场价高出计划价 2.5 倍，汽油高出 2.1 倍，柴油高出 4.3 倍，烟煤高出 6.7 倍，等等。

这时，市场秩序混乱，人们热衷于倒买倒卖生产资料，追逐流通利润，以权谋私的寻租活动猖獗，责骂双轨价、要求取消工业生产资料双轨价的呼声很高。1990 年和 1991 年，由于国家实行治理整顿、紧缩经济政策见效，宏观经济环境改善，供求矛盾趋于缓和，生产资料市场价格回落，双轨价差缩小，一般回落到高出计划价格一倍以内甚至 50% 以内，个别产品还出现市场价格低于计划价格的现象。这表明，生产资料价格双轨制并轨的条件具备了。① 价格改革的深化也要求生产资料双轨价并为市场单轨价。

双轨价并轨曾受到一些主管部门的阻挠。例如，1991 年，水泥、玻璃和其他一些建材产品，供求关系比较协调，双轨价差不大，各方面都认为并为市场单轨价条件成熟，要求抓住时机并轨。但有关主管部门却千方百计阻挠，有人甚至提出要求并为计划单轨价。1992 年，原国家物价局通过重新修订和颁布中央管理价格的分工目录，其中，重工业生产资料和交通运输价格由 1991 年的 47 类 737 种减少为 89 种（国家定价 33 种，国家指导价 56 种），一次放开近 600 种，使绝大部分工业生产资料双轨价一下子并为市场单轨价。显然，这是明智之举。

中国的实践表明，必须立足于改革，以市场为取向解决工业生产资料价格双轨制问题。在这一过程中，不应把主要精力用在具体计算并轨过程中价格水平的确定上。当然，对并为计划单轨价的极个别产品来说，的确有一个重新合理确定价格水平问题，例如，实行计划价格和市场价格综合平均定价等。但绝大部分产品是并为市场单轨价的，就不存在所谓合理定价问题，而是放开由市场调节。中国在价格改革过程中，由于比较好地解决了这个问题，给工业生产资料价格双轨制画了一个圆满的句号。

（五）从狭义的价格改革向包括生产要素价格市场化的广义价格改革转变。中国实物商品和劳务价格的市场化改革，即通常被称

---

① 张卓元：《论中国价格改革与物价问题》，经济管理出版社 1995 年版。

为狭义的价格改革,到20世纪90年代中期,即已基本完成。1997年,无论是社会商品零售总额,还是工业生产资料销售总额和农副产品收购总额,市场调节价的比重均已超过80%,市场价格体制已基本确立。但中国价格改革尚未完成。价格改革还要从狭义价格改革扩展为包括生产要素价格市场化的广义价格改革。

生产要素价格主要包括资金的价格——利息、劳动力的价格——工资、土地的价格——地租和地价、人民币对外币的比率——汇价。按照发展社会主义市场经济的要求,它们都要求由市场形成和调节,以免最重要的市场信号失真,影响资源配置效率的提高。在生产要素价格中,资金(本)的价格特别重要。因为资金是每一个市场经济社会最重要和稀缺的经济资源。生产要素价格的市场化,首要的是实现利息率的市场化。目前我国大部分本币存贷款仍实行银行统一利率,有一段时间还实行负利率政策,致使资金价格严重扭曲,银行利率与市场利率差距很大(有时达一倍以上),不但不利于资金的合理利用和优化配置,不利于鼓励居民储蓄,而且使资金供应更趋紧张,助长寻租活动和腐败。因此,政府或中央银行对利率的调节主要是调节基准利率,并以此来影响市场利率,而不是直接规定金融市场的利率及其变动。对商业银行和其他金融机构的存贷款利率,政府不要干预。对各企业、公司直接融资的利率,也应由发债主体自行决定债券的利率,政府同样不要干预。

工资是劳动力的价格,工资体制改革的方向是市场化,即工资应在劳动力市场上通过竞争形成。劳动力价格——工资的市场化,是企业成为真正的市场活动主体的前提。劳动力不能流动,职工总是捧"铁饭碗",干好干坏一个样,企业就无法在市场上竞争。职工不能优胜劣汰,企业也就不能优胜劣汰,市场机制也就无从发挥作用。因此,劳动力价格的市场化是企业转向现代企业制度和走向市场的重要一环。当然,劳动力价格的市场化、劳动力市场建立和发展的进程,要同社会保障制度的建立和逐步健全密切配合,以利于人心的安定和社会的稳定。

鉴于在20世纪80年代和90年代土地批租出现许多腐败大案,为纠正目前土地价格特别是城市土地使用权转让价格不合理状况,今后需加强地价评估。商业性用地使用权的出让和转移要一律通过招标、投标、公开拍卖方式进行,加强竞争性,提高透明度。通过房地产营业税、所得税和增值税等,防止土地使用权转让和交易中国家土地收益的流失,打击非法"炒买炒卖"地皮、哄抬地价、牟取暴利的行为。

中国已于1994年年初进行了汇率并轨改革,并实现了人民币在经常账户范围内有条件的同外汇自由兑换。今后汇率应按外汇的供求关系变化和国际市场汇率变动进行调整,在条件成熟时,实现人民币在资本账户方面同外汇的自由兑换。但要注意,在条件尚未成熟时,不要匆忙开放人民币资本账户的自由兑换。20世纪90年代后期亚洲金融危机的深刻教训值得我们认真汲取。

(六)依法规范政府和企业的价格行为。市场化价格改革并不是简单地把价格放开,完全放任自流。市场经济的竞争是有规则有秩序的。实行市场价格体制,市场主体价格行为也要依法进行规范。《中华人民共和国价格法》(以下简称《价格法》)于1998年5月1日起实施。《价格法》是我国价格法律体系中最根本的法律。它的制定和颁布,对巩固价格改革成果、深化价格改革、规范价格行为,有十分重要的意义。市场经济活动包括价格行为法治化,是完善社会主义市场经济体制的内在要求。所以,1998年以来,依法规范政府和企业的价格行为,也是深化价格改革的一个重要方面。主要做法是依法规范政府和部门的定价和收费行为,制止政府乱收费和有的部门千方百计保持垄断地位阻挠竞争、为本地区、本部门和本单位捞取好处等行为。当时,各种各样名目繁多的乱收费,屡禁不止,使一些企业和居民苦不堪言,已成为顽症。这说明,依法规范政府和部门价格行为十分必要。还要着力改革垄断行业价格管理制度,合理认定成本,确定适当的利润水平,实行价格听证制度，强化对垄断行业价格的监管和社会监督等。

20世纪90年代后期，由于出现多种重要产品价格大战，有关部门曾倡导搞"行业自律价格"，冶金、建材、化工、电子等行业先后对钢材、玻璃、纯碱、彩管等实行行业自律价格。这个办法一出台，就引发一些争论，反对"行业自律价"的呼声很高。"行业自律价"因缺乏充分的法律依据和理论依据，问题不少，也难以操作，已流于形式。但通过这场争论，对企业如何走向市场、参与竞争、适应市场经济的发展，却大有好处。自律价的最大问题是企求限制竞争，有的甚至想搞行业垄断价格，完全违背了市场经济鼓励竞争的本质要求。由于不合理重复建设造成的一些产品生产能力过剩、产品大量积压，引发价格大战。有的企业搞不正当竞争，低于自己的成本倾销产品，应依法纠正。但这不应妨碍有的先进企业用低于社会成本（但仍高于本企业成本）的价格销售自己产品从而提高市场占有率的做法。因为这是市场经济中最常见最典型的竞争行为，是价值规律发挥优胜劣汰积极作用的生动体现。"行业自律价"的问题在于企图限制后一种完全属于正当的竞争，因而肯定会在实践中碰壁。从这里可以看出，如何依据《价格法》规范企业的价格行为，还要根据实践提供的丰富经验，作出更准确、更清晰的规定。

三　21世纪深化生产要素与资源产品价格改革的任务

进入21世纪后，我国面临全面建设小康社会、加快推进工业化和城市化的艰巨任务。2003年以来，我国经济增速加快，连续5年达两位数，但经济增长付出的资源环境代价过大，生产要素（如土地）和资源的瓶颈约束突出。党和政府提出建设资源节约型、环境友好型社会任务，要求转变经济增长和发展方式，节能减排，使经济社会转入科学发展轨道，实现又好又快发展。为此，2007年党的十七大特别提出要完善反映市场供求关系、资源稀缺程度、环境损害成本的生产要素和资源价格形成机制,为新世纪新阶段深化价格改革指明了重点和方向。

我国粗放型经济增长和发展方式之所以很难转变,一个关键原因是重要生产要素和资源价格严重偏低,实际上鼓励大家粗放扩张。一是地价低。一些地方政府用行政权力向农民低价征地,然后办开发区等,用低价出让土地招商引资。我国人均耕地只有 1.4 亩,只及世界平均水平的 40%,地价低引发对耕地这一宝贵资源的滥用和浪费。1996 年,我国耕地总面积为 19.51 亿亩,到 2006 年年底,已降为 18.27 亿亩,十年间净减少 1.24 亿亩。[①] 二是水价低。我国城市的水价不仅没有包括水资源价格,有的还不包括污水处理费或污水处理费很低。农用水几乎是免费的。各城市水价普遍偏低,有人算过,仅为国际水价的 1/3。水价低导致我国一些年水行业全行业亏损。我国人均淡水资源只为世界平均水平的 1/4,目前 600 多个城市中已有 400 多个缺水。必须把淡水看成宝贵资源,珍惜使用。三是能源价包括煤价、油价、天然气价、电价低。中国的燃油消费税是美国的 1/10,是欧洲的 3%—5%。大量高能耗产品之所以争着出口,是因为中国能源价格低。2003 年我国能源消耗惊人增长,能源消费弹性系数多年居高不下。低能源价使中国能源消耗急剧增长,其直接结果是:大量消耗煤炭带来环境污染加重;大量进口原油推高了国际市场油价,原油的对外依存度接近 50%。四是矿产品价格低。长期以来,我国十多万个矿山企业中仅有 2 万个矿山企业是要付费取得矿山开采权的,绝大部分是通过行政授予无偿占用的。前两年,我国矿产资源补偿费平均率为 1.18%,而外国一般为 2%—8%。这几年提高了资源税费,但仍然偏低。我国矿产资源并不丰富,人均占有的石油、天然气和煤炭资源储量分别为世界平均水平的 11%、4.5% 和 79%;45 种矿产资

[①] 陈锡文:《走中国特色农业现代化道路》,《十七大报告辅导读本》,人民出版社 2007 年版。

源人均占有量不到世界平均水平的一半；铁、铜、铝等主要矿产资源储量分别为世界平均水平的 1/6、1/6 和 1/9。主要矿产品的对外依存度已从 1990 年的 5% 上升到目前的 50%。资源如此短缺而价格那么低，是很不正常的。五是资金价格低。2004 年以来，银行存款利率有时是负利率，近期更是连续一年多是负利率。资金价格低，资金成本低，是前几年我国投资过热的一个重要原因。

要转变经济发展方式，建立资源节约型社会，形成节能、节地、节水、节材的生产方式和消费模式，必须深化生产要素和资源产品价格改革，使它们的价格能很好地反映资源的稀缺程度。有许多资源产品，它的开采和使用往往会损害环境和破坏生态，所以它们的价格还要反映环境损害和生态破坏成本。总的思路应是逐步提高价格，用价格杠杆迫使生产企业和消费者节约使用资源，提高资源利用效率，使整个经济运行走上资源节约型轨道、科学发展轨道。

总之，要根据经济发展需要和社会的承受能力，按照价值规律的要求，逐步提高资源产品价格，并择机放开资源产品价格。2005 年和 2006 年，CPI 上涨率只为 1.8% 和 1.5%，是调整能源资源产品价格的大好时机，可惜当时由于对资源产品价格改革重要性认识不到位，以致丧失了时机，没有及时对资源产品价格作较大幅度调整。中国 2007 年 7 月到 2008 年 7 月，CPI 上涨率一直在 5% 以上，出现了通货膨胀，难以很好地推进资源产品价格改革。同时，对能源、食品价格的管制加重了价格扭曲，不利于资源配置效率的提高。因此，今后应特别注意抓住有利时机，加快推进资源产品价格改革。同时，提高水、电、油等价格后，要考虑对农民和低收入群体给予某种补助，包括适当提高最低生活保障标准或发放临时补贴等。

（原载《经济纵横》2008 年第 12 期）

中国经济四十年市场化改革的回顾

1978年年底，中国实行改革开放，标志着开始走上中国特色社会主义道路。由邓小平开创的这条崭新的社会主义道路，使中国经济社会在短短的近四十年发生了翻天覆地的变化。中国从积贫积弱的落后国家一跃成为世界第二大经济体，人均国内生产总值从1978年开始实行改革开放时的190美元飚升为2016年的8000美元，进入中上收入国家行列。中国人民满怀信心在2020年全面建成小康社会，2035年基本实现社会主义现代化，2050年建成富强民主文明和谐美丽的社会主义现代化强国，实现中华民族的伟大复兴。

中国走上复兴之路，关键在于实行改革开放，逐步推进以建立和健全社会主义市场经济体制为重点的五位一体的改革，坚定不移实行对外开放和建立开放型新经济体制。中国在建设中国特色社会主义的伟大实践中，积累了十分丰富的经验，就经济领域来说，主要是推进市场化改革，或者说，市场化改革是经济改革的主线。这是因为：

第一，中国改革开放是从在社会经济活动中引入市场机制、尊重价值规律的作用开始的，从而经济活力不断增强。

第二，经济体制改革的核心问题是要处理好政府与市场的关系，而确立社会主义市场经济体制改革目标科学地回答了这一重大问题。1992年党的十四大报告指出，"我们要建立的社会主义市场经济体制，就是要使市场在社会主义国家宏观调控下对资源配置起基础性作用"。2013年，中共十八届三中全会决定进一步指出，

"经济体制改革是全面深化改革的重点，核心问题是处理好政府和市场的关系，使市场在资源配置中起决定性作用和更好发挥政府作用。市场决定资源配置是市场经济的一般规律，健全社会主义市场经济体制必须遵循这条规律，着力解决市场体系不完善、政府干预过多和监管不到位问题"。

第三，正是改革开放以来坚持了市场化改革，才使中国经济迅速起飞，连续三十多年以年均近两位数速度增长，国家的经济实力和影响力、人民大众的生活水平，以人们难以想象的速度大幅上升，目前正在从世界经济大国向经济强国阔步迈进！

一 改革开放初期在社会经济活动中引入市场机制

1978年12月，具有伟大历史意义的党的十一届三中全会开启了改革开放建设中国特色社会主义的新时期。全会否定"以阶级斗争为纲"的错误理论和实践，作出了把党和国家的工作中心转移到经济建设上来、实行改革开放的历史性决策。全会公报指出，"现在我国经济管理体制的一个严重缺点是权力过于集中，应该有领导地大胆下放，让地方和工农企业在国家统一计划的指导下有更多的经营管理自主权"。"应该坚决实行按经济规律办事，重视价值规律的作用，注意把思想政治工作和经济手段结合起来，充分调动干部和劳动者的生产积极性。"

20世纪70年代末80年代初，中国开始采取一系列引入市场机制的改革开放举措，使国民经济迅速活跃起来，产出和财富快速增长，市场开始繁荣，广大干部和群众都亲身体会到市场机制的神奇作用。首先，农村开始改革，实行家庭联产承包责任制，大大解放了农村生产力，农业生产迅速恢复和发展，农民收入大幅度提高。按可比价格计算，农林牧副渔业总产值1985年比1978年增长61.1%，年均增速达7.1%，大大高于一般年份增长2%—3%的速度，大大增强了改革开放的物质基础。其次，逐步放开农副产品、小商品和工业消费品价格，结果是"放到哪里活到哪里"，商品价格放开后，虽然价格有一定上涨，但供应迅速增加，解决了长期困扰老百姓的商品短缺问题，并带来市场的繁荣。最后，对国有企业实行放权让利，使国有企业有一定的自主权，开始调动了广大职工的积极性，企业也有了一定活力。此外，还有允许个体工商户发展，兴办经济特区和引进外资等。

经济学家也在改革实践的鼓舞下行动起来。在党的解放思想、实事求是思想路线指引下，1979年4月在江苏省无锡市举行了全国第二次经济理论研讨会，主题是社会主义制度下价值规律的作用。参加研讨会的有三百多人，中国最负盛名的经济学家薛暮桥、孙冶方参加了这次会议并作大会发言。会议收到论文上百篇，提出了许多具有深远影响和超前的理论观点，包括：肯定社会主义经济也是一种商品经济，肯定社会主义经济中市场调节的作用和竞争机制的作用。有的学者提出，企业是独立的或相对独立的商品生产者和经营者，主张逐步扩大企业自主权。1980年1月，蒋一苇进一步提出著名的企业本位论。有学者提出对现有不合理的价格体系和管理体制需要进行改革，逐步缩小工农业产品价格剪刀差等。现在看来，1979年的经济理论研讨会对中国改革实践起着一定的先导作用。

二 确认社会主义商品经济过程中出现尖锐的思想交锋

确认社会主义商品经济是推进市场化改革的重大步骤。在20世纪70年代末80年代初，包括1979年的全国第二次经济理论研讨会，经济学界就有不少人发表文章认为社会主义经济也是一种商品经济，价值规律在社会经济活动中起调节作用。但是，也有一些经济学家对此持反对态度，并一度引起激烈的争论。其中最突出的是，1982年，在党的十二大报告起草过程中，参加起草工作的袁木等五位同志给当时主管意识形态工作的胡乔木写了一封信，信中针对开始在经济理论界占主流地位的强调市场机制的作用、认为社会主义经济也是一种商品经济的主张提出批评。信中说，"在我国，尽管还存在商品生产和商品交换，但是绝不能把我们的经济概括为商品经济。如果作这样的概括，那就会把社会主义条件下人们之间的共同占有、联合劳动的关系，说成是商品等价物交换的关系；就会认定支配我们经济活动的，主要是价值规律，而不是社会主义的基本经济规律和有计划发展规律。这样就势必模糊有计划发展的社会主义经济和无政府状态的资本主义之间的界限，模糊社会主义经济和资本主义经济的本质区别。" 1982 年 8 月，胡乔木批转了这封信件。

自那以后，大概有一年的时间，出现了不少批判社会主义经济是商品经济的文章，而主张社会主义经济也是一种商品经济的文章则销声匿迹，致使一些人对市场化改革表示怀疑。但是，阻挡改革大潮的杂音是注定要被冲垮的。经济体制改革的逐步展开，市场机制带来的经济活力有力地冲击着传统的经济理论。从 1983 年开始，社会主义商品经济论以其更强烈的现实背景和更充分的理论论证，重新登上中国的论坛，吸引着社会各界的关注和支持。特别是，1984 年 10 月 20 日中共十二届三中全会作出了《中共中央关于经济体制改革的决定》，肯定了中国社会主义经济是公有制基础上的有计划商品经济，以党的文件方式对经济学界这几年的争论作了总结。决定说，"改革计划体制，首先要突破把计划经济同商品经济对立起来的传统观念，明确认识社会主义计划经济必须自觉依据和运用价值规律，是在公有制基础上的有计划的商品经济。商品经济的充分发展，是社会经济发展的不可逾越的阶段，是实现我国经济现代化的必要条件。只有充分发展商品经济，才能把经济真正搞活，促使各个企业提高效率，灵活经营，灵敏地适应复杂多变的社会需求，而这是单纯依靠行政手段和指令性计划所不能做到的"。从此以后，大家对中国发展商品经济和尊重价值规律的认识深入一个新的阶段。

邓小平对这个决定给予很高的评价。他在决定通过的第三天，即 1984 年 10 月 22 日说，"前天中央委员会通过这个决定的时候我讲了几句话，我说我的印象是写出了一个政治经济学的初稿，是马克思主义基本原理和中国社会主义实践相结合的政治经济学，我是这么个评价"。"这次经济体制改革的文件好，就是解释了什么是社会主义，有些是我们老祖宗没有说过的话，有些新话。我看讲清楚了。过去我们不可能写出这样的文件，没有前几年的实践不可能写出这样的文件。写出来，也很不容易通过，会被看作'异端'，我们用自己的实践回答了新情况下出现的一些新问题。"

这次三中全会决定也有认识不足之处，写了一句被后来改革实践超越的观点，这就是："在我国社会主义条件下，劳动力不是商品，土地、矿山、银行、铁路等等一切国有的企业和资源也都不商品。"

三　条条道路通向社会主义市场经济

社会主义商品经济论确立后，市场化改革继续推进，个体私营经济快速发展，国有企业放权让利改革进一步推进，经济运行机制改革特别是价格改革走在前列，带动商品和服务市场日益繁荣和发展，要素市场也开始建立，宏观经济管理从直接管理向间接管理转变，实行全方位对外开放，积极参与国际市场竞争，等等。1987 年，国家体改委组织中央和地方八个单位制定中期（1988 年起三年、五年和八年）改革规划纲要，各家方案较一致的看法是：中期改革的目标，应该是通过新旧体制的转换，确立社会主义商品经济新体制的主导地位。这种新体制的基本框架是"政府调控市场，市场引导企业"，它包括相互联系的三个方面内容，即"经济运行的市场化，企业形态的公司化，宏观调控的间接化"。还要指出的是，有的课题组明确指出，"有计划的商品经济体制，即有宏观管理的市场经济体制"。

1987年，党的十三大报告指出，"社会主义有计划商品经济的体制，应该是计划与市场内在统一的体制"。"计划与市场的作用范围都是覆盖全社会的。新的经济运行机制，总体来说应当是'国家调节市场，市场引导企业'的机制。国家运用经济手段、法律手段和必要的行政手段，调节市场供求关系，创造适宜的经济和社会环境，以此引导企业正确地进行经营决策。"

党的十三大以后，中国市场化改革继续深入开展，1988年还尝试价格改革闯关，大量放开价格，但因受到通货膨胀的干扰未成。主张社会主义商品经济就是市场经济的文章逐渐多了起来，认为由市场配置资源比由计划配置资源更有效率。

有的经济学家对那几年的市场取向改革表示怀疑或否定，比如有人批判说，"他们把商品经济关系，说成是社会主义生产关系的基础，鼓吹我们要建立的就是与商品经济相适应的经济体制"。有人还把"怀疑社会主义计划经济的可能性和必要性，崇尚市场调节的作用"列为"资产阶级自由化的第八个表现"。还有人说，"市场经济，就是取消公有制，这就是说，是否定共产党的领导，否定社会主义制度，搞资本主义"。也有人说，在经济上讲"市场化"就是"自由化"。

当然，坚持市场化改革的学者也大有人在。这里要特别提出的是，在反驳"计划取向派"的文章中，颇有影响的皇甫平的几篇文章。文章的背景是，1991年春节前夕，邓小平在上海视察。他语重心长地对上海市的负责人说，"改革开放还要讲，我们的党还要讲几十年……光我一个人说话还不够，我们党要说话，要说几十年。当然，太着急也不行，要用事实来证明，当时提出农村实行家庭联产承包，有许多人不同意，家庭承包还算社会主义吗？嘴里不说，心里想不通，行动上就拖，有的顶了两年，我们等待"。"不要以为，一说计划经济就是社会主义，一说市场经济就是资本主义，不是那么回事，两者都是手段，市场也可以为社会主义服务。""希望上海人民思想更解放一点、胆子更大一点、步子更快一点。"时任中共上海市委书记朱镕基在市委常委会上传达了邓小平讲话精神后，上海《解放日报》社党委书记周瑞金与报社评论部负责人凌河、中共上海市委政策研究室施芝鸿三人，以"皇甫平"为笔名，写了四篇系列评论文章，在 2 月 15 日至 4 月 22 日期间相继发表在《解放日报》上，阐述邓小平讲话精神。其中，3 月 2 日发表的第二篇评论《改革开放要有新思路》，提出要防止陷入某种"新的思想僵滞"，批评"有些同志总是习惯于把计划经济等同于社会主义，把市场经济等同于资本主义，认为在市场经济背后必然隐藏着资本主义的幽灵"。明确提出，"资本主义有计划，社会主义有市场"，并说，"这种科学认识的获得，正是我们在社会主义商品经济问题上又一次更大的思想解放"。文章认为，不能把发展社会主义商品经济和社会主义市场同资本主义简单等同起来，不能把利用外资同自力更生对立起来，不能把深化改革同治理整顿对立起来，不能把持续稳定发展经济、不急于求成同紧迫感对立起来。"总之，进一步解放思想，是保证我们完成第二步战略目标的必要条件。"第三篇评论《扩大开放的意识要更强些》刊登在 3 月 22 日出版的《解放日报》上，认为"如果我们仍然囿于'姓社还是姓资'的诘难，那就只能坐失良机"。

皇甫平的文章遭到了一些人的批评。1991 年 4 月 20 日，《当代思潮》杂志发表文章《改革开放可以不问姓"社"姓"资"吗？》，说"在自由化思潮严重泛滥的日子里，曾有过一个时髦的口号，叫作不问姓'社'姓'资'"。"结果呢？在不问姓'社'姓'资'的排斥下，有人确实把改革开放引向了资本主义化的邪路。"《真理的追求》杂志发表《重提姓"社"与姓"资"》一文，说"所谓改革不要问姓'社'姓'资'本来是'精英'们为了暗度陈仓而施放的烟幕弹"。北京的大报和杂志也进行了类似的批评。

在改革争论的关键时刻，邓小平讲话了。1992 年春，邓小平在著名的南方谈话中，更加直截了当地说，"计划多一点还是市场多一点，不是社会主义与资本主义的本质区别。计划经济不等于社会主义，资本主义也有计划；市场经济不等于资本主义，社会主义也有市场。计划和市场都是经济手段。""特区姓'社'不姓'资'。"邓小平的讲话反映了中国改革实践的呼声，得到广大干部和群众以及许多经济学家的拥护和热烈响应。1992年3月，中共中央政治局会议明确提出，"计划和市场，都是经济手段。要善于运用这些手段，加快发展社会主义商品经济"。

在这之前不久，1991年10月至12月，时任中共中央总书记江泽民主持召开了十一次专家座谈会（每次半天），参加这十一次座谈会的专家大部分是经济学家，其中有中国社会科学院的刘国光、蒋一苇、李琮、张卓元、陈东琪，国务院发展研究中心的吴敬琏、王慧炯、林毅夫，国家体改委的杨启先、傅丰祥、江春泽，中国银行的周小川，国家计划委员会的郭树清以及外交部、安全部、中联部的有关专家，总共不到20人。座谈会讨论了三个问题。一是分析资本主义为什么"垂而不死"，二是对苏联解体、东欧剧变进行分析，三是对中国如何进一步推进改革开放的重大问题进行研讨，目的是为次年党的十四大有关经济体制改革和政策纲领提法进行酝酿。每次会议均由江泽民总书记主持。在座谈会上，一些专家建议实行社会主义市场经济体制，因为世界各国经济发展实践表明，市场配置资源的效率比计划配置资源的效率高。这个意见获得到会专家的普遍赞同。因此，座谈会的最主要成果是酝酿了"社会主义市场经济体制"的倾向性提法，同时还对这一重要提法给出两点解释，一是市场在资源配置中发挥基础性作用，二是市场是有国家宏观调控而不是放任自流的。这样就为江泽民总书记1992年6月9日在中央党校的讲话和1992年党的十四大确立社会主义市场经济体制改革的目标提供了重要的理论准备。

现在看来，正是邓小平1992年年初的南方谈话和江泽民1991年年底主持召开的座谈会，为社会主义市场经济体制改革目标的形成，奠定了坚实的基础。

1992年10月，党的十四大正式宣布，"我国经济体制改革的目标是建立社会主义市场经济体制"。并明确指出，"社会主义市场经济体制，就是要使市场在社会主义国家宏观调控下对资源配置起基础性作用"。这就意味着长达十几年的关于计划与市场的争论、计划经济与市场经济的争论，基本上打了一个句号，社会主义市场经济体制改革目标确立起来了，市场化改革方向确立起来了。

1993年，中共十四届三中全会作出了《中共中央关于建立社会主义市场经济体制若干问题的决定》（以下简称《决定》），对党的十四大确立的社会主义市场经济体制改革目标具体化。《决定》进一步确定了社会主义市场经济体制的基本框架，这就是，"建立社会主义市场经济体制，就是要使市场在国家宏观调控下对资源配置起基础性作用。为实现这个目标，必须坚持以公有制为主体、多种经济成分共同发展的方针，进一步转换国有企业经营机制，建立适应市场经济要求，产权清晰、权责明确、政企分开、管理科学的现代企业制度；建立全国统一开放的市场体系，实现城乡市场紧密结合，国内市场与国际市场相互衔接，促进资源的优化配置；转变政府管理经济的职能，建立以间接手段为主的完善的宏观调控体系，保证国民经济的健康运行；建立以按劳分配为主体，效率优先、兼顾公平的收入分配制度，鼓励一部分地区一部分人先富起来，走共同富裕的道路；建立多层次的社会保障制度，为城乡居民提供同我国国情相适应的社会保障，促进经济发展和社会稳定。这些主要环节是相互联系和相互制约的有机整体，构成社会主义市场经济体制的基本框架"。以上几条，也就是中国社会主义市场经济体制的四梁八柱，也是市场化改革的基本内容。

四 确立社会主义市场经济体制改革目标使改革大步向前

1992年，社会主义市场经济体制改革目标确立后，中国的市场化改革大步推进，并于20世纪末初步建立起社会主义市场经济体制，社会主义经济运行从计划主导型转为市场主导型。

1994年，经过多方谈判协调，实现了用市场经济国家通行的分税制代替原来落后的地方财政包干制，使中央财政收入占整个财政收入的比重逐步达到50%以上，从而增强了中央政府用财政政策调控宏观经济的能力。在分税制中，增值税是最大的税种，实行中央与地方分成，中央得75%，地方得25%，消费税则全归中央，增值税和消费税比上年增长的部分以1∶0.3比例返还地方。这一改革一方面促进了财政收入的迅速增长，1993年全国财政收入4348.95亿元，而到2007年，全国财政收入跃增至51304.03亿元，增长（名义增长）了10.8倍；另一方面是中央财政收入占的比重迅速提高，1993年中央财政收入占全国财政收入的比重为22%，而到2007年，这一比重提高到54.1%，此后一直稳定在50%以上。

个体私营经济快速发展，逐步打破公有制一统天下的局面，以公有制为主体、多种所有制经济共同发展的基本经济制度建立起来。私营经济户数1993年、1994年、1995年增幅均达50%以上，1996—2002年年均增幅也达15%以上。

改革开放后，中国开始利用外资。1992年确立社会主义市场经济体制改革目标和2001年加入世界贸易组织，使中国吸收和利用外资走上快车道。

到2012年年底，中国外商投资企业共计达440609家，投资总额32610亿美元，注册资本18814亿美元，其中外方为14903亿美元。中国吸引的外商投资中，有60%左右投向制造业。

由于个体、私营和外资企业的不断发展，到2012年，中国非公有制经济对国民经济的贡献已超过60%，对就业岗位的贡献已超过80%，对促进经济增长、活跃经济生活、满足人民群众多方面的需要，起着不可替代的作用。

国有企业公司制股份制改革逐步推进。随着市场化改革的深入，大量国有企业由于机制缺陷，不能适应市场而陷入困境。1997年，党和政府提出帮助国有企业脱困的任务，其目标是，从1998年起，用三年左右时间，使大多数国有大中型亏损企业摆脱困境，力争到21世纪末，大多数国有大中型骨干企业建立现代企业制度。到2000年年底，这一目标已基本实现。1997年年底，国有及国有控股大中型企业为16874户，其中亏损的为6599户，占39.1%；到2000年，亏损户减为1800户，减少近四分之三。在帮助国有大中型企业脱困的同时，进行现代企业制度试点，逐步推行公司制股份制，努力使国有企业成为适应社会主义市场经济发展的市场主体和法人实体。改革使国有企业逐步适应市场经济的发展。

2012年，有54家国有企业进入《财富》杂志发布的世界500强。国有经济牢牢地控制着国民经济命脉的重要行业和关键领域。2012年年底，国有控股上市公司953家，占A股上市公司总量的38.5%，市值13.71万亿元，占A股上市公司总市值的51.4%。经济运行机制也在加快转换，市场在资源配置中逐渐起基础性作用。1992年以后，价格改革的重点逐步转向资源产品和生产要素价格的市场化。到21世纪末，中国商品和服务价格已基本上放开，由市场调节，统一开放、竞争有序的市场体系已初步建立。中国经济市场化程度一般估计已达70%以上，市场格局也发生重大变化，买方市场已取代连续近半个世纪困扰中国人民的卖方市场。有关机构1995年以来对600余种主要商品供求状况的调查结果显示，从1995年开始供过于求的迹象已显现。在大部分商品供求平衡的基础上，供过于求商品的比重已经开始超过供不应求商品。到1998年上半年，中国消费品零售市场上已经没有供不应求的商品，而供过于求的商品的比例已占25.8%。

进入21世纪后，中国积极推进资源产品价格形成机制改革，坚持市场化方向，提高市场化程度。首先是放开煤炭价格，实现由市场调节。深化成品油价格改革，到2012年成品油价格已与国际市场原油价格间接接轨，2013年3月又将调价周期由原来的22个工作日缩短至10个工作日，并取消调整幅度限制，但设置了成品油价格调控的上下限（上限为每桶130美元，下限为每桶40美元）。深化天然气价格改革，建立天然气价格与可替代能源价格挂钩的动态调整机制，实现了非居民用天然气存量气与增量气价格并轨。放开直供用户天然气价格后，占消费总量80%的非居民用气门站价格已由市场主导形成。逐步提高一直严重偏低的水价，调整水资源费、排污费和污水处理费。

生产要素价格市场化改革也逐步推进。劳动力市场中农民工工资已由市场形成。利率市场化程度不断提高，先放开贷款利率，后放开存款利率，包括上浮幅度。人民币汇率也逐步放开，经常账户汇率早在20世纪末就已由市场形成，资本项目可兑换也在逐步推进。土地市场也在逐步提高市场化程度。

中国于2001年11月加入世界贸易组织，这是顺应经济全球化的重大举措，具有里程碑式的意义。加入世界贸易组织，表明中国对外开放进入新的阶段。在入世谈判过程中，许多人忧心忡忡，认为入世会影响国家经济安全，包括金融业、商业、农业、信息业等许多产业会受到很大冲击。但中国入世后的实践证明，入世对中国利大于弊，原来的许多担心都没有出现。入世后，中国对外经济贸易关系获得大发展，提高了开放型经济水平。据世界贸易组织统计，2002—2012年，中国出口总额年均增速达到21.3%，在全球的位次由第六位升至第一位。2012年中国货物出口占全球比重达到11.2%；货物贸易进出口总额38670亿美元，居世界第二位；服务贸易进出口总额4710亿美元，居世界第三位，其中服务出口居全球第五位。从对外投资看，2012年中国对外直接投资额为878亿美元，居世界第三位。

2003—2012年，中国经济在高速发展过程中改革有所放慢，但还是在继续推进改革，并且取得一定成效。这包括，2005年以来上市公司股权分置改革、四大国有商业银行整体上市、取消农业税、集体林权制度改革、2005年起人民币汇率形成机制改革、成品油价格形成机制改革、增值税转型、企业和个人所得税改革、资源税费改革、房地产税改革试点、文化体制改革、医疗卫生体制改革、以全覆盖为目标的社会保障体系建设等。另外，也要承认，这几年的确没有特别重要和关键环节以带动全局的改革。

五 党的十八大以后社会主义市场经济论的深化和发展

党的十八大以后，2013 年，中共十八届三中全会作出了《中共中央关于全面深化改革若干重大问题的决定》（以下简称《决定》），吹响了全面深化改革的号角，重启了全面深化改革的新征程。《决定》中经济体制改革部分有许多亮点，是对社会主义市场经济论的重大发展，对深化社会主义市场经济论有重要意义。

1. 《决定》的第一个大亮点，是用市场在资源配置中起决定性作用的提法，代替已沿用 21 年的"市场在资源配置中起基础性作用"的提法

《决定》指出，"经济体制改革是全面深化改革的重点，核心问题是处理好政府和市场的关系，使市场在资源配置中起决定性作用和更好发挥政府作用"。"紧紧围绕使市场在资源配置中起决定性作用深化经济体制改革。""决定性"和"基础性"只有两字之差，但含义却有相当大的区别。决定性作用能够更加确切和鲜明地表达市场机制对资源配置的支配作用，更好地反映市场经济的基本规律即价值规律的内在要求。

市场在资源配置中起决定性作用，主要指向有三点。

第一，解决政府对资源配置干预过多问题。直到 2012 年，中国经济体制存在的最突出的问题是政府对资源的直接配置过多，一些地方政府公司化倾向严重，追求本地区短期 GDP 增幅最大化，为此不惜拼资源拼环境，大量资源被低效利用，浪费严重，同时造成环境污染和生态损害，债台高筑，对民生问题不够重视，老百姓对此怨言不少。一些中央部门则热衷于维持审批体制，追求部门利

益，有些官员甚至搞权钱交易，违法谋取私利。与此同时，政府在向老百姓提供基本公共服务、维护公平竞争市场环境、监管食品药品安全及治理环境污染等方面又做得很不到位。所以，《决定》指出，"必须积极稳妥从广度和深度上推进市场化改革，大幅度减少政府对资源的直接配置，推动资源配置依据市场规则、市场价格、市场竞争实现效益最大化和效率最优化"。可以看出，政府改革、政府职能转变是这轮深化改革的关键，也是落实市场在资源配置中起决定性作用的关键。此后，国务院持续推进简政放权、放管结合、优化服务改革。李克强总理在 2017 年 3 月 5 日作的《政府工作报告》中说，"在提前完成本届政府减少行政审批事项三分之一目标的基础上，去年又取消 165 项国务院部门及其指定地方实施的审批事项，清理规范 192 项审批中介服务事项、220 项职业资格许可认定事项"。相对而言，地方政府改革力度需要加大一些。地方政府如何大幅度减少对资源的直接配置，如何逐步摆脱对土地财政的依赖，如何硬化财政约束和不再无序扩张债务，如何更好加强公共服务、市场监管、社会管理、环境保护等职责，有待交出更好的答卷。

第二，解决市场体系不健全、真正形成公平竞争的市场环境问题。要使市场在资源配置中起决定性作用，需要有全国统一开放的市场体系和公平竞争的环境。正如《决定》指出的，"建设统一开放、竞争有序的市场体系，是使市场在资源配置中起决定性作用的基础。必须加快形成企业自主经营、公平竞争，消费者自由选择、自主消费，商品和要素自由流动、平等交换的现代市场体系，着力消除市场壁垒，提高资源配置效率和公平性"。直到 2012 年，中国的市场体系还不够完善，主要表现在生产要素和资源产品价格市场化程度还不够高，存在不同程度的扭曲，这同政府不当干预过多有关，也同市场发育不够成熟有关；市场公平竞争环境也不健全，有的地方政府搞市场封锁，对外地产品和流向外地原材料搞价格歧视；搞行政垄断和经济垄断，滥用市场支配地位，妨碍竞争，谋求不正当利益；为鼓励本地区高耗能产品生产的发展，不顾国家禁令实行优惠电价，违规实行低地价零地价招商引资，放纵排污和税收优惠等；假冒伪劣产品也时有出现，冲击市场，坑害消费者。《决定》公布后，现代市场体系建设进程明显加快。深化价格改革取得新进展，截至 2016 年年底，97% 以上商品和服务价格已由市场形成，一些重要领域如电力、成品油、天然气、铁路运输等的价格市场化程度显著提高。金融监管逐步加强和完善，2017 年中央金融工作会议确定成立国务院金融稳定委员会，主要任务是防止发生系统性金融风险。放宽市场准入，对外资实行负面清单管理。自贸试验区外商投资负面清单已由 2013 年的 190 项减少至 2017 年的 95 项，减少了一半。有关部门还提出，确保从 2018 年起正式实行全国统一的市场准入负面清单制度。随着农村改革的深化，从两权分离即农村集体土地所有权和农户土地承包权的分离，发展为三权分离即农村集体土地所有权、农户土地承包权、农村土地经营权的分离，发展土地承包经营权流转市场，发展多种形式的适度规模经营。

第三，解决对非公有制经济的歧视性规定，包括消除各种隐性壁垒设置等问题。直到 2012 年，无论是理论界还是经济界，总是有人认为非公有制经济是陈旧的、落后的生产方式，对非公有制经济在社会主义市场经济中的地位和作用估计不足，不承认非公有制经济同公有制经济一样都是中国经济社会的基础。《决定》第一次明确指出，"公有制经济和非公有制经济都是社会主义市场经济的重要组成部分，都是我国经济社会发展的重要基础"。这也是《决定》的一个亮点。一个时期以来，由于认识的不足，有的也是为了维护既得利益，导致在政策和行动上对非公有制经济设置和实施了一些歧视性规定和举措，在市场准入方面设置"玻璃门""弹簧门"等，限制竞争，在贷款方面的歧视致使许多民营企业融资成本很高。党和政府一直努力采取措施解决这些问题。这次《决定》明确指出，"支持非公有制经济健康发展。非公有制经济在支撑增长、促进创新、扩大就业、增加税收等方面具有重要作用。坚持权利平等、机会平等、规则平等，废除对非公有制经济各种形式的不合理规定，消除各种隐性壁垒，制定非公有制企业进入特许经营领域具体办法。鼓励非公有制企业参与国有企业改革，鼓励发展非公有资本控股的混合所有制企业，鼓励有条件的私营企业建立现代企业制度"。此后，通过改善营商环境、积极发展混合所有制经济、鼓励社会资本参与各地基础设施建设、鼓励和规范对外投资等，促进非公有制经济健康发展。

2. 《决定》的第二个重要亮点，是国资监管机构从以管企业为主到以管资本为主转变

《决定》说，"完善国有资产管理体制，以管资本为主加强国有资产监管，改革国有资本授权经营体制，组建若干国有资本运营公司，支持有条件的国有企业改组为国有资本投资公司。国有资本投资运营要服务于国家战略目标，更多投向关系国家安全、国民经济命脉的重要行业和关键领域，重点提供公共服务、发展重要前瞻性战略性产业、保护生态环境、支持科技进步、保障国家安全"。2015年8月24日《中共中央国务院关于深化国有企业改革的指导意见》指出，"以管资本为主推进国有资产监管机构职能转变。国有资产监管机构要准确把握依法履行出资人职责的定位，科学界定国有资产出资人监管的边界，建立监管权力清单和责任清单，实现以管企业为主向以管资本为主的转变"。

2002年党的十六大确立管资产和管人管事相结合的国有资产管理体制，国家、省、市（地级）成立国资委，结束了多年来"九龙治水"的弊端，但是始终解决不好国资委"既当老板又当婆婆"的问题，从而也很难解决政企分开的问题。这次从"以管企业为主"到"以管资本为主"的国有资产监管机构的改革，是深化国企改革的重大举措。这意味着以下几点。

第一，国资委不再是国有企业事事都要向其请示的顶头上司。在"以管企业为主"的体制下，国有企业即使进行了公司制改革，成立了董事会，但是这个董事会却无法履行《公司法》赋予它的权力，不能独立地对公司的重大问题进行决策，因为几乎所有重大

问题都必须向国资委请示后才能作出决定。也就是说，公司连自主经营决策权都没有，更谈不上成为独立的市场主体。这样，市场在资源配置中起决定性作用，在国有企业这样的微观层面也落实不了。现在要转变为"以管资本为主"，除个别例外，国资委就真的是只当老板，给出资公司派股东代表和董事，让公司董事会真正履行《公司法》规定的权责。2017年7月，国务院出台《中央企业公司制改制实施方案》，要求2017年年底前，按照《全民所有制工业企业法》登记、国资委监管的中央企业（不含中央金融、文化企业）要全部改制为按照《公司法》登记的有限责任公司或股份有限公司，加快形成有效制衡的公司法人治理结构和灵活高效的市场化经营机制。此次改革涉及将要转制的69户央企集团公司总部（央企总共101户）资产近8万亿元，以及3200余户央企子企业资产5.66万亿元。此项拖了二十多年的改革终于可以在2017年年底落地了，这既是深化国企改革的迫切需要，也是落实"以管资本为主"的重要条件。

第二，组建或改组资本运营公司和投资公司，作为国有资本市场化运作的专业平台。国资委要做到"以管资本为主"，就要组建或改组国有资本运营公司和投资公司，国有资产监管机构依法对国有资本投资和运营公司和其他极少数监管的企业履行出资人职责，并授权国有资本投资、运营公司对授权范围内的国有资本履行出资人职责。因此，以后一般国有企业就是与国有资本投资运营公司打交道，国有资本投资运营公司是被国资委授权的国有企业的出资人即老板。从2014年起，国务院国资委即进行国有资本投资运营公司试点，到2017年，已有中粮集团、国投公司、神华集团、中国五矿、宝武集团等10家公司试点。试点主要从三方面进行探索，首先是发展国有资本专业化运营，同时探索有效的投资运营模式；其次是探索国资委与企业的关系，完善国有资产监管模式；最后是推进国有资本投资运营公司内部改革，探索市场化的企业经营机制。

第三，国资委的主要职责，是更好地服务于国家战略目标，优化国有资本配置，提高国有资本运作效率，提高国有资本的流动性。按照《决定》指出的，今后国有资本投资重点主要是以下五项：提供公共服务、发展重要前瞻性战略性产业、保护生态环境、支持科技进步、保障国家安全。直到现在，国有资本还未做到集中于关系国家安全、国民经济命脉的重要行业和关键领域，仍有大量国有资本存在于一般竞争性产业，包括大部分央企热衷于投资房地产业（不含保障房）。今后需要进行有进有退的调整。

第四，国资委将专注于提高国有资本运作效率，实现保值增值。在"以管企业为主"条件下，国资委要管一百多家中央企业，管理的战线太长，与管理学原理一般的直接管理三十户左右比较有效率的要求相悖，更何况央企下面还有五六个层级最多的达十个层级的子公司、孙子公司、曾孙公司等，国资委更是鞭长莫及。这就影响国资委专注于提高整个国有资本的效率，也不利于国有资本的保值增值。一个时期以来，一些国有企业内部管理混乱，因侵吞贪污、关联交易、利益输送、违规决策等导致国有资产流失现象时有发生。如2015年中央巡视组发现，在中国石化、中国海运、中船集团、神华集团、东风公司等央企，都不同程度存在搞利益输送和交换、关联交易谋利等突出问题。造成这一端的原因很多，但与"以管企业为主"的体制机制有一定关系。

3. 提出混合所有制经济是基本经济制度的重要实现形式，这是《决定》的又一亮点

《决定》说，"积极发展混合所有制经济。国有资本、集体资本、非公有资本等交叉持股、相互融合的混合所有制经济，是基本经济制度的重要实现形式，有利于国有资本放大功能、保值增值、提高竞争力，有利于各种所有制资本取长补短、相互促进、共同发展。允许更多国有经济和其他所有制经济发展成为混合所有制经济。国有资本投资项目允许非国有资本参股。允许混合所有制经济实行企业员工持股，形成资本所有者和劳动者利益共同体"。这段

话对改革理论和实践都有重要意义。

第一，积极发展混合所有制经济，是坚持和完善公有制为主体、多种所有制经济共同发展的基本经济制度的重大举措。改革开放以来，随着经济腾飞，国有资产和资本、民间资本、外商直接投资均有巨大增长。到2016年年底，全国国资监管系统企业资产总额已达144.1万亿元，私营资本30万亿元以上，2010年以来，每年实际使用外商直接投资均在1000亿美元以上，社会资本投资已占全部固定资产投资总额的60%以上。因此，从社会层面看，中国经济已经是混合经济了。这次《决定》指的发展混合所有制经济，主要是指微观层面的，即要积极发展国有资本、集体资本、非公有资本等交叉持股、相互融合的混合所有制企业，这样一方面有利于国有资本放大功能、保值增值，另一方面有利于各种所有制资本取长补短、相互促进、共同发展。混合所有制经济还允许员工持股，具有一种新的激励机制。党的十五大报告提出，股份制是公有制的实现形式。中共十六届三中全会决定进一步提出，股份制是公有制的主要实现形式。《决定》更进一步提出，混合所有制经济是基本经济制度重要实现形式。长时期改革实践告诉我们，公司制可以是国有独资公司，股份制也可以是几个国企入股的股份公司，而发达国家的股份公司一般都是私人资本持股的，只有混合所有制经济才是真正投资主体多元化的经济实体，而投资主体多元化正是国企公司制股份制改革，以克服原来国有制弊端和提高效率的重要要求。在这个意义上，可以说，混合所有制是股份制的发展形态和升级版。

第二，积极发展混合所有制经济也有重要的指向。其一是充分调动各种所有制资本的积极性，发挥它们各自的优势，这种优势不要只限于独自发挥，而要通过交叉持股互相融合作为整体发挥出来。比如，为了加快具有正外部性的基础设施建设，就可以考虑吸收社会资本参与，并因此推动其提高效率，缩短回收期限，做到社会效益与经济效益相结合。其二是为国有自然垄断行业改革打开通道。《决定》提出，国有资本继续控股经营的自然垄断行业要根据不同行业特点实行网运分开、放开竞争性业务。自然垄断行业有大量竞争性业务需要放开，怎样放开？最佳选择就是搞混合所有制改革，吸收非国有资本参与。这样，可以把多年垄断经营的竞争性业务放开竞争，从而优化资源配置，提高效率。与此同时，国有自然垄断企业可以通过出售部分竞争性业务股份、筹集资金、加大科技投入等，改善自然垄断环节业务。在《决定》出来以前，处于一般竞争性行业的国企，基本上都已实行公司制股份制改革，实现了投资主体多元化，改革比较滞后的是垄断行业，因此，这次提出积极发展混合所有制经济，针对性最强的，可以认为就是为了更好地推动自然垄断行业的改革。

第三，《决定》出来后，混合所有制经济迅速发展起来，有些地区还把发展混合所有制经济作为深化国企改革的重点。2014 年 7 月 15 日国务院国资委在中央企业启动混合所有制经济试点，并确定中国医药集团总公司、中国建筑材料集团公司为试点单位。到 2017 年 11 月，由国家发改委指导的混合所有制改革试点企业分三批共达 50 家。一些省市也纷纷出台发展混合所有制经济的政策和措施。据不完全统计，近三年来，中央企业新增近千户实行混合所有制的子企业，截至 2015 年年底，中央企业所属子企业改制面超过 90%，混合所有制企业户数占比达到 67.7%，累计引入社会投资近 2 万亿元。但是，总的来说，混合所有制改革进展仍然不够快，试点企业的经验至今未见披露，有的央企混合所有制改革审批协调程序相当复杂。中国联通是近年列为国资委混合所有制改革的试点企业，直到 2017 年 8 月，仍然有不少问题需要协调，涉及中央部委竟达 10 个。混合所有制改革涉及比较大的问题是股权比例安排和国有资产估价，这也有待逐步取得共识和周到协调与公开透明操作。

4. 加快完善现代市场体系，使市场在资源配置中的决定性作用更好发挥出来

《决定》指出,"建设统一开放、竞争有序的市场体系,是使市场在资源配置中起决定性作用的基础。必须加快形成企业自主经营、公平竞争,消费者自由选择、自主消费,商品和要素自由流动、平等交换的现代市场体系,着力消除市场壁垒,提高资源配置效率和公平性"。并就如何建设现代市场体系说了五条,现择要阐述如下。

第一,建立公平开放透明的市场规则。《决定》提出,"实行统一的市场准入制度,在制定负面清单基础上,各类市场主体可依法平等进入清单之外领域。探索对外商投资实行准入前国民待遇加负面清单的管理模式"。此前中国一直实行正面清单管理模式,而发达的市场经济国家通行的是负面清单管理模式。经过几年的努力,2017年6月28日,国家发改委、商务部发布了《外商投资产业指导目录(2017年修订)》,列入负面清单中的限制、禁止类内容共计63条,比2015年版减少了30条。该文件明确提出外商投资准入特别管理措施(外商投资准入负面清单),这标志着中国外商投资管理体制开启了新的时代。

《决定》说,"推进工商注册制度便利化,削减资质认定项目,由先证后照改为先照后证,把注册资本实缴登记制逐步改为认缴登记制。推进国内贸易流通体制改革,建设法治化营商环境。"此后三年中国营商环境大为改善。营商环境的优化,充分激发了市场活力和创造力。2014年起,全国平均每天新设企业都在万户以上,2017年前七个月则达1.6万户,而商事制度改革前的2013年每天新设企业为6000多户。世界银行发布的《2017年全球营商环境报告》显示,中国营商便利度近三年来在全球跃升了18位,平均每年向前跨升6位。

第二,完善主要由市场决定价格的机制。《决定》指出,"凡是能由市场形成价格的都交给市场,政府不进行不当干预。推进水、石油、天然气、电力、交通、电信等领域价格改革,放开竞争性环节价格。政府定价范围主要限定在重要公用事业、公益性服务、网络型自然垄断环节，提高透明度，接受社会监督。完善农产品价格形成机制，注重发挥市场形成价格作用"。《决定》出台后，价格改革迈出较大步伐，取得了明显进展。首先，政府定价项目列入清单。2015 年 10 月下旬，国家发改委发布了新修订的《中央定价目录》，定价范围大幅缩减，种类由 13 种（类）减少到 7 种（类），减少 46%。具体定价项目由 100 项左右减少到 20 项，减少 80%。与此同时，地方具体定价目录平均减少约 50%。在完善农产品价格形成机制方面，2014 年，政府实施了放开烟叶和桑蚕茧收购价格的改革，标志着农产品价格全部由市场形成。2016 年，推进玉米收储制度改革，建立玉米生产者补贴制度。新疆棉花、东北大豆和内蒙古大豆目标价格改革试点总体顺利，国内外市场价差缩小。在深化能源价格改革方面，输配电价改革 2014 年年底首先在深圳电网和内蒙古电网破冰，到 2017 年 6 月底，实现了省级电网全覆盖。2015 年放开了跨省电能交易价格，由送受双方协定。同年，实施煤电价格联动机制。2016 年 1 月，国家发改委根据煤炭价格下降幅度，下调燃煤机组上网电价每千瓦时 3 分钱，并同幅度下调一般工商业销售电价，每年可减少企业用电支出约 225 亿元。到 2015 年，全国 40% 以上天然气价格已经放开。稳步推行居民用水用气用电阶梯价格制度。截至 2015 年年底，31 个省（区、市）中，除青海和西藏以外的 29 个省（区、市）已经建立城镇居民阶梯水价制度；已通气的 30 个省（区、市）中，除重庆和新疆外的 28 个省（区、市）均已建立阶梯气价制度。阶梯电价制度自 2012 年试行以来运行平稳，除新疆和西藏外，其他省（区市）已全面实施居民阶梯电价制度。

第三，建立城乡统一的建设用地市场。《决定》提出，"在符合规划和用途管制前提下，允许农村集体经营性建设用地出让、租赁、入股，实行与国有土地同等入市、同权同价"。此后，又进一步明确，要从两权分离即农村集体土地所有权和农户土地承包权的分离，发展为三权分离即农村集体土地所有权、农户土地承包权、农村土地经营权的分离,发展土地承包经营权流转市场,发展多种形式的适度规模经营。

第四,完善金融市场体系。《决定》指出,"扩大金融对内对外开放,在加强监管前提下,允许具备条件的民间资本依法发起设立中小型银行等金融机构"。"完善人民币汇率市场化形成机制,加快推进利率市场化,健全反映市场供求关系的国债收益率曲线。"此后,多家由民间资本发起设立的民营银行已相继营业。随着人民币储蓄存款利率上限被取消,利率市场化已基本实现。国务院已于2015年4月公布《存款保险条例》,自2015年5月1日起施行,条例规定了50万元的最高偿付限额,表明存款保险制度已经建立起来。

第五,深化科技体制改革,发展技术市场。《决定》提出,"建立健全鼓励原始创新、集成创新、引进消化吸收再创新的体制机制,健全技术创新市场导向机制,发挥市场对技术研发方向、路线选择、要素价格、各类创新要素配置的导向作用"。2015年中共十八届五中全会通过的《中共中央关于制定国民经济和社会发展第十三个五年规划的建议》提出,要完善发展理念,牢固树立创新、协调、绿色、开放、共享发展理念。指出,"创新是引领发展的第一推动力。必须把创新摆在国家发展全局的核心位置,不断推进理论创新、制度创新、科技创新、文化创新等各方面创新,让创新贯穿党和国家一切工作,让创新在全社会蔚然成风"。在党和政府强化创新驱动发展战略推动下,技术市场迅速发展。

2017年10月,党的十九大顺利召开,习近平总书记庄严宣布,经过长期努力,中国特色社会主义进入了新时代,这是中国发展新的历史方位。中国经济已由高速增长阶段转向高质量发展阶段,正处在转变经济发展方式、优化经济结构、转换增长动力的攻关期,建设现代化经济体系是跨越关口的迫切要求和中国发展的战略目标。要着力构建市场机制有效、微观主体有活力、宏观调控有度的经济体制,不断增强中国经济创新力和竞争力。为此,要

"坚持社会主义市场经济改革方向","必须坚持和完善我国社会主义基本经济制度和分配制度,毫不动摇巩固和发展公有制经济,毫不动摇鼓励、支持、引导非公有制经济发展,使市场在资源配置中起决定性作用,更好发挥政府作用"。"加快完善社会主义市场经济体制。经济体制改革必须以完善产权制度和要素市场化配置为重点。""加快要素价格市场化改革。""推动国有资本做强做优做大。""支持民营企业发展,激发各类市场主体活力。""创新是引领发展的第一动力","健全货币政策和宏观审慎政策双支柱调控框架,深化利率和汇率市场化改革"。"加快建设制造强国,加快发展先进制造业,推动互联网、大数据、人工智能和实体经济深度融合,在中高端消费、创新引领、绿色低碳、共享经济、现代供应链、人力资本服务等方面培育新增长点、形成新动能。"以上这些改革和发展思路和举措,都是对中共十一届三中全会决定的继承和发展,将指引中国市场化改革进一步深化,推动经济提质增效和向现代化目标迈进!

参考文献

国家统计局:《新中国60年》,中国统计出版社2010年版。

中国社会科学院经济研究所资料室:《社会主义经济中计划与市场的关系》,中国社会科学出版社1980年版。

蒋一苇:《企业本位论》,《中国社会科学》1980年第1期。

中国社会科学院经济研究所资料室:《社会主义制度下价格形成问题》,中国社会科学出版社1980年版。

彭森、陈立:《中国经济体制改革重大事件(上)》,中国人民大学出版社2008年版。

邓小平:《邓小平文选》(第三卷),人民出版社1993年版。

国家经济体制改革委员会综合规划司:《中国改革大思路》,沈阳出版社1988年版。

吴敬琏:《经济体制中期改革规划纲要》,国家经济体制改革委员会综合规划司《中国改革大思路》,沈阳出版社1988年版。

陈益寿：《反对资产阶级自由化，提高政治经济学教学思想》，《理论信息报》1989年8月14日。

王一夫：《经济领域资产阶级自由化的十二个表现》，《理论信息报》1989年8月7日。

高荻：《社会主义必定代替资本主义》，《人民日报》1990年12月17日。

《为什么必须坚持不懈地反对资产阶级自由化》，《当代思潮》1991年第2期。

陈君、洪南：《江泽民与社会主义市场经济体制的提出——社会主义市场经济20年回顾》，中央文献出版社2012年版。

《〈中共中央关于完善社会主义市场经济体制若干问题的决定〉辅导读本》，人民出版社2003年版。

《〈中共中央关于全面深化改革若干重大问题的决定〉辅导读本》，人民出版社2013年版。

《党的十八届三中全会〈决定〉学习辅导百问》，党建出版社、学习出版社2013年版。

迟福林：《市场决定》，中国经济出版社2014年版。

刘国光：《中国十个五年计划研究报告》，人民出版社2006年版。

高虎城：《加快培育参与和引领国际经济合作竞争新优势》，《〈中共中央关于全面深化改革若干重大问题的决定〉辅导读本》，人民出版社2013年版。

杨烨：《8万亿央企资产改制年底完成》，《经济参考报》2017年7月27日。

杨烨：《国有资本投资运营公司试点提速》，《经济参考报》2017年8月9日。

陈治治：《关联交易是痼疾，顶风违纪仍频发》，《中国纪检监察报》2015年2月7日。

沈奕昕：《国企混改需要凝聚共识稳步推进》，《经济参考报》2017年1月25日。

林丽鹂、王珂：《我国加速打造营商环境新优势》，《人民日报》2017年8月17日。

许光建、丁悦玮：《深入推进价格改革着力提升"放管服"水平》，《价格理论与实践》2017年第5期。

（原载《经济与管理研究》2018年第2期）

编选者手记

张卓元,男,1933年7月生于广东省梅县,我国当代著名经济学家、中国社会科学院学部委员。从1954年进入经济研究所至今长达六十多年的学术生涯中,在价格改革、社会主义市场经济改革和企业改革等领域长期辛勤耕耘、笔耕不辍,研究成果丰硕,主要著作有《社会主义经济中的价值、价格、成本和利润》《社会主义价格理论与价格改革》《论中国价格改革与物价问题》《论稳健的宏观经济政策与市场化改革》《张卓元改革论集》《张卓元经济文选》《新中国经济学史纲(1949—2011)》等。同时,他将马克思主义经济学理论与中国经济建设、改革实践相结合,多次参与中央重要文件起草工作和国家重大经济政策的咨询工作,提出了鲜明而又符合中国国情的政策主张,对中国经济市场化改革取向和当代中国经济理论创新作出了突出贡献。张卓元研究员自1983年起先后担任中国社会科学院财贸经济研究所所长、工业经济研究所所长、经济研究所所长和《经济研究》主编、孙冶方经济科学基金会秘书长、理事长、荣誉理事长等职。他是第九届、第十届全国政协委员,第三届国务院学位委员会委员兼理论经济学科评议组召集人,获孙冶方经济科学论文奖、著作奖,中国社会科学院优秀成果奖,第二届吴玉章人文社会科学终身成就奖。

张卓元研究员的研究涉猎广泛,在多个领域都颇有影响,相关著作已出版成册。《张卓元集》所选文章,主要依据两条主线论的相关内容并按时间顺序进行编选的,反映了作者改革开放以来对中国经济体制改革思想的形成脉络和突出理论贡献,这不仅是系统回顾改革开放四十年改革历程的经典文献，更是指导未来改革发展的重要参考文献。需要说明的是，所选的一些论文中可能涉及两条主线论相关话题交叉，譬如，一篇文章可能在讨论所有制调整和改革的同时还提及经济运行机制改革，抑或在研究经济运行机制改革同时还探讨了所有制调整和改革的相关内容，在这种情形下我们根据文章的主要论述观点将其分类。如有遗漏和不妥之处，还请各位学界同仁不吝指正。

张　鹏
2018 年 10 月

《经济所人文库》第一辑总目(40 种)

(按作者出生年月排序)

《陶孟和集》　　《戴园晨集》
《陈翰笙集》　　《董辅礽集》
《巫宝三集》　　《吴敬琏集》
《许涤新集》　　《孙尚清集》
《梁方仲集》　　《黄范章集》
《骆耕漠集》　　《乌家培集》
《孙冶方集》　　《经君健集》
《严中平集》　　《于祖尧集》
《李文治集》　　《陈廷煊集》
《狄超白集》　　《赵人伟集》
《杨坚白集》　　《张卓元集》
《朱绍文集》　　《桂世镛集》
《顾　准集》　　《冒天启集》
《吴承明集》　　《董志凯集》
《汪敬虞集》　　《刘树成集》
《聂宝璋集》　　《吴太昌集》
《刘国光集》　　《朱　玲集》
《宓汝成集》　　《樊　纲集》
《项启源集》　　《裴长洪集》
《何建章集》　　《高培勇集》